グローバルロジスティクスと貿易

編著者
小林潔司
古市正彦

ウェイツ

目次

まえがき 8
本書の構成 10

第1編 ●グローバルロジスティクスを俯瞰する　15

第1章 貿易と国際物流の仕組み 16
1.1 貿易と国際物流
1.2 貿易の基本的な仕組み
1.3 貿易と国際物流を巡る変化
1.4 2000年代の貿易と国際物流
1.5 これからの貿易と国際物流

第2章 関税・通関等の国境を越える手続き 30
2.1 貿易における関税と税関
2.2 国際物流における通関の機能
2.3 自由貿易の潮流
2.4 税関の新たなミッション（セキュリティ政策）

第3章 国際海上輸送を俯瞰する 46
3.1 海上輸送の位置付けと歴史
3.2 海上輸送の特徴
3.3 世界の荷動き
3.4 アジアの時代
3.5 まとめ

第4章 国際航空貨物輸送を俯瞰する 66
4.1 航空輸送の利用動機
4.2 貿易（国際取引）とは
4.3 国際航空輸送のプレーヤー

目次

第2編●収益力を高めるサプライチェーン　81

第5章 ロジスティクスの観点から見た物流改革 ……………………………… 82
5.1 ロジスティクス前夜
5.2 ロジスティクス思考
5.3 ロジスティクスの観点から見た物流改革の意味と意義
5.4 ロジスティクス時代に求められるもの
5.5 ロジスティクスの観点から見た物流改革の事例
5.6 結語

第6章 海外通販起業指南 …………………………………………………… 102
6.1 海外通販ビジネスモデルの分類
6.2 商流の類型
6.3 物流の類型
6.4 関連する費用
6.5 委託業者
6.6 通関（輸出入）手続き
6.7 与信
6.8 プライシング（建値）とインボイス
6.9 いろいろなリスク
6.10 輸入関係他法令
6.11 輸入・輸出にまつわる税
6.12 国際情勢

第7章 アパレル企業の取り組み …………………………………………… 119
7.1 日本のアパレル企業が抱える問題
7.2 アパレル企業と商社の取り組み
7.3 アパレル業界におけるSCMと手法
7.4 アパレルのサプライチェーンを最適化する物流手法
7.5 まとめ

第8章 電子タグによる在庫管理と生産性の向上 ………………………… 135
8.1 電子タグの概要
8.2 電子タグの導入事例
8.3 アパレル小売における電子タグの活用
8.4 まとめ

第9章 食品物流（低温物流） ……………………………………………………… 151

  9.1 序論
  9.2 食品物流の全体像
  9.3 マクロ環境
  9.4 各プレーヤーの物流フロー

第3編●貿易・国際物流ネットワークの基盤　165

第10章 グローバルサプライチェーンの中の港湾 …………………………… 166

  10.1 物流、ロジスティクスおよびサプライチェーンの定義
  10.2 貨物の時間価値
  10.3 サプライチェーンの在庫リスク調整機能を果たす港湾
  10.4 サプライチェーンに負の影響を及ぼしたコンテナ船の大型化
  10.5 サプライチェーンの中でプロフィットセンターとして期待される港湾

第11章 コンテナターミナルオペレーターの役割と事業環境 ……………… 181

  11.1 コンテナ船黎明期以前の港湾荷役
  11.2 コンテナターミナルの役割とその機能
  11.3 日本の港湾におけるコンテナターミナルの経営
  11.4 港湾労働者について
  11.5 コンテナターミナルのIT化進展状況
  11.6 コンテナターミナル周辺インフラと背後圏輸送モード
  11.7 テロ対策（SOLAS条約のターミナルへの適用）およびコンテナ重量検査
  11.8 船社の合併、統合、アライアンス再編について
  11.9 船舶の大型化について
  11.10 荷役機器の高度化、自動化
  11.11 日本のコンテナターミナルの今後

第12章 倉庫業の役割と事業環境 ……………………………………………… 195

  12.1 倉庫業者の設立・沿革
  12.2 倉庫業の法的構造
  12.3 倉庫業者の基本業務─保管・入出庫・運送─
  12.4 倉荷証券
  12.5 倉庫の種類・設備基準
  12.6 倉庫の役割

12.7 現在の主要業務
12.8 これからの倉庫業

第13章 航空貨物のグローバルネットワーク戦略 ……………………… 210
13.1 ANAとは
13.2 沖縄貨物ハブ設立の経緯
13.3 沖縄貨物ハブの概要
13.4 沖縄貨物ハブの具体的な運用
13.5 グローバルネットワーク

第14章 高付加価値航空貨物輸送 ……………………………………… 225
14.1 高付加価値航空貨物輸送の必要性
14.2 高付加価値航空貨物輸送の例
14.3 まとめ

第4編●世界経済の潮流と将来のグローバルロジスティクス　237

第15章 経済学の視点から見た海運・航空サービス市場戦略 ………… 238
15.1 ネットワークの進化
15.2 市場外部性と規模の経済性
15.3 航空ネットワーク構造
15.4 海運ネットワーク構造
15.5 展望

第16章 貿易費用と越境サプライチェーン ……………………………… 253
16.1 貿易費用の大きさ
16.2 越境サプライチェーンと工業製品の貿易
16.3 メキシコの自動車産業における越境サプライチェーン
16.4 将来のアジア域内貿易と越境サプライチェーン

第17章 世界規模の海運ネットワークと国際陸上輸送ネットワーク …… 268
17.1 世界海運の二大運河
17.2 二大運河を迂回する陸上輸送（ランドブリッジ）
17.3 北極海航路
17.4 おわりに

第18章 コンテナ船の大型化による規模の経済・不経済 285
  18.1 はじめに
  18.2 コンテナ船の大型化による規模の経済
  18.3 コンテナ船の大型化による規模の不経済
  18.4 コンテナ船の大型化によるゲート混雑の発生
  18.5 コンテナ船の大型化に対応するための港湾関連投資
  18.6 コンテナ船の大型化に伴う輸送サービス水準の低下
  18.7 コンテナ船社アライアンスの再編とそれに伴うコンテナターミナル再編への要請
  18.8 コンテナ船の大型化はどこまで進むのか
  18.9 おわりに

著者紹介 301

まえがき

　現在、東アジア圏経済がダイナミックに変貌を遂げている。シームレスアジアを標榜する多くの政策論が議論され、その中で港湾・空港機能やロジスティクスシステムの役割が改めて脚光をあびつつある。しかし、この激動の時代の中で、我が国の港湾政策、空港政策、ロジスティクス政策の向かうべき方向を議論するためには、高度な知識基盤、情報通信技術、交通技術の発展に支えられたグローバルロジスティクスの実態とその変化を理解することが不可避である。

　かつて、中世史の碩学アンリー・ピレンヌは、社会経済は徐々に発展するのではなく、社会を支えるロジスティクスが進化した時に革命的に変化すると主張した。都市・地域の間には、人、財、金銭、情報、知識といったフローが流通する。グローバルロジスティクスは、このようなフローを支える基本的なインフラであり、それには港湾、空港などのハードな施設だけでなく、ソーシャルキャピタルや知識、技術、制度といったソフトなインフラも含まれる。このようなグローバルロジスティクスの進化により、世界経済が大きく変貌を遂げようとしている。

　21世紀の世界経済では、港湾、空港といったゲートウェイを通じて国際都市がシームレスに連携する。世界的なスケールで生産分業が展開し、サプライチェーン、ディマンドチェーンのグローバル化がますます進展するだろう。人は乗り物を選ぶが、財自体はその乗り物を選ばない。物流は、時間制約がない限り、基本的には費用最小化原理で機能する。しかも、部分的最適化ではなく、サプライチェーン、ディマンドチェーン全体の最適化が志向される。サプライチェーンには、行動様式が異なる様々な活動やステークホルダーが関与する。サプライチェーンの規模が大きくなるほど、その複雑性も増加する。グローバルロジスティクスの進化は、規模の経済性という極めて単純な原理で生じている。原理が単純なだけに、それがもたらす変革の力は強力である。

　グローバル経済の構造変化が様々な規模の経済性に導かれていることを理解すれば、今後の港湾政策、空港政策、ロジスティクス政策の基本的な方向性が見えてくる。グローバルロジスティクスには、様々なステークホルダーが関与する。これらの主体が独立に意思決定するようでは、効率的な物流は実現しない。多様な意思決定を調整し、トータルシステムの効率化を達成するガバナンスが必要である。このためには、ポートオーソリティの発展、メガオペレーターの育成等、

まえがき

制度的・組織的インフラの整備が重要である。ロジスティクスシステムの発展は、企業のサプライチェーン、ディマンドチェーン戦略の発展とともに進化することを忘れてはならない。今後、様々なビジネスモデルが現れることを期待したい。グローバルロジスティクスが、様々なステークホルダーが関わることによって生まれる規模の経済性により進化していることに留意すれば、コーディネーションを実現するオペレーションシステム、組織的・制度的ガバナンスの重要性を強調しても、し過ぎることはないと思われる。

このような問題意識の下に、京都大学経営管理大学院では、「グローバルロジスティクスと貿易」、「グローバルロジスティクスと海運」という講義を開講した。さらに、経営管理大学院に一般財団法人みなと総合研究財団/公益社団法人日本港湾協会によって港湾物流高度化寄附講座が設立され、グローバルロジスティクスに関する研究が精力的に進められている。本書は、これらの科目の教科書として編集されたものであるが、寄附講座の研究成果も本書の中に反映されている。もとより、グローバルロジスティクスのシステムは極めて複雑で大規模なものであり、その内容をすべて網羅することは至難の業である。このため、これらの講義は港湾、空港、ロジスティクス、貿易、および国際物流に関する専門家等によるオムニバス形式で実施している。グローバルロジスティクスに関わるステークホルダーは多様であり、それぞれの視点や関心事もまた多様である。従って、本書が統一された視点でとりまとめられていないことを率直に認めざるを得ない。

しかし、言い換えれば、多様なステークホルダー達がそれぞれの関心に基づいて切磋琢磨しダイナミックに進化している。それが、グローバルロジスティクスの世界である。グローバルロジスティクスは、世界経済や日本経済にとって、極めて重要なインフラであるが我々の日常生活にとって見えにくい世界である。残念ながら、我が国では、グローバルロジスティクスの分野における研究者が極めて少ないのが実情である。本書を通じて、グローバルロジスティクスに興味を持たれる読者がおられたら、編著者一同にとって望外の幸せである。最後に、本書の発行にあたっては、一般財団法人みなと総合研究財団、公益社団法人日本港湾協会からご支援をいただいた。また、本書の編集にあたって、京都大学大学院瀬木俊輔助教の労を得た。ここに、感謝の意を表します。

2016年12月　小林 潔司　古市 正彦

本書の構成

　京都大学経営管理大学院で好評を博している講義「グローバルロジスティクスと貿易」および「グローバルロジスティクスと海運」では、各界の一流の実務家を講師として招き、オムニバス形式で、日進月歩で進化を続けるグローバルロジスティクスに関する講義を提供してきた。本書は、講師陣によって一回の講義（90分間）を一章として執筆していただいた講義録である。その構成は以下のとおりである。

■■ 第1編 グローバルロジスティクスを俯瞰する

　第1編では、国境越えが不可避であるグローバルロジスティクスと貿易について、どのような制度の上でどのようなステークホルダーが関係しあっているか俯瞰する。

第1章 貿易と国際物流の仕組み　田村 幸士（三菱商事ロジスティクス（株））

　貿易を支える制度面の仕組みについて歴史的な背景を踏まえて紹介するとともに、その構造的変容について、実務の観点から解説する。特に、2000年代における貿易・国際物流を巡る環境変化について、技術・金融・政治など多方面から分析し、あわせて、近年の総合商社のビジネスモデルについても触れる。

第2章 関税・通関等の国境を越える手続き　田阪 幹雄（（株）日通総合研究所）

　貨物が国境を越える時に不可欠な通関制度を紹介し、2015年に統合したASEANについてNAFTAやEUとの相違点を簡潔に解説する。通常、馴染みの薄い制度であるが、通関手続きに要する時間と費用が貿易・国際物流サービスに占める意味は大きく、貿易・国際物流ビジネスを行ううえでこの理解は避けて通れないものである。

第3章 国際海上輸送を俯瞰する　篠原 正人（福知山公立大学）

　今日の海運の発達を歴史的に振り返りつつ、海運自由の原則、コンテナ輸送、バルク輸送、定期船輸送、不定期船輸送、外航海運・内航海運、船社の収益構造などを分かり易く解説する。さらに、海運ネットワークをサプライチェーン全体の中で捉え、今後の成長が見込まれるアジアの時代における荷主から荷主までの総合ロジスティクスサービスの重要性について紹介する。

第4章 国際航空貨物輸送を俯瞰する　大迎 俊一（(株)南海エクスプレス）

　国際貨物輸送の一方の主役である海運に対して、もう一つの主役である航空輸送について、航空会社、航空輸送フォワーダー（利用運送事業者）、インテグレーター（国際宅配事業者）、郵便事業者、代理店などの定義やそれぞれの相互関係、さらには国際航空貨物輸送のメリットについて解説する。

■■ 第2編 収益力を高めるサプライチェーン

　第2編では、製造業、小売業、物流業などの企業が、貿易・国際物流インフラを活用して自社の収益力を高めるサプライチェーンを構築している具体例を紹介する。

第5章 ロジスティクスの観点から見た物流改革　上村 多恵子（京南倉庫(株)）

　メーカー、総代理店、代理店、小売店など多様なステークホルダーが複雑に絡み合う物流を、ロジスティクスの観点から見て大胆に改革することを倉庫業から提案し、成し遂げた事例を紹介する。このロジスティクスの観点からの物流改革が会社の収益力を高めることを理解することが、次章以降の理解の橋渡しとなる。

第6章 海外通販起業指南　白藤 華子（一般社団法人 京都ビジネスリサーチセンター）

　貿易・国際物流サービスを活用した海外通販ビジネスを起業したいと考えた場合の起業指南を行う。貿易実務を行ううえで知っておかなければならない様々な制度（運送人責任、取引条件、保険、通関、付加価値税など）について解説する。

第7章 アパレル企業の取り組み　山内 秀樹（日鉄住金物産(株)）

　アパレル産業では、毎年の流行があり、季節の変化に合わせて商品の入れ替えが絶え間なく続くことから、商品サイクルが短く、在庫管理が難しい。消費者の嗜好の多様化、販売手法の多極化、海外への販売機会の拡大など環境変化が激しい中で、原料調達から生産、輸送、店頭の各段階において個品レベルでのモノの動きを緻密に組み込んだサプライチェーンを構築しているアパレル企業の取り組みを紹介する。

第8章 電子タグによる在庫管理と生産性の向上　山内 秀樹（日鉄住金物産(株)）

　近年、注目を浴びている電子タグの機能と可能性を最新の情報を基に技術的な観点から解説する。さらに、工場から物流センターを経て店舗まで、そして店舗ではバックルームから店頭、試着室から会計レジへと移動する商品に貼付された電子タ

グを通じて取得できる莫大なデータを有効に活用し分析することで、生産性の高い売り場の構築が可能であることを紹介する。

第9章 食品物流（低温物流）　盛合 洋行（(株)ニチレイロジグループ本社）
　典型的な高付加価値物流の例である食品物流は、賞味期限や消費期限が短く、さらに定温（低温）で輸送・保管しなければ、商品価値の減耗が著しく、在庫管理が極めて難しい特徴を持っている。また、食品工場での生産段階でも原材料の輸送・保管は定温（低温）輸送が必要である場合が多く、複雑にならざるを得ない食品サプライチェーンについて具体的な事例を基に解説する。

■■ 第3編 貿易・国際物流ネットワークの基盤
　第3編では、貿易・国際物流ネットワークを形成する様々なインフラ（基盤）サービスを提供する主体（企業を含む）が行っている様々な取り組みを紹介する。

第10章 グローバルサプライチェーンの中の港湾　古市 正彦（京都大学）
　適量の財を適時、適確に顧客に届けるという役割は共通しているものの、物流、ロジスティクスおよびサプライチェーンの概念はそれぞれ全く異なる。さらに、サプライチェーンがグローバルに展開したアパレルの小売店で在庫切れを起こすと販売機会を喪失し、同様にメーカーの工場で部品の在庫切れによって生産ラインを止めると巨大な損失が発生する。このようにグローバルに発達したサプライチェーンに組み込まれた港湾やその背後地域が果たす役割について再整理し、解説する。

第11章 コンテナターミナルオペレーターの役割と事業環境　前田 秀昌（(株)上組）
　コンテナ船が発達するまでの港湾運送事業は労働集約的で規模の経済が働きにくく、効率的な運営が難しい分野であったが、コンテナ船の急速な大型化に伴いターミナルオペレーター業は資本集約的で極めて効率的な事業へと変貌した。その歴史的過程を振り返りつつ、最新のターミナルオペレーターの事業環境を紹介し、港湾をコストセンターではなくプロフィットセンターと捉える流れについても解説する。

第12章 倉庫業の役割と事業環境　東条 泰（(株)住友倉庫）
　本章では、現在の倉庫業の源流を明らかにしつつ、民法、商法、倉庫業法等の倉庫業を取り巻く法的構造について紹介する。また、保管・入出庫等の倉庫業の基本

業務に加え、時代とともに変遷する事業環境に合せた倉庫業の役割、さらにはグローバル化に加えて環境対応や災害時の役割という今後の課題等について解説する。

第13章 航空貨物のグローバルネットワーク戦略　廣岡 信也（(株) ANA Cargo）

　航空輸送のグローバルネットワーク構造は、ハブアンドスポーク型が依然として主流であるが、一方でポイントトゥポイント型に進化するという現象も見られる。このような航空ネットワークの構造は航空会社の経営戦略によって容易に変化する特徴を持っている。本章では、ANAグループの沖縄貨物ハブ戦略、さらには、成田空港・羽田空港を中心としたグローバルネットワーク戦略について解説する。

第14章 高付加価値航空貨物輸送　滝本 哲也（(株) 南海エクスプレス）

　一般的に、輸送サービスはその質の差別化が難しい分野である。一方、航空貨物輸送では速達性という特徴を生かしつつ、生体動物輸送、イベント貨物輸送、大型貨物輸送、温度管理型輸送等の分野で様々な高付加価値サービスを提供可能である。本章では、その特徴や技術的な工夫について具体事例を基に解説する。

■■第4編 世界経済の潮流と将来のグローバルロジスティクス

　最後の第4編では、マクロな視点からグローバルロジスティクスを捉え、世界経済と貿易・国際物流が相互に関連しながら変化するダイナミズムを解説する。

第15章 経済学の視点から見た海運・航空サービス市場戦略　小林 潔司（京都大学）

　海運・航空ネットワークでは、船舶や機材の大型化による規模の経済性と港湾・空港での混雑現象が複雑に作用し、また歴史的な偶然や多くのステークホルダーの政策がそのネットワーク構造形成に強く影響している。このように形成されたネットワーク構造が、世界経済や市場関係者の利益にとって最適である保証はない。そして、多くの国・地域・ステークホルダーが自分の関心や利益を改善することを目的としてその構造の改編を試みるゲーム的な状況が現れていることを解説する。

第16章 貿易費用と越境サプライチェーン　瀬木 俊輔（京都大学）

　今日の工業製品の製造工程では、部品などの原材料が国境を越えて調達される越境サプライチェーンが広く活用されている。関税や輸送費などの貿易費用の低減は、越境サプライチェーンのコスト競争力を高め、工業製品の貿易を拡大する効果があ

る。本章では、越境サプライチェーンの一般的な性質を説明した上で、メキシコの自動車産業や将来のアジア地域における越境サプライチェーンについて議論する。

第17章 世界規模の海運ネットワークと国際陸上輸送ネットワーク

柴崎 隆一（国土交通省国土技術政策総合研究所）

　世界規模の国際物流ネットワークにおいて、その中心的役割を果たす海運に比べて陸上輸送を実感することはあまりない。本章では、海運の基幹航路における二大運河（スエズ・パナマ）およびその代替陸上輸送路となる北米・ユーラシア大陸ランドブリッジ、さらにはスエズ運河航路およびユーラシア大陸ランドブリッジの代替航路として最近注目されている北極海航路について現状と今後の展望を解説する。

第18章 コンテナ船の大型化による規模の経済・不経済　古市 正彦（京都大学）

　海運市場では規模の経済性を求めて船舶の大型化が急速に進行した。特にコンテナ船においてその傾向が著しく世界中でそれに対応した港湾インフラや背後圏交通インフラの整備が進められている。本章では、規模の経済性が発揮されるメカニズムとともに、逆に船舶の大型化に起因する規模の不経済現象についても解説する。

　これまで門外不出であった知見を体系的にまとめた講義録テキストとして出版することで、広く一般の実務者や初学者にも役立てていただければ、望外の幸せである。

　2016年12月　木枯らしの吹く京都吉田山の麓にて

古市正彦

1

第1編
グローバルロジスティクスを俯瞰する

第1編　グローバルロジスティクスを俯瞰する

第1章　貿易と国際物流の仕組み

1.1 貿易と国際物流

　貿易と国際物流は不可分な概念である。しかし、貿易はアカデミズムの世界では貿易論や国際経済論の枠組みで語られ、我が国の行政の管轄で言えば経済産業省であるのに対し、国際物流は交通論や海運経済論の範疇であり、所管官庁も国土交通省であることに端的に示されるように、必ずしも同じフレームワークの中で議論されてきたわけではない。

　しかし、そもそも「貿易を伴わない国際物流」は存在しない。唯一と言ってよい大きな例外は軍事輸送であろう。ロジスティクスの語源が軍事用語（日本語で言えば輜重・兵站）だというのはしばしば引き合いに出される話だが、実際に洋の東西を問わず、物流に関わる学会やコンベンションに軍の関係者が出席したり、発表したりすることは珍しくはない。大量の物資を効率的に早く、間違いなく必要なところへ輸送する、という観点では民間の物流ビジネスと共通点があることは明らかである。

　ただし、本稿では軍事輸送以外の国際物流、すなわち「貿易を伴う国際物流」について取り上げ、改めて貿易と国際物流という二つの概念の関連性について検討を加える。すなわち、

①従来の伝統的な貿易の基本的なしくみというのは何か、ということを確認した上で、

②貿易の変化が国際物流に与えた影響、逆に国際物流の変化が貿易に与えた影響について述べ、

③とりわけ、2000年代、ITバブルから始まってリーマンショックで締めくくられた大きな経済サイクルの中で、貿易と国際物流の動態・構造が、量的・質的にどのように変容していったのかを明らかにし、

④最後に、長年にわたって我が国の貿易を支えてきた総合商社のあり方がどのように変わってきたかについて触れることとする。

1.2 貿易の基本的な仕組み

(1) 貿易とは何か

　貿易とは、端的には「国境を越えた売買活動」である。売買活動であるのなら、例えば、商店街で顔見知りの八百屋から大根を買うこととどこが違うのか、ということになり、詰まるところ、違う点は「モノが国境を越える」ということに尽きる。顔見知りの八百屋が相手だったら、相手が信用できていて、現物が目の前に見えている。しかも、すぐそこの棚に手を伸ばせば、すぐその場で、確実に商品が確保できるが、「国境を越える」ということは、顔が見えない、会ったこともない、場合によっては言葉も通じない相手から、現物確認も完全にできない商品を物理的な距離を越え、時間をかけて持ってきて手に入れる、ということであり、それが売買活動としての貿易の特徴なのである。従って、そこに生じてくるリスクや障害を、どうやって克服し、ミニマイズしていくのかということに、貿易というものが始まって以来、長い間人間は知恵を絞ってきた。

　一般に、貿易実務の本を開くと、信用状(Letter of Credit：LC)、船荷証券(Bill of Lading：BL)、為替手形、海上保険といった用語がならんでいるが、これらは主に18世紀から19世紀の欧州（特に英国）において成文化・体系化されてきたものであり、さらにその淵源を辿れば古代や中世に遡るものもある。すなわち、これらは長い歴史の中で、貿易に携わる人々が、「国境を越える」ことによって生じるリスクや障害をミニマイズしていくために発明した「仕掛け」や「工夫」だと言い換えることもできる。通関手続や傭船契約などもこの範疇と言えよう。

　ここで問題になるのは、確かに伝統的な貿易において、こうした「仕掛け」が大きな役割を果たしてきたことは間違いないが、それらは果たして現代の貿易においても有効なのか、という点である。例えば、インターネットの普及に伴う越境e-コマースの広がりや、映像や情報など、形の無いモノが国境を越えて行き来する事態、さらには欧州連合(European Union：EU)のような地域統合や、自由貿易協定(Free Trade Agreement：FTA)あるいは経済連携協定(Economic Partnership Agreement：EPA)の拡大により、国境そのものの意味が変わっている中で、この点は問い直されるべきであろう。

　一方、貿易と国際物流が表裏一体だという理解に立てば、こうした貿易の変化

が国際物流のあり方に大きな影響を与えることは当然であろうし、逆に国際物流における変化が、貿易の伝統的な「仕掛け」や「工夫」に変化をもたらすことも容易に想像されよう。これらについては1.3以降で触れることとし、まずは貿易の基本構造とプロセスについて確認しておく。

(2) 貿易の基本構造とプロセス

　貿易について書かれた本の多くは、実務的な観点から、信用状や船荷証券といった「仕掛け」に着目し、詳述しがちであるが、本節では三つの側面からその基本構造とプロセスを述べ、その中で「仕掛け」がどのように活用されているかに触れる。

　第一に、当たり前のことだが、貿易には「二つの主体」が存在する。売り手（Seller）と買い手（Buyer）である。貿易とは、この二つの主体間の行為であり、従って、彼らの間でいかにリスク（危険）とコスト（費用）の範囲や分担が行われるかが鍵となる。特に、顔が見えない相手や初めて取引をする相手とでもスムーズに話ができるようにする、いわば「仕掛け」としての共通言語が必要となるが、そのために広く世界的に使われているのがインコタームズ（International Commercial Terms：Incoterms）である。貿易の標準的な取引条件を、パターン化し、成文化したもので、条約でも法律でもなく、民間団体である国際商業会議所（International Chamber of Commerce：ICC）が、貿易の当事者たちの利便のために設けたもので、1936年に初めて制定されて以降、約10年おきに改定されてきた。本船渡（Free On Board：FOB）とか運賃保険料込（Cost, Insurance, and Freight：CIF）といった一般にも膾炙している取引条件はこの一部である。

　第二に、「四つのステップ」がある。貿易は、売り手と買い手という二つの主体の間で、引合（Inquiry）→申込（Offer）→承諾（Acceptance）→受渡（Delivery）というステップを経て組成され、完了する。特に申込と承諾は、それぞれの有効期間がいつまでなのか、その取引がどの段階で成立したとみなすのか、という根幹に関わる問題なので、その解釈を巡って法的・制度的な「仕掛け」が時間をかけて整備されてきた。1988年に発効したウィーン売買条約はその具体的成果の一つである。

　第三に、前述の、受渡というステップにおいて発生する「三つの流れ」である。

貿易と言っても本質的には日常的な売買活動と大差はない。ただ、前節で指摘したとおり、近所の八百屋での買い物とは異なり、距離と時間を隔てた売買なので、相互に関連しながら同時並行で動く「モノ」、「カネ」、「情報」という三つの流れを全体的にコーディネートしていくことが求められる。これこそがいわゆる貿易業者（商社、トレーダー）が担ってきた機能だと言ってよい。「モノ」とはすなわち商品であり、売り手から買い手までの間の物理的な移動である。ここでは移動に関わる費用や時間、商品の破損リスクの軽減や分担が課題になる。「カネ」とは言うまでもなく決済行為であり、売り手による買い手からの確実な代金の回収が最大の関心であり、信用状はそのための典型的な「仕掛け」の一つである。「情報」は、あらゆる行為に付随する幅広い概念だが、特に貿易においては通関を含む国境を越える手続きにおける、売り手・買い手から当該政府機関（典型的には税関）への商品情報の提供が主となる。

1.3 貿易と国際物流を巡る変化

それでは、こうした貿易の構造やプロセス、さらにはそれを支える様々な「仕掛け」が、中長期的な時間軸の中でどのように変化してきたのか、国際物流との関連性で指摘しておく。

(1) 技術革新の影響

前節で「モノ」、「カネ」、「情報」という「三つの流れ」を指摘したが、高速化・電子化といった技術革新がこれらに与えた影響は小さくない。例えば「モノ」、商品の移動は、輸送手段の高速化により所要時間が短くなっている。これは船舶の技術革新（エンジンや船型の改良）や高速フェリーなど新規の輸送手段の普及[注1]に加え、我が国に着目して言えば、貿易相手国の近距離化（アジアシフト）やサプライチェーンマネジメント（Supply Chain Management：SCM）の普及に伴うリードタイム圧縮要請の高まりといったこともこの動きを後押ししたと言える。この結果、いわゆる「船荷証券の危機」[注2]と言われる現象がより顕在化したことは、典型的な事例と言えよう。また、「カネ」や「情報」についても、情報システムの革新によるペーパーレス化、データ処理能力の向上および高速化が、従来型

の貿易実務のあり方を変容させている側面もある。

　さて、国際物流の分野において、この半世紀でもっとも大きな技術革新の一つはコンテナ輸送の開発と普及であろう。これが従来型の「仕掛け」に影響を与えた事例としてはインコタームズの改定が挙げられる。前述のとおり、インコタームズは約10年のサイクルで改定がなされているが、実際の国際物流のオペレーションの進化との間には時間的なギャップが生じる。例えば、FOBという取引条件は文字どおり「売り手が商品を輸出港で本船のレール（舷側欄干）を通過した段階でリスクは買い手に移転する」と規定されているが、実際のコンテナの船積みにおいては、こうした作業は船会社あるいは埠頭会社の範疇であり、売り手が直接、個々のコンテナの荷役をコントロールできるわけでない。すなわち、FOBはコンテナ船普及以前の在来船やバルク貨物を対象とした不定期船を念頭においた取引条件であり、コンテナ船を利用する貿易において適用することは不適当である。その為、インコタームズの1980年改定版において、コンテナ輸送に適合する条件として運送人渡条件（Free Carrier：FCA）が新たに設けられ、取引条件とオペレーションの一致が図られ、以後広く推奨されることとなったのである[注3]。

(2) 貿易パターンの複雑化

　さらに貿易パターンそのものの複雑化が国際物流の高度化を要請している。

　まず一つは物流の一貫化、内際シームレス化である。従来の貿易は、それがFOB条件だろうとCIF条件だろうと、仕出港（積港）と仕向港（揚港）が受渡の基準地になっていたが、コンテナの普及は、埠頭のコンテナヤード（CY to CY）間の輸送サービスにとどまらず、売り手と買い手それぞれの戸口間の輸送（Door to Door）を一般化した。さらに今日、後述するように、買い手たる製造業（工場）から、生産ラインまでの序列納入[注4]を求められるようになってくると、物流面ではLine to Line、すなわち、売り手の工場の生産ライン払出から買い手の工場の生産ライン投入までの精緻なオペレーションすら必要になっている。

　もう一つの特徴はアジアを中心とした中間財貿易の拡大である。最終製品の貿易だけではなく、国を跨った生産分担は、サプライチェーンの構築を一層難しいものにしている。例えば、日本から糸やボタンなどの副資材を中国に輸出し、中国で縫製した衣料品をシンガポールに在庫し、必要に応じてマレーシアに輸出す

る、という事例が考えられる。この場合、貿易実務的には個々の取引の集積に過ぎないが、経済活動としてはサプライチェーン全体として競争力のある物流サービスの構築、提供が求められる。

(3) 貿易の非対称化

　技術革新に伴う様々な変化や貿易パターンの複雑化に加え、伝統的な貿易プロセスの前提にも変化が生じてきた。繰り返しになるが、従来の貿易の「仕掛け」は、顔が見えない相手と、いわば対等な関係で、お互いがwin-winで売り買いすることを前提にしており、売り手と買い手のどちらかが一方的に強いとか不利だということはない。従って、インコタームズでも、双方が応分のリスクとコストを負担することを想定して取引条件が整備されてきた。

　しかし、今日では、貿易における非対称的な力関係が顕在化している。すなわち、顔が見える相手との取引であり、かつ売り手か買い手のどちらか一方が圧倒的に強い立場にある、というケースである。例えばお互いの顔が見えていて、しかも売り手が強いケースの典型は、企業内貿易（親子間取引）である（例えば製造業の本邦親会社と、在外の100％子会社である販売会社間の貿易を想定してみるとよい）。この場合、信用状をはじめとした、様々な信用リスク回避のための「仕掛け」は事実上無意味であるし、コスト負担も、（移転価格税制の範囲内であれば）ある程度売り手が自由に決められる。その一方で、物流面では、年度末における、子会社に対する、いわゆる押し込み販売や在庫責任の押し付けなどが発生しがちな現象である。

　逆に買い手が強いのは、買い手が圧倒的な購買力を有しているケースである。この場合、買い手は価格コントロール力を持つだけではなく、物流についても主導権を持つ。例えば、ウォルマートに代表される米国の大手小売業者は、アジア各国に散在する複数サプライヤーからの少量・多品種の商品の調達にあたって、物流を一箇所に集約化し、自社貨物だけで混載コンテナを仕立てることで、効率的な調達を実現している。これを物流業界では、バイヤーズコンソリデーション（Buyer's Consolidation）と呼ぶが、売り手であるサプライヤーの業務範囲は限定され、リスクもコストも買い手である大手小売業者が多く負担する点で非対称な取引と言える。また、大手の自動車製造業も、部品のサプライヤーに対して

は優越的な地位にある。製造業者の最大の関心の一つは部品在庫の削減であり、従って、余剰が発生しないように、サプライヤーは生産計画に沿った部品納入が求められる。いわゆるJIT (Just In Time) 納入であり、これは物流面で言えば、バイヤーズコンソリデーションとは対照的に、売り手が主体的に計画し、実行する業務範囲が広い。例えば、サプライヤーは前述のように、生産ライン横までの序列納入や納入時間の指定、その時間から遅延した場合の保障などが求められるケースも少なくない。さらに在庫リスクそのものをサプライヤーに転嫁する仕組みとして、買い手の工場の隣接地に、売り手たるサプライヤーが在庫倉庫を構え、工場に納入した時点で売買が発生するVMI (Vendor Managed Inventory) 方式も一般的になっている。サプライヤーはこれを海外の非居住者在庫として運用する場合もあり、いわば新しい形の「国境を越えた売買活動」とも言える。

このように、売り手と買い手が対称的な地位で売買を行う、従来型の貿易に対して、どちらか一方が強い立場に立った、非対称的な貿易では、物流の手配権やコスト、在庫のリスクなどの負担が片務的になる傾向が見られ、インコタームズの解釈のような静態的・制度的なアプローチだけでは理解できない実態が生まれている。それを物流面で実務的に補完するために、前述のバイヤーズコンソリデーションやJIT、VMIといった「仕掛け」が生まれてきた、とも言えよう。

1.4 2000年代の貿易と国際物流

1.3節で述べたとおり、貿易と物流は密接に関わりながら構造的な変化を経てきたが、最も大きな変化を集中的・多面的に経験したのは2000年代であり、我が国経済もまた少なからぬ影響を受けた。

(1) 貿易環境の変化と我が国の相対的地位の低下

2000年代の貿易環境の最大の変化は量的な拡大にあった。世界の貿易額は2001年からリーマンショック直前の2008年までの間に2.5倍になり[注5]、中国を筆頭に新興国経済は大きく成長した。いわゆる「経済のフラット化」という現象が生じ、世界経済が日米欧に代表される先進国主導の時代から、新興国が成長のエンジンを担う時代へと転換が進んだ時期でもある。特に中国は「世界の工場」

第1章 貿易と国際物流の仕組み

として躍進し、今日では表-1.1のとおり、中国から米国、中国からEUへの輸出が、米国／EU間の大西洋貿易と肩を並べる世界の貿易の大動脈を形成することとなっている。

表-1.1　世界の貿易マトリクス（2014年）

単位：百万米ドル

		輸出先				
		米国	中国	EU	ASEAN	日本
輸出元	米国		124,024	277,863	78,977	66,964
	中国	397,099		371,189	271,698	149,452
	EU	342,829	183,394		95,004	60,896
	ASEAN	123,412	165,112	132,358		120,166
	日本	130,571	126,347	71,726	104,621	

出典：JETRO世界貿易投資報告より著者作成

　また、こうした新興国の経済成長が、天然資源価格の急騰を招き、それと歩調をあわせるように、石炭や鉄鉱石などの輸送手段としての不定期船海上運賃市況の歴史的高騰に繋がったこともこの時期の特徴である[注6]。

　一方、こうした量的拡大が我が国に与えた影響とは何か。戦後日本の貿易構造は、周知の如く、一貫して石油や天然ガスなどのエネルギーを輸入し、自動車などの機械製品を輸出するという形態であり、これは21世紀においても大きく変わっていない。いわば日本経済の強みとは、資源産出国から大量に資源を輸入することで強い購買力を発揮し、高い技術力で生産した製品を欧米の消費市場に大量に輸出するというモデルにあったわけで、それゆえに「資源輸入大国」、「モノ作り大国」、「海運大国」を自負してきたと言える。しかし、2000年代において、中国がその成長を支えるために天然資源の確保に乗り出すと、そうした権益の争奪戦において「買い負け」するケースが頻発し、一方の製品においてもアジア諸国との競争に晒され、さらに本邦企業自身が生産拠点の海外移転を進めるなど、世界貿易における我が国の（より正確に言えば我が国発着貨物の）相対的な地位の低下は否めないものになってきた。

　こうした影響が国際物流の面で表出した一例が、大型コンテナ定期船が我が国の港湾に直接寄港しなくなる、いわゆるJapan Passing現象であると言えよう。こ

第1編 グローバルロジスティクスを俯瞰する

れは単に我が国発着の輸出入貨物量の伸びが中国などと比較すると相対的に小さかった、ということだけによるものではなく、釜山やシンガポールに、近隣諸国からのトランシップ（中継）貨物を吸収するハブ機能を有した巨大港湾が整備されたことも大きな理由である。これは我が国の港湾や空港といった物流インフラが、あくまでも自国発着貨物を前提として整備されてきたこととは対照的であった。

(2) 大型化・巨大化と外部資金の流入

　2000年代を通じ、物流分野においても、世界的にいくつかの大きな変化の流れが生じたが、ここでは二点を指摘しておく。

　第一は大型化・巨大化の動きである。典型的には船舶の大型化であり[注7]、コンテナ船においては2000年代には10,000TEU型が漸次市場に普及したが、さらにその傾向は現在まで継続しており、20,000TEU型すら登場しつつある[注8]。また、バルク船ではこの時期に20〜30万載貨重量トン（Dead Weight Tonnage：DWT）型の鉱石専用船が陸続と建造され、2011年には、ブラジルの資源メジャーであるVale社が運用する40万DWTという、現在でも世界最大級の、通称Vale Max型の第一船が竣工するに至っている。これは、貿易の急激な拡大に伴い、輸送手段を大型化することで買い手の旺盛な需要を満たしつつ、コストの削減を図る動きとして理解されよう。こうした船舶の大型化と軌を一にしたのが港湾インフラの大型化である。当然大型船舶の受け入れには、それに見合った港湾施設の整備が必要となるが、特にアジア諸国においてはコンテナターミナルを中心に積極的な投資が進められた。代表例は2002年に起工し、2005年に第一期部分が開港した上海の洋山深水港であろう。あわせて、物流事業者の巨大化もこの時期の現象である。ドイツの国営郵便（Deutsche Post）が1995年に民営化され、その後欧米の大手物流事業者の買収を繰り返し、世界最大の物流グループに成長した事例はよく知られている。

　もう一つの、注目するべきユニークな変化は、物流分野への資金供給者の変化、すなわち、お金の出し手の多様化である。物流業界、特に海運や港湾の分野では、貿易の拡大に伴って、前述のように大型化・巨大化が進んだのに加え、船隊の拡充や港湾の整備が求められたため、大きな資金ニーズが生じた。しかし、伝統的にこうしたニーズを支えてきた欧州の金融機関や各国の公的資金（財政支出）だ

けでは賄いきれなくなると、年金を中心とする機関投資家の資金がこの分野にも流入するようになってきた。すなわち、欧州や北米の年金が、従来の投資対象である株式や債券に加え、不動産やインフラ、船舶・航空機といった、いわゆるオルタナティブ（代替的）投資に関心を向けるようになると、こうした資金がファンドを経由して物流業界に流れ込んできたのである。特に倉庫や物流センター、あるいは港湾や空港といった物流インフラは、一定の実需に支えられているゆえに、安定的なキャッシュフローが期待され、株式よりも低リスク、かつ国債よりも高利回りの「金融商品」と位置付けられたことで、その新設や拡張のための資金ニーズを確保することができたのである。

　こうした物流業界の資金ニーズと、機関投資家の投資意欲が新しい資金の流れを物流業界にもたらした時期だったとも言えよう。

(3) FTA／EPAの広がりと新しい課題

　2000年代における貿易において、もう一つ忘れてはならない動きはFTA／EPA[注9]の広がりである。言い換えれば、「国境を越える売買活動」である貿易において、その最大の課題である「国境」という障壁そのものを低くすることに世界各国が注力してきた時期でもある。我が国も2002年の日本—シンガポールEPAを皮切りに、表-1.2のとおり、こうした動きを加速させていった。

表-1.2　2000年代における我が国のEPA発効状況

2002年	11月	シンガポール
2005年	4月	メキシコ
2006年	7月	マレーシア
2007年	9月	チリ
	11月	タイ
2008年	7月	インドネシア
	7月	ブルネイ
	12月	ASEAN（包括的経済連携）
2009年	9月	スイス
	10月	ベトナム

出典：通商白書2015より著者作成

しかし、貿易自由化の環境が整備され、経済統合の深化が進めば、モノがより簡単に、どこへでも動かすことができるようになる、という理想とは対照的に、国際物流の実態面では、自由なモノの流れを困難にするような以下の四つの事象が生じていたことも認識しておく必要がある。

まずその第一は政治的リスクの高まりである。特に、イラン、ミャンマー、北朝鮮といった国々と米国との政治的緊張は金融制裁・経済制裁に繋がったが、米国以外の国も、米国市場での活動への影響を考慮した結果、被制裁国との貿易も、安全保障・貿易管理の観点から、事実上制限される形となった。

第二は貨物セキュリティの強化である。2001年の9.11同時多発テロを契機として、米国向け輸入貨物には様々な事前通告義務や管理手続き[注10]が課せられることとなったが、こうした仕組みは米国以外の国にも様々な形で導入され、結果として荷主・船会社・フォワーダー（Forwarder）などに追加的なコストと時間の負担を求めることとなった。

第三は環境問題への対応の必要性である。特に、海洋汚染対策を意識した船舶への技術的な対応、具体的にはMARPOL条約[注11]の改正によるダブルハル規制の強化や、国際海事機関（International Maritime Organization：IMO）における船舶バラスト水規制管理条約の採択などは、海運事業者にとっては大きな経営課題となった。

第四は、自然災害の影響である。勿論これは2000年代に限定される事象ではないが、2005年に米国南部を襲ったハリケーンカトリーナ、2010年のメキシコ湾原油流出事故、2011年の東日本大震災とタイの洪水と、史上類を見ない災害が続発し、これらが荷主企業のサプライチェーンに大きな打撃を与えるとともに、その抜本的見直しを迫る契機となった。

つまり2000年代においては、従来の貿易活動がどんどん自由化されてきた一方で、様々な外部環境の変化が貿易の制約要因になった、あるいは制約課題として認識されるようになったということに留意しておく必要がある。

(4) 総合商社のビジネスモデルとその変遷

本節の最後に、これまで長年にわたって我が国の貿易活動を担ってきた総合商社の役割とその変遷について付言しておく。

かつて総合商社と言えば貿易会社とほぼ同義であり、戦前・戦後を通じ、我が国の製品の輸出や天然資源の輸入に大きな役割を果たしている、と理解されてきた。しかし、その実態は売り手と買い手の間に立った、いわば仲介者としての機能であり、売買活動を媒介することで、商品価格の一定の割合を口銭として受領するビジネスモデルを基礎においていた。場合によっては、自らリスクをとって、いわゆる見越し取引により差益を狙うこともあったが、いずれにせよ、そうした活動を支えてきたのは、国内外に張り巡らされた拠点ネットワークであり、それらを通じて獲得する情報であり、為替や通関、輸送といった貿易に関わる実務遂行能力であり、さらには通訳・翻訳機能を含む異文化間コミュニケーション能力であった。

しかし、こうした仲介者としての機能が危機に瀕したのは、1990年代後半から米国を中心に広がった、インターネット革命であった。「Middleman will die」（中間業者は死に絶える）というキャッチフレーズに示されるように、総合商社は貿易会社として口銭型ビジネスの限界を認識せざるを得なくなった。また、最大の顧客である我が国の製造業自身が、生産拠点の海外移転や販売市場の拡大など、グローバル化を積極的に進めていくと、漸次総合商社の伝統的機能が必ずしも必要とされなくなったこともこうした傾向に拍車をかけたと考えられる。

このような外部環境の変化を踏まえ、2000年代に入ると、総合商社は「貿易」から「投資」へと舵を切り、資源開発からコンビニエンスストアまで、幅広く事業そのものへ参画し、持分利益や配当で稼ぐビジネスモデルへと変化していく道を選んだ[注12]。いわば、かつて「ラーメンからミサイルまで」と揶揄された取扱商品の多様性は、「人工衛星からミネラルウォーターまで」と表現をかえつつ、業態の多様性へと変化していったと整理できよう。すなわち、今日の総合商社において貿易は、複数存在する業態の一つに過ぎない、としても過言ではない。

1.5 これからの貿易と国際物流

2010年代に入って、中近東を中心に地政学的リスクはさらに高まり、BRICsともてはやされた新興国経済は大きく停滞、さらに天然資源価格の低迷も続いているが、世界的な貿易額・海上荷動き量は緩やかながらも量的な拡大を続けてい

る。また、同時に貿易の障壁を少しでも低くしようという試みはさらに進んでいく見通しである[注13]。

これからの貿易と国際物流を考える上で留意しておくべきことの一つは貿易そのものの意味の変化である。すなわち、国境が意味を持たなくなった時代の貿易とは何か、あるいは貿易のために必要とされる新しい「仕掛け」は何か、ということである。これは「インターナショナル」から「グローバル」への転換と言ってもよい。1.2節で述べたとおり、越境電子商取引（Electronic Commerce：EC）の普及や目に見えないモノ（例えば音楽や映像などの情報）の国境を超越した取引を整流し、促進し、時には抑制・管理する仕組みが十分整備されているのか、という点は、世界的なテロのリスクの高まりも見据えつつ、問い直されるべきだろう。

また、もう一つは技術革新である。しばしば物流業界は墨守的と思われがちだが、1.3節で触れたように、海上コンテナが、その導入からわずか半世紀で世界の物流のあり方を根本から変えたように、イノベーションは確実に起こっている。特に、インターネットやAI（人工知能）技術の発達により、デジタル化された情報の利活用の可能性はロジスティクスの分野でも飛躍的に広がりつつある。その一方、実際に貨物を「フィジカル（物理的）に動かす」という面では、ドローンやロボットの導入が本格化してきている。これからは、いかに「デジタル」と「フィジカル」を連携・融合させていくのか、いわば「デジタルとフィジカルを繋ぐもの」に大きなイノベーションの可能性があるのではないか。IoT（Internet of Things）といった「インダストリー4.0」[注14]の波が国際物流にどのような構造的な変化をもたらすのか注視しておくべきである。

【注】
注1）例えば、上海スーパーエクスプレス（SSE）社は、航空機とコンテナ船の中間ニーズの取り込みを狙って2003年から博多―上海間でRORO船の運航を開始、アパレルや自動車部品の輸入で活用されたが、2015年に日中間の物量減少と本船老齢化を理由に休止した。
注2）本船が仕向け地の入港までに船荷証券が買い手の手元に到着せず、商品の引き取りができない事態。
注3）コンテナ輸送にもかかわらず、FOB条件を慣習的に利用している例は絶えない。（日本貿易振興機構ホームページ https://www.jetro.go.jp/world/qa/04A-011002.html 参照）
注4）自動車製造などにおいて組立序列に従って生産部材を投入する方式。
注5）名目輸出ベース。（JETRO世界貿易投資報告2015年版 図表Ⅰ-13）

注6) 不定期船運賃市況は2008年のリーマンショックを機に急落し、その後一時的に持ち直すも、今日まで歴史的な低迷を続けている。また、天然資源価格も2010年代半ばからは調整局面に入っている。
注7) 2005〜2008年に竣工した船舶の大型化傾向については井上岳・赤倉康寛「貨物船・コンテナ船・タンカーの船舶諸元分析に関する基礎的研究」(国総研資料No.600、2010年) に詳細な分析がある。
注8) 2015年10月の時点では、18,000TEU型以上のコンテナ船は103隻、世界の総運航船腹19.4百万TEUの1割を超える。(村上英三「誰のための大型化か」日本船主協会ホームページ http://www.jsanet.or.jp/opinion/2015/opinion_201510.html参照)
また、こうしたコンテナ船の大型化傾向は2005年以降顕著になったと指摘されている。(川崎芳一・寺田一薫・手塚広一郎編著 (2016)『コンテナ港湾の運営と競争』成山堂書店、p.79-81)
注9) FTAは二ヶ国以上の国や地域が、関税や非関税障壁を撤廃あるいは削減することで、より自由に貿易を拡大することを目指す協定。EPAはFTAを柱に、投資規制の撤廃や人的交流を促進するなど幅広い経済関係を強化することを意図しているが、厳密な区分はない。今日議論されているTPP (環太平洋戦略的経済連携協定) も多国間FTAの一種。
注10) 具体的には、C-TPAT (テロ防止のための税関産業界提携プログラム)、CSI (コンテナセキュリティイニシアティブ)、24時間ルールや10+2ルールといった貨物情報の事前提供ルールなどがある。
注11) 正式には「1973年の船舶による汚染の防止のための国際条約に関する1978年の議定書」。
注12)「もはや三菱商事は『総合商社』ではない」と自認している。(三菱商事編著『BUSINESS PRODUCERS—総合商社の、つぎへ』(2015) 日経BP社、p.10-11)
注13) 一方で、英国のEU離脱決定のような、反作用的な動きにも注視が必要である。
注14) 月刊ロジスティクス・ビジネス2015年7月号の特集「ロジスティクス4.0」参照。

【参考文献】
1) 新堀聰, 貿易取引入門, 日本経済新聞社, 1992.
2) マルク・レビンソン (村井章子訳), コンテナ物語, 日経BP社, 2007.
3) 国際商工会議所日本委員会, Incoterms 2010, 2010.
4) 宮下國生, 日本経済のロジスティクス革新力, 千倉書房, 2011.
5) 加藤一誠, 手塚広一郎 (編著), 交通インフラ・ファイナンス, 成山堂書店, 2014.
6) マーチン・ストップフォード (日本海事センター編訳), マリタイム・エコノミクス 上下, 日本海運集会所, 2014〜2015.
7) 林克彦, 根本敏則 (編著), ネット通販時代の宅配便, 成山堂書店, 2015.
8) 経済産業省, 通商白書 (各年度版).

第2章　関税・通関等の国境を越える手続き

2.1 貿易における関税と税関

(1) 関税 (Customs Duty) とは？

　スペインのアンダルシア州カディス県にタリファ（Tarifa）という都市があるのをご存知だろうか？　イベリア半島の南端に位置し、対岸のモロッコ北端の都市タンジェと相俟って十数キロメートルしか幅のないジブラルタル海峡を構成している都市であり、地中海交通の要衝である。

　かつてこの地域を支配していたアラブ人は、タリファに入出港する船舶の積荷に対し通行手数料としての関税を課していた。故に、この地名タリファが関税率表や時として関税そのものを意味するタリフ（Tariff）の語源となったと言われている。

　このように関税は、歴史的にはタリファの関税のように通行手数料等の料金が主たる起源となっていると考えられるが、その後内国関税、国境関税等と変遷を経た後、現在では一般的に「輸入品に課せられる税」と定義されている。

　そのような関税が歴史的に果たしてきた主たる機能は、「国内産業の保護」と「財政収入の確保」の二つに集約されるであろう。

　輸入品に課せられた関税はその金額分のコスト増効果をもたらし、ひいては国産品に対するコスト競争力を低下させる効果を発揮することになる。近年盛んに議論となっている環太平洋戦略的経済連携協定（Trans-Pacific Partnership：TPP）についても、同協定発効に伴う関税の撤廃、あるいは関税率の低下により競争力を増した外国産農林水産物の輸入が如何に拡大するのか、それが日本の農林水産業にどのような影響を与えるのかが常に話題の中心になっているが、これは関税が歴史的に果たしてきた「国内産業の保護」という機能を前提にしてのことである。

　一方、関税は他の租税同様に国により徴収され国庫収入となることから、関税の「財政収入の確保」という機能が、歴史的に重要な地位を占めてきた。

　しかしながら、後述する第二次世界大戦後の自由貿易の潮流が進展するに従い、近年その歴史的役割は変わり、上述の二つの機能の重要性も変化しつつあるのが現状であろう。

（2）関税の形態

かつて、関税率表やそのもととなる品目分類方法は、国や地域により様々に異なっていたが、1988年1月に発効したHS条約（商品の名称及び分類についての統一システムに関する国際条約）により、現在では200以上の国と地域でHS（Harmonized System）コードという体系に基づくタリフ分類が行われている。

HSコードは、上2桁の「類」(Chapter)、上4桁の「項」(Heading)、上6桁の「号」(Subheading)で構成されており、この上6桁までがHS条約締約国間で共通の分類体系となっている。それ以上の細分については統計用の分類（Statistical Suffix）として各国の裁量に任されており、日本では上6桁＋3桁の合計9桁、米国では上6桁＋4桁の合計10桁となっているが、殆どの場合上6桁の「号」(Subheading)毎に関税率が決められている。

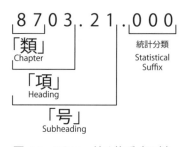

図-2.1　HSコードの体系（日本）

後述する世界貿易機構(World Trade Organization：WTO)や自由貿易協定(Free Trade Agreement：FTA)・経済連携協定(Economic Partnership Agreement：EPA)における関税率の交渉に際しては、対象となる品目に関する定義の統一化が必須となるため、HSコードの存在は不可欠となっている。

一方、上述のとおりHSコード毎に決められた関税率には、主に従価税、従量税、選択税、混合税の四種類の形態がある。従価税とは輸入品の申告価額に対する割合（多くの場合パーセンテージ）で関税が算出される関税であり、従量税とは輸入品の価額に関わりなく重量や容積の単位当たりの単価が設定されている関税である。その他にまれではあるが、従価税と従量税の何れか税額の高い方（一部の品目については低い方）を適用する選択税、従価税と従量税の両方を適用する混合税も存在している。

第1編 グローバルロジスティクスを俯瞰する

表-2.1 従価税の例

統計番号 Statistical code		品名 Description	関税率 Tariff Rate				
番号 H.S. code			基本 General	暫定 Temporary	WTO協定 WTO	特恵 GSP	特別特恵 LDC
0701		ばれいしょ(生鮮のものおよび冷蔵したものに限る。)					
0701.10	000	種ばれいしょ	5%		3%	無税	
0701.90	000	その他のもの	5%		4.3%		無税
0702							
0702.00	000	トマト(生鮮のものおよび冷蔵したものに限る。)	5%		3%		無税

出典:税関HP

表-2.2 従量税と選択税の例

統計番号 Statistical code		品名 Description	関税率 Tariff Rate				
番号 H.S. code			基本 General	暫定 Temporary	WTO協定 WTO	特恵 GSP	特別特恵 LDC
2204		ぶどう酒(強化ぶどう酒を含むものとし、生鮮のぶどうから製造したものに限る。)およびぶどう搾汁(第20.09項のものを除く。)					
2204.10	000	スパークリングワイン その他のぶどう酒およびぶどう搾汁でアルコール添加により発酵を止めたもの	201.60円/ℓ		182円/ℓ	145.60円/ℓ	無税
2204.21		2リットル以下の容器入りにしたもの					
	010	1 シェリー、ポートその他の強化ぶどう酒	123.20円/ℓ		112円/ℓ		無税
	020	2 その他のもの	21.3%または156.80円/ℓのうちいずれか低い税率 ただしその税率が93円/ℓを下回る場合は93円/ℓ		15%または125円/ℓのうちいずれか低い税率 ただしその税率が67円/ℓを下回る場合は67円/ℓ		無税

出典:税関HP

(3) 税関のミッション・機能

　幕末に欧米列強の外圧により開国した日本で始まった輸出入手続きは「運上」と呼ばれ、その手続きを取り仕切る役所は「運上所」と名付けられ後に税関に発

展することになる。現在「税関」と呼ばれている役所の生い立ちや役割は国や地域により異なるが、第二次世界大戦後はほぼ世界中でCustomsやCustom Houseと呼ばれるようになった税関のミッションや機能はほぼ共通している。

日本の税関のウェブサイトでは、税関の役割は以下のとおりとされている。

・「安全・安心な社会の実現」
　—銃器・不正薬物等の密輸阻止を最重要課題とするとともに、我が国におけるテロ行為等を未然に防止することにより「世界一安全な国、日本」を築く。
・「適正かつ公平な関税等の徴収」
　—国税収入の約1割相当を徴収する歳入官庁として、適正かつ公平に関税等を徴収する。
・「貿易の円滑化」
　—国際物流におけるセキュリティを確保しつつ、通関手続を一層迅速化する。

これら三つの税関の役割はほぼ世界中で共通しているが、「適正かつ公平な関税等の徴収」というミッションの重要性は、自由貿易の進展と「安全・安心な社会の実現」というミッションの重要性が高まった近年においては、相対的に低下しつつあるので、詳細については後述することとする。

(4) 世界税関機構 (World Customs Organization : WCO)

世界の関税制度の調和・統一、そして国際協力を通じた世界貿易の発展を目的として1952年に設立された唯一の税関関連国際機関がWCOである。日本は1964年に加入し、現在では約180の国や地域が加盟している。

WCOの主な活動は、①HS条約の管理、②税関手続の簡易化及び調和に関する国際規約（改正京都規約）の管理、③国際貿易の安全確保及び円滑化のための「基準の枠組み」(WCO SAFE)、④知的財産侵害物品対策の推進、⑤発展途上国への技術協力（キャパシティビルディング）の推進であり、上述のHSコードの普及、後述する輸出入システムの標準化、AEO (Authorized Economic Operator) 制度の普及等を通じて、国際貿易の円滑化に大きく貢献している。

2.2 国際物流における通関の機能

(1) 通関の概念

　日本の関税法第六章（通関）第一節（総則）第六十七条（輸出又は輸入の許可）には、「貨物を輸出し、又は輸入しようとする者は、政令で定めるところにより、当該貨物の品名並びに数量及び価格（輸入貨物（特例申告貨物を除く。）については、課税標準となるべき数量及び価格）その他必要な事項を税関長に申告し、貨物につき必要な検査を経て、その許可を受けなければならない。」と記されている。

　一方、米国の関税法に相当するUSC（United States Code）Title19（Customs Duty）の§1484では、「別途定めのある場合を除いて輸入者またはその代理人は、書類またはEDIを以って税関に申告を行い、輸入品の税関管理からのリリース許可を得なければならない。」（田阪抄訳）と記されている。

　日本の場合には輸出入両方、米国の場合輸入のみが対象となっているという違いはあるが、モノの輸入あるいは輸出に当たって税関に事前に「申告」し「許可」を得る一連の手続きを一般的に通関（Customs Clearance）と言う。

　因みに、米国からの輸出については、上述のとおり「申告」し「許可」を得るという形態の通関手続きはなく、統計を主目的とする届出制となっているが、欧米ではこのような輸出届出制を取っている国がいくつかあるので、注目しておく必要があろう。

(2) 通関以外の輸出入手続き（他法令手続き）

　輸出者は、輸出品に関して関税関係以外の法令（他法令）により輸出の許可あるいは承認その他行政機関の処分等が必要とされている場合には、輸出通関手続きに先立って、該当する許可あるいは承認その他行政機関の処分等を受けておかなければならない。典型的な例としては、家畜伝染病予防法に基づく加工食品の輸出検疫、植物防疫法に基づく園芸植物の栽培地検査等が挙げられる。

　また、輸入者についても同様に、輸入品に関して関税関係以外の法令（他法令）により輸入の許可あるいは承認その他行政機関の処分等を必要とされている場合には、輸入通関手続きに先立って該当する許可あるいは承認その他行政機関の処分等を受けておかなければならない。典型的な例としては、家畜伝染病予防法に基づく

加工食品の輸入検疫、植物防疫法に基づく園芸植物の植物検査等が挙げられる。
　税関は、他法令関係手続きの対象となっている品目の輸出入通関に当たり、該当する手続きが完了していることを確認のうえ、輸出入通関の許可を出すこととなっている。因みに、輸出税関手続きが届出制となっている米国のような国においても、これら他法令関係手続きは一般的に省略されていないので注意する必要がある。

(3) 通関を中心とする輸出入手続きとシステム化

　今日ほとんどの先進国、また多くの発展途上国では、輸出入通関手続きがシステム化されており、税関と輸出入者やその代理人である通関事業者がオンラインで結ばれている。例えば、日本においてはNACCS (Nippon Automated Cargo and Port Consolidated System) というシステムが、米国においてはACE (Automated Commercial Environment) のサブシステムであるABI (Automated Broker Interface) というシステムが、それぞれ稼働している。
　NACCSを通じた輸出入手続きを図示するとおよそ以下のとおりである。

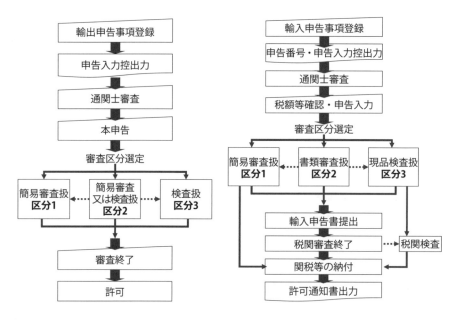

図-2.2　NACCSによる輸出通関手続き　　図-2.3　NACCSによる輸入通関手続き

図-2.3に基づき、輸入通関手続きの流れを説明するとおよそ以下のとおりである。

① 輸入者情報・品目（HS Code）毎の価額等輸入申告に必要な事項を登録。
② システムを通じて関税額算出の後、申告番号が応答画面上に表示。「入力控」を出力。
③ 「入力控」に基づき税額等申告内容を確認後、輸入申告入力。
④ 輸入申告に基づき、システムを通じて審査区分（1、2、3）を選定し、「輸入申告控」を出力。
⑤ 「区分1」の場合、簡易審査扱となり関税納付後「許可通知書」を出力。
⑥ 「区分2」の場合、書類審査扱となり、マニュアル申告に準じ、輸入申告書を含む書類を管轄税関に提出し、税関審査終了後関税納付を経て、「許可通知書」を出力。
⑦ 「区分3」の場合、現品検査扱となり、税関による書類審査と現物検査を経た後、審査終了となり、関税納付後「許可通知書」を出力。

なお、現在のNACCSは、入出港する船舶・航空機および輸出入される貨物について、税関のみならずその他の関係行政機関に対する手続および関連する民間業務をオンラインで処理するシステムとして稼働している。米国においても、上述のACEが税関のみならず、関係行政機関に対する手続きを包括的にカバーするシステムとなっている。今日の先進各国では、通関および他法令手続きを包括的にシステム化していこうという方向付けが顕著であり、シングルウィンドウ化と呼ばれている。

(4) 通関が行われる場所としての保税地域

貿易の秩序維持、関税等の公租公課の徴収の確保等を目的として、税関等関係省庁が指定あるいは許可した場所が保税地域である。船舶や航空機から荷卸しされた輸入貨物は一旦保税地域に蔵置され、輸入通関申告・許可・関税等公租公課納付の後、保税地域からの搬出が許される。日本のように輸出貨物にも通関手続きが必要な国では、輸出通関手続きが許可されるまで輸出貨物を保税地域に蔵置することになっている。日本において認められている保税地域の種類は、表-2.3のとおりである。

表-2.3　日本の保税地域の種類一覧

種類	適用条項	主な機能	例	蔵置期間	設置の手続き
指定保税地域	関税法第37条	外国貨物の積卸し、運搬、一時蔵置	コンテナ・ヤード	1ヶ月	財務大臣の指定
保税蔵置場	関税法第42条	外国貨物の積卸し、運搬、蔵置	倉庫、上屋	2年（延長可）	税関長の許可
保税工場	関税法第56条	外国貨物の加工、製造	造船所、製鉄所、製油所	2年（延長可）	税関長の許可
保税展示場	関税法第62条の2	外国貨物の展示・使用	博覧会、博物館	税関長が必要と認める期間	税関長の許可
総合保税地域	関税法第62条の8	保税蔵置場、保税工場、保税展示場の総合的機能	中部国際空港	2年（延長可）	税関長の許可

出典：税関HP

　保税工場は、輸入通関手続きを経ずに、海外で生産された部品や材料を組み立てあるいは加工した完成品をそのまま輸出する工場である。一方、保税展示場は、展示会や博覧会のために海外から集まって来た貨物を、会期終了後そのままの状態で再輸出されることを前提に、輸入通関手続きと関税納付を経ずに展示する場所である。このように、保税地域の中には輸出入通関手続きの間に輸出入貨物を蔵置しておく場所に留まらないものもあることに注目する必要があろう。

2.3 自由貿易の潮流

(1) 世界貿易機構（World Trade Organization：WTO）

　1929年の大恐慌後に世界経済がブロック化したことが第二次世界大戦の大きな要因になったという反省から、自由貿易体制の確立を目指し、1947年の関税及び貿易に関する一般協定（General Agreement on Tariffs and Trade：GATT）締結を経て、ウルグアイラウンド交渉の結果1995年に設立された国際機関がWTOである。

　WTOの自由貿易に関する主たるコンセプトの一つである「最恵国待遇」は、全ての加盟国に等しい関税を適用することを原則としており、世界的な関税率の引き下げと自由貿易の発展に一定の成果を上げてきた。しかしながら、生産国・消費国間の貿易モデルを前提としたこの最大公約数的コンセプトは、生産ネット

ワークのグローバル化によりサプライチェーンが複雑に絡む近年の貿易をカバーし切れなくなりつつあり、先進国と発展途上国の間の利害の対立と相俟って、2008年のドーハ開発アジェンダの行き詰まり以降、WTOはうまく機能しなくなりつつあるのが現状であると思われる。

(2) FTA と EPA

このように機能し難くなったWTOを補完する動きとして近年活発になりつつあるのが、国や地域間におけるFTAやEPA締結の動きである。

FTAとは、特定の国や地域の間で、関税や数量制限等貿易の障壁を撤廃・削減することを目指して締結する協定である。それに対してEPAとは、同じく特定の国や地域の間で締結される協定であるが、モノの貿易に関する障壁の撤廃・削減のみならず、投資、労働力の移動、知的財産の保護等を含むより幅広い経済活動の拡大・発展を目指しているところが、FTAと異なっている。

古くは1994年に米国・カナダ・メキシコの間で発効した北米自由貿易協定（North American Free Trade Agreement：NAFTA）、最近では2015年10月に環太平洋12ヶ国の間で合意に至り現在各締約国内の承認手続き待ちとなっているTPP、2015年末に発足したアセアン経済共同体（ASEAN Economic Community：AEC）等が、FTAやEPAの身近な例である。

(3) ASEAN統合とTPP

TPPの第1章第A節第1.1条は、「締約国は、（中略）ここに協定の規定に基づいて自由貿易地域（Free Trade Area）を設定する」（出所：内閣官房TPP政府対策本部HP）と高らかに謳っている。この自由貿易という言葉を聞くと、欧州連合（European Union：EU）のような人や物が自由に出入りできる統一市場が出現すると思ってしまいがちである。実は、1994年にNAFTAが発効する前にも、2015年末にAECが発足（いわゆる「ASEAN統合」）する前にも、EUのような統一市場が出現すると考えた人がかなりいたようである。ご存知の方も多いだろうが、EU域内においては、EU域外を原産国とする輸入貨物が一旦輸入通関許可を取得し関税が納付された後は、たとえEU域内で国と国をまたぐ輸送が発生したとしても、国境手続きも関税納付もなしに自由に貨物を動かすことが可能である。

しかし、TPPが発効してもEUのようにヒトやモノが自由に行き来できる統一市場は出現しない。AECで統合されたと言われているASEAN域内においても、ヒトやモノが自由に行き来しているわけではない。域内関税率については、協定発効後に即時撤廃されて0%になる場合、一定の年月を経て0%になる場合、何年もかけて複数回に亘って段階的に関税率が下がっていって最後は0%になる場合等色々であるが、大きな流れとしては関税撤廃の方向付けが明確になったと言えるであろう。

しかしながら、関税が撤廃されたからといって、通関手続きを中心とする国境での輸出入手続きがなくなるわけではない。FTAやEPAの締約国間の貿易であっても、通関手続きを含む国境手続きは経なければならない。輸入品の原産地が締約国外の国や地域であれば、たとえ貿易取引自体が締約国間で行われていたとしても、基本的に関税はかかる。ヒトやモノが自由に行き来するEUのような統一市場が出現するには、FTAやEPAとは次元の異なる仕組みが必要なのである。

(4) 関税同盟

関税同盟とは、締約国・地域を原産地とする輸入品に対しては関税を撤廃し、締約国外の国・地域を原産国とする輸入品に対しては共通の関税率と関税制度を適用する自由貿易地域のことである。締約国・地域を原産地とする輸入品に対して関税を撤廃する点についてはFTAやEPAと共通しているが、FTA・EPAの場合、締約国外の国・地域を原産国とする輸入品に対しては各国・地域独自の関税率・関税制度を適用する点が異なっている。

南米南部共同市場メルコスール（MERCOSUR）やEUがこの関税同盟の典型であるが、メルコスールにはメルコスール関税法とメルコスール共通関税率表が、EUにはEU法の一環としてのEU関税法典とEU共通関税率表が存在しており、貿易に関する限りあたかも一つの国の如く機能している。その意味で関税同盟は、FTAやEPAよりも進んだ自由貿易地域であると言えるであろう。

しかしながら、この関税同盟という仕組みだけでは、EUのように人や物が自由に行き来できる統一市場は出現しない。現に、メルコスール締約国間の貿易においては、原産国が締約国の輸入品に対しても輸入通関手続きを中心とする輸入手続きは行われており、本当にメルコスール締約国が原産国であることを示すために原産地証明の提示さえも求められる場合がある。

ヒトやモノが自由に行き来するEUのような統一市場が出現するには、さらに踏み込んだ仕組みが必要なのである。

(5) 欧州連合 (European Union：EU)

1967年に結成された欧州共同体 (European Community：EC) は、翌1968年に関税同盟に発展し、1973年の英国・アイルランド・デンマーク加盟、1981年のギリシャ加盟、1986年のスペイン・ポルトガル加盟等を経て、1987年に単一欧州議定書発効、1991年12月末にマースリヒト条約締結、1992年12月末のEC内市場統合後の1993年1月に物・サービス・人・資本の国境を越える手続きが廃止され、これを以って欧州に統一市場が出現した。

この市場統合を待って1993年11月1日に発効したマースリヒト条約に基づき、ECの後を受け発足したのが現在のEUである。先述のとおりこの統一市場としてのEU域内では、輸入品が一旦輸入通関許可を取得し関税が納付されてしまえば、たとえEU域外を原産地とする物であって、且つ輸入通関後にEU域内の国と国をまたぐ輸送が発生したとしても、国境手続きなしに自由に貨物を動かすことが可能である。

AECでは、アセアンシングルウィンドウやCBTA (Cross Border Transportation Agreement) 等国境の輸出入手続きの簡素化や車両の相互通行を志向するプログラムが用意されてはいるが、その実行まではまだまだ長い年月を要するであろう。TPPでは、通関等の輸出入手続きの簡素化は、締約各国間に較差があるために、努力目標に留まっているようであり、統一市場には程遠いであろう。

そのような中、自由貿易市場の最も先進的な形態とも思えるこのEUが、英国の離脱問題で揺れている。EUの方向性は世界の自由貿易の将来の在り様に大きな影響を及ぼすと考えられ、今後注目していく必要があろう。

2.4 税関の新たなミッション（セキュリティ政策）

(1) 2001年9月11日米国同時多発テロ以降の世界的セキュリティ強化

私事にわたり恐縮だが、2001年9月11日午前8時30分頃、当時米国ニュージャージー州に駐在していた著者は、ハドソン川を隔ててマンハッタンの対岸に位置す

る町セコーカスの事務所に向かって、車で出勤の途上であった。州道17号線が3号線と交わる辺りで、いつもどおり真正面に世界貿易センタービルを見上げた時、その中腹よりやや上辺りから立ち昇る煙を目撃した。車のラジオからは、「小型飛行機が世界貿易センタービルに突っ込んだ模様」というニュースが流れた。まだ誰も事態を把握できていなかったのである。

　しかし、事務所に着いていつもどおりPCを立ち上げると、世界史上誰も経験したことのない大規模な同時多発テロの状況が次第に明らかになって来た。マンハッタン島封鎖、全ての空港では発着便が制限、全ての港湾では入出港が制限、入港前の船舶は軒並み沖待ちのうえ税関監視官が立ち入り検査等々、全米のセキュリティはその日一日の中に一挙に強化された。

　全米最大の都市ニューヨークで発生したこの大規模テロ事件により、米国のみならず世界中の人々は、完全に安全な場所など地球上の何処にもないことを思い知らされた。この同時多発テロ事件以降、米国が次々と打ち出したセキュリティ政策は、形を変えながら急速に世界中に広がって行くことになる。

(2) 24時間ルール

　輸出港から本船が出港する前に、高リスクな輸出入者の高リスクな貨物の出荷を未然に防ぐために、同時多発テロ事件の翌年2002年12月2日に米国において施行され、3ヶ月の試行期間を経た後2003年2月2日より本格稼働したのが24時間ルールである。米国版24時間ルールでは、船会社を中心とする全ての運送人に対し輸出港での船積み24時間前までに米国向け本船に積載される全ての貨物情報を電送することが義務付けられた。

　その後24時間ルールは、以下のとおり世界の主要国・地域でそれぞれの実態に合った形で漸次取り入れられ、今日に至っている。

米国　　　：　2003年2月2日〜
メキシコ　：　2007年9月1日〜
EU　　　　：　2011年1月1日〜
ノルウェー：　2011年1月1日〜
スイス　　：　2011年1月1日〜

トルコ　　：　2012年1月1日〜
日本　　　：　2014年3月10日〜
中国　　　：　2014年6月28日　上海入港本船より実施

(3) AEO制度

　同時多発テロの直後と言ってもよい2001年11月に米国が開始したC-TPAT（Customs-Trade Partnership against Terrorism）は、テロリズム防止のため米国税関が策定したガイドラインの順守を誓約し、米国税関とパートナー契約を締結した生産者・輸出者・輸送業者・倉庫業者・通関業者・輸入者等サプライチェーンに関わる全ての企業に対し、税関検査低減等の優遇措置を与える制度である。

　その後このコンセプトは、2005年6月に「国際貿易の安全確保及び円滑化のためのWCO SAFE『基準の枠組み』」を採択したWCOに受け継がれ、AEO制度として日本を含む多くの国や地域に普及している。

　因みに、日本のAEO制度の概要と各認定事業者が享受できるメリットは、およそ以下のとおりである。

表-2.4　日本のAEO制度下における各認定事業者のメリット

認定事業者	適用制度	メリット
製造者	認定製造業者制度	製造業者以外が行う輸出通関手続きにおいて、保税地域搬入前に輸出申告が可能（特定製造貨物輸出申告）。
輸出者	特定輸出申告制度	貨物を保税地域に搬入することなく、自社の倉庫で輸出申告が可能。税関による審査・検査においても、輸出貨物の迅速かつ円滑な船積みが可能。
運送事業者	特定保税運送制度	個々の保税運送についての、個別の承認が不要。特定委託輸出申告に係る貨物を、保税地域以外から直接積み出し港に運送が可能。
倉庫事業者	特定保税承認制度	あらかじめ税関長に届け出ることにより、保税蔵置場を設置することが可能。当該保税蔵置場に関する許可手数料等の減免。
通関事業者	認定通関業者制度	保税地域以外の場所にある貨物について、輸出申告可能。輸入貨物の引き取り後に、納税申告可能（後払い）。
輸入者	特例輸入申告制度	輸入申告時の納税のための審査・検査の省略。輸入貨物の引き取り後に、納税申告可能。

出典：税関HP

（4）将来の税関のあり方を示唆する米国税関の位置づけ

2.1（3）において、「『適正かつ公平な関税等の徴収』というミッションの重要性は、自由貿易の進展と『安全・安心な社会の実現』というミッションの重要性が高まった近年においては、相対的に低下しつつある」と述べたが、その背景には自由貿易の進展に伴う関税の撤廃・低減と相俟って、上述のような同時多発テロ事件以降にセキュリティ政策の重要性が急速に増したことがあることは間違いないであろう。

2002年11月25日、米国に国家安全保障省（Department of Homeland Security：DHS）という新しい中央官庁が設立された。法務省の管轄下にあった出入国管理局、運輸省の管轄下にあった沿岸警備隊等とともに、財務省の管轄下にあった米国税関は、この新設された国家安全保障省に統合された。従来、各中央官庁の管轄下にあったセキュリティに携わる省庁が、この新設された官庁に統合されたのである。

そして、それまでU.S.Customsと呼ばれていた米国税関は、U.S.Customs&Border Protectionという新たな名前を冠せられ、国境を守るという古いが新しい意味合いを持ったミッションを担う組織として再出発したのである。

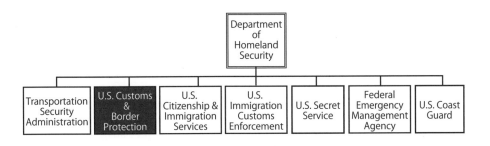

図-2.4　米国国家安全保障省組織略図
出典：米国国家安全保障省HP

自由貿易が進展するとともに欧州・中東地域ではテロが頻発している現在のグローバル社会においては、関税等の公租公課を徴収するという伝統的な税関の

第1編 グローバルロジスティクスを俯瞰する

ミッションから、セキュリティの強化というミッションに今後益々重要度が移っていくことが予想される。米国税関の国家安全保障省への統合は、そのようなトレンドを先取りしたものとして位置づけられるであろう。

【参考文献】
1) 日本関税協会, 運上所から今日の税関へ─日本と欧米の通関制度─, 日本関税協会・出版部, 1979.
2) 朝倉弘教, 世界関税史, 日本関税協会, 1983.
3) ジェトロ, 世界の関税情報源ガイド, 日本貿易振興機構（ジェトロ）, 2005.
4) ジェトロ, 米国の輸入通関・関税制度と物流セキュリティー規制, 日本貿易振興機構（ジェトロ）, 2010.
5) 大前研一, 衝撃！EUパワー─世界最大「超国家」の誕生─, 朝日新聞出版社, 2010.
6) 藤岡博, 貿易の円滑化と関税政策の新たな展開─WTO体制とWCO体制の国際行政法的分析, 公益財団法人 日本関税協会, 2011.
7) 田中素香・林光洋 編著, 世界経済の新潮流─グローバリゼーション、地域経済統合、経済格差に注目して─, 中央大学出版部, 2012.
8) 中川淳司, WTO貿易自由化を超えて, 岩波書店, 2013.
9) 西川潤, 新・世界経済入門, 岩波書店, 2014.
10) U.S.Customs and Border Protection, Importing into the United States - A Guide for Commercial Importers, U.S. Customs and Border Protection, November, 2006.
11) CBEC, Customs Manual 2015, Central Board of Excise & Customs, Department of Revenue, Ministry of Finance, Government of India, 2015.
12) 税関ウェブサイト, http://www.customs.go.jp/, 財務省関税局・税関, 2016年7月29日アクセス.
13) 実行関税率表ウェブサイト, http://www.customs.go.jp/tariff/, 財務省関税局・税関, 2016年7月29日アクセス.
14) NACCSウェブサイト, http://www.naccs.jp/, 輸出入・港湾関連情報処理センター株式会社, 2016年7月29日アクセス.
15) 米国税関国境警備局, https://www.cbp.gov/, U.S. Customs and Border Protection, 2016年7月29日アクセス.
16) 米国通商代表部ウェブサイト, https://ustr.gov/, U.S. Trade Representative, 2016年7月29日アクセス.
17) 米国貿易委員会ウェブサイト, https://www.usitc.gov/, U.S. International Trade Commission, 2016年7月29日アクセス.
18) 米国実行関税率表 (U.S. Harmonized Tariff Schedule) ウェブサイト, https://hts.usitc.gov/current, U.S. International Trade Commission, 2016年7月29日アクセス.

第2章 関税・通関等の国境を越える手続き

第3章 国際海上輸送を俯瞰する[1]

3.1 海上輸送の位置付けと歴史

　太古の昔から、舟を用いて人や物資を運ぶということは一般に行われてきた。日本人も朝鮮半島や南海の諸島から舟で日本列島にたどり着いて、定住するようになったという説が一般的である。

　舟は、当初丸太を使った簡単な構造であったが、後に風を利用して、より遠距離を航行できるようになった。そのころから、舟は人や動物による輸送と比べて、はるかに輸送能力の高い手段として位置付けられてきた。因みに現在の我が国の貿易量のうち、船で輸送されているものは重量ベースで99.7パーセントを占め、航空機によるものは0.3パーセントにしか過ぎない。

　帆船の時代は非常に長く、船に動力が導入されたのは産業革命が進んだ19世紀初頭になってからのことである。それから約50年経ってペリー提督が蒸気船に乗って浦賀に到着したのである。つまり、我が国の近代海運は欧米に50年遅れてスタートしたことになる。

　ここでまず海運の歴史を概観しておこう。

(1) 西洋の海運史

　西洋では、海運の歴史は遠く紀元前15世紀頃のフェニキアに遡る。史実は明らかではないが、今のレバノン辺りを拠点として、地中海の西の端であるジブラルタルまで活躍した大勢力であったとされている。

　北ヨーロッパではバイキングが8世紀から11世紀にわたって活躍した。スカンジナビアから南のイベリア半島までを支配した。その勢力は12世紀になるとハンザ同盟に取って代わられた。

　地中海地方では11世紀に繁栄したベネツィアが知られている。

　ヨーロッパ全体をほぼ統治するに至ったのは15、6世紀のスペイン・ポルトガルである。彼らの世界への侵攻力はすさまじく、後に現代まで通じる植民地支配の発端となったのである。スペインは西を目指し、ポルトガルは東を目指した。目的地はアジア。当時ヨーロッパで貴重な商品であった香辛料、絹、陶磁器など

を、イスラム商人経由でなく直接貿易によって安く手に入れ、それらをヨーロッパで高く売ることが目的であった。それは重商主義に通じる「大砲による強制的交易」となった。

　スペイン人コロンブスは1492年、アメリカ大陸を発見したとされているが、実際はカリブの島を東インド諸島（つまりインドネシア）と信じて、その後4度も訪れ、ついにそこがアメリカ大陸の一部であると知らずに自国で死んだ。その間原住民を多く殺戮し、ある部族を壊滅してしまうほどの蛮行を重ねた。

　バスコ・ダ・ガマは1498年、喜望峰を回ってインドのカリカット到着に成功した。当初アフリカ大陸の南方は、陸地が続きインド洋を囲んでいると信じられていた。彼はアフリカ沿岸を南に航行し、西風に乗ればインドに繋がることを証明しようと、この航海に挑んだのである[2]。

　現在多くの国がスペイン語やポルトガル語を国語としている事実を見れば、このころのスペイン・ポルトガルによるアジア・アフリカ・アメリカ大陸支配の影響の大きさが実感できる。

　しかし、スペイン・ポルトガルの覇権はオランダの台頭で弱体化する。1609年、オランダは当時スペインの統治下にあったが、覇権を握る二か国により世界を二分しようという企みに反対し、若き学者グロティウスに「海は万人の共有物である」という論文を書かせて欧州諸国に配布した。これが『海洋自由論（ラテン語でMare Liberum）』である。これは現代の国際法の源となっており、後に「海運自由の原則」が謳われることに繋がった。

　オランダは欧州域内、特にバルト海貿易によって次第に経済力を強化し、繊維産業隆盛に続いて、海運と造船業により世界の覇権を握ることとなった[3]。東インド会社を利用して日本との貿易を独占したこともそれに貢献したと言えよう。

　オランダの覇権は、1651年にイン

- フェニキア　　　　　　　BC.15世紀
- バイキング　　　　　　　8-11世紀
- ベネツィア　　　　　　　11世紀
- ハンザ同盟　　　　　　　12-16世紀
- スペイン・ポルトガル　　15-16世紀
　コロンブス 1492年
　バスコ・ダ・ガマ 1498年
- 重商主義　　　　　　　　16-18世紀
- オランダ　　　　　　　　17世紀
　Grotius「海洋自由の原則」1609年
- イギリス「航海条例」1651年
- 産業革命　汽船の登場
- 欧米海運による世界航路網

図-3.1　海運の生い立ち（西洋）

グランドが制定した「航海条例」を発端として、度重なる蘭英戦争によって徐々に弱体化することとなった。そして18世紀には、イングランドは多くのオランダの植民地を奪取して、世界一の大国へとのし上がったのである。

イギリスの帝国としての覇権はその後第一次世界大戦まで、長く続くこととなった。北アメリカ、インド周辺、中国南部、オセアニア、南太平洋諸島、アフリカを次々と掌握して、まさに七つの海を支配する帝国となった。

イギリスが覇権を握って経済力を増強した結果、18世紀に産業革命が興り、海運は帆船から汽船の時代へと大変革をもたらすこととなった。アフリカ人奴隷の貿易を土台とする様々な三角貿易は、イギリスに莫大な利益をもたらした。海運の世界でも1744年にロンドンで設立されたバルチック海運集会所（Baltic Exchange：当時の名称はVirginia and Baltick Coffee House）は、多くの海運に関するルール作りに貢献した。

(2) アジアの海運史

ヨーロッパ人が船でアジアに到達する遥か以前から、アジアは海上貿易の盛んな地域であった。アジアとヨーロッパを結ぶ「シルクロード」は陸の道として広く知られているが、海の道である海運はより多くの物資を運ぶことができる輸送手段として活用されていた。

1世紀頃から、中国、インド、イスラム諸国の間で活発な交易があったことが確認されている。11世紀には中国で羅針盤使用の記述がある（沈括の『夢渓筆談』にその記述があるという）。

1405年には、明の永楽帝の命で鄭和提督がインド洋沿岸全体をくまなく航海し、威信を示した上で多くの交易をなしたとされる。

しかし前述のとおり、16世紀初頭からのヨーロッパ人による侵攻によって、アジア諸国は植民地支配の対象となる。その被支配の歴史は第二次世界大戦後まで、長きにわたって続くことになったのである。

- 日本・中国・インド・イスラム「海の道」 1世紀〜
- スペイン・ポルトガルの覇権
- 英国東インド会社　1600年
- オランダ東インド会社　1602年
- 植民地支配下の海運
- 日本海運の登場　明治以降

図-3.2　海運の生い立ち（アジア）

第3章 国際海上輸送を俯瞰する

　日本は島国であり、東シナ海の荒波を渡る海運・造船技術が未発達であったために、近隣諸国との交易は限られたものであった。しかし国の使節として7世紀から派遣された遣隋使や遣唐使、15～16世紀の勘合貿易、それに続く朱印船貿易など、17世紀の江戸幕府による鎖国まで、中国や東南アジアとの交易はますます盛んになっていった。

　ところが1639年に完成した鎖国体制の結果、対外貿易はオランダ相手に限られ、日本の海運は沿岸輸送のみに限定されることになった。日本海側は北前船、大阪・江戸間は菱垣廻船や樽廻船という木造帆船での細々とした海上輸送であった。

　日本が近代海運に触れたのは、米国のペリー提督の外輪船（黒船）来航（1853年）がきっかけである。危機感を感じた江戸幕府は、早速同年「大船建造禁止令」を解除し、翌1854年には蒸気船建造方針を決定。1855年には早くも第一船を竣工させている。それ以降、1868年の明治維新に至るまでに、複数の蒸気艦船を建造し、速やかに西欧海運・海軍に追いつくべく努力がなされた[4]。

(3) 近代日本の外航海運の系譜

　明治維新は日本の外航海運復興のきっかけとなった。当初政府は半国営海運を設立して、米国海運に対抗させようとしたが、競争力に欠け撤退せざるを得なかった。民間では、東京で岩崎弥太郎により三菱が創業し、後の日本郵船へと発展した。大阪では地元船主の大同団結により大阪商船が設立された[5]。

　明治以降の日本海運は、海軍とともに先進欧米海運・海軍に「追いつけ、追い越せ」の精神で急拡大していった。当時の海上輸送を牛耳っていたのは、英国のP&Oや米国のパシフィック・メール船舶であった。海運業界は、日清、日露の戦争勝利を経て、第一次世界大戦時（1914-1919）には戦争特需で多大な業績を上げることとなった。しかし大戦終了後はその反動で大きな恐慌が訪れ、激しい栄枯盛衰を経験している。

- 遣隋使　607年
- 遣唐使　630～894年
- 倭寇　14～16世紀
- 明と勘合貿易　15～16世紀
- ポルトガル人来日　1543年
- 朱印船　安土桃山～1635年
- 鎖国　1633～1854年（オランダ貿易）
- 北前船　菱垣廻船　樽廻船
- 明治政府：殖産興業
　造船・外航海運の発達

図-3.3　海運の生い立ち（日本）

第1編 グローバルロジスティクスを俯瞰する

周知のとおり我が国はその後軍国化が進み、遂に第二次世界大戦（大東亜戦争）に突入することになった。

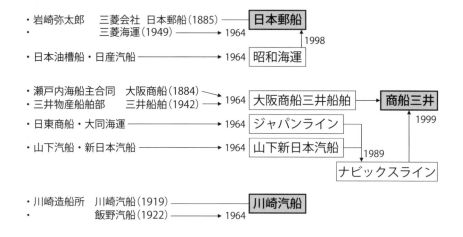

図-3.4　日本の主要外航海運の系譜

我が国の商船は戦時海運管理令（1942）により国家管理となって、船舶運営会が統一的に運営することになった。大戦中には急ごしらえの戦時標準船が建造され、戦争遂行のために徴用された結果、米軍の爆撃によりそのほとんどを消失してしまった。船員の犠牲は30,592名に及んだ。

壊滅的打撃を受け、戦後一から出直すこととなった日本海運は、1947年から始まった計画造船によって船隊の復活が進められることとなった。そして1951年にはサンフランシスコ講和条約が締結され、いよいよ本格的な世界市場への復帰が実現した。

その後は、朝鮮戦争特需による好景気とその後の不況、そして1957年から始まる高度成長などをへて、紆余曲折しながら世界の先進海運の仲間入りを果たしてきたのである。

しかし自由競争を旨とする世界の海運市場の中にあって、我が国の海運が生き延びていくことは容易ではなかった。1964年には、国内の過当競争を軽減するた

めに、日本興業銀行の主導で「海運集約」が実施された。土壇場まで合併相手が不確定であるなど混乱の末、大手海運6社を頂点に中小船主のほとんどをその傘下に置くという大集約となった。

定期船の分野では、1956年に米国のM.マクリーンが始めたコンテナ船が大きな輸送革命をもたらした。それまでは、海上輸送において船社は輸出港の岸壁から輸入港の岸壁までの輸送を受け持っていたが、コンテナ船では両端の港のコンテナターミナルのゲートまで船社の責任範囲が拡大することとなった。場所によっては、さらに内陸の受渡地まで責任を負うこともある。そのうえ、船舶の運航管理に加えて、コンテナの在庫（インベントリー）を世界レベルで管理するという煩雑な業務も加わり、コストのかかる海上輸送インフラへと変貌した。

我が国海運へのコンテナ船導入は1968年のことである。邦船6社は様々な形で協調・競争し合いながら、コンテナ輸送ネットワークを広げていった。当初は東西航路、すなわちアジアと欧米間の航路で、更に豪州、南米などへと拡大し、今日ではほぼすべての航路でコンテナ船が使われている。

3.2 海上輸送の特徴

海上輸送は国内と国際で、制度上大きな相違がある。本節ではその点について概観しよう。

(1) 外航海運と内航海運

国内の輸送は内航海運と称し、多くの規制を受ける。内航海運では、国内の造船所で建造され、国内の会社が運航し日本人船員が乗り組む船舶によって貨物および乗客を輸送することが義務付けられている。これを「カボタージュ（Cabotage）規制」と呼ぶ注1)。程度の差はあるが欧米やアジアの国で一般的に採用されてい

```
米国は日本と同様の厳しい規制
欧州はEU内で規制
中国や韓国も

日本：日本建造, 日本籍船, 日本人船員
5,249隻　3,609千総トン（2014年3月現在）
（内油送船 971隻　956千総トン）
船員 27,073人（1980年 63,208人）
```

図-3.5　カボタージュ規制と国民経済

る制度である。

我が国では、この制度により約27,000人の内航海運船員の雇用が確保され、現在国内の造船所で建造された約5,200隻の内航船が運航されている。

これに対して異なる二か国以上の港間を輸送する海運は外航海運と呼び、制度上自由度ははるかに高い。原則としていかなる船舶も規則に適合する限り、入港を拒否されることはない。これは、世界に共通する「海運自由の原則」に則った制度である。

(2) 海運自由の原則

この原則は、1609年にオランダ人グロティウス（Grotius 1583-1645）によって提唱された「海洋自由論（Mare Liberum）」が土台になっている[注2]。

海運自由の原則は、三つの重要な要素を持っている。すなわち、「航行の自由」、「船籍の自由」および「契約の自由」である。

「航行の自由」は我が国では「無害通航権」として、国民に害を及ぼさない限り、領海内を航行する自由が保障される。経済制裁対象国はこの自由の対象外となる。ただし、目的地に向かって直航することを前提とし、漁業や調査目的で停泊して作業したり蛇行することを許されない。港湾に入港する際には、港長の許可を要し、入管、税関、検疫その他の官庁手続きをする必要があることはもちろんである。また、船舶および乗組員が法律に則った資格を持っていることを検査するために、国土交通省の検査官の立ち入りによる外国船舶検査が行われる[注3]。

「船籍の自由」とは、船舶の登録国がどこであれ、国際条約を順守する限り入港を認めるという制度である。これも経済制裁対象国に登録されている船舶は除外される。この制度により、多くの国が船舶登録をビジネスとするようになり、「便宜置籍船」の氾濫を招くことになった。それらの国では、租税や船舶登録料を安くすることにより、多くの船舶を誘致して登録料や維持手続き料所得を得て

- "Free Seas" (Grotius 1609)
  国際法の原点
  アジア人にとっては：植民地支配の進展
- "Freedom of Shipping"
  Freedom of : 1) navigation（航行）
  2) contract（契約） ← 逆の動きも
  3) registration（登録）

図-3.6　海運自由の原則

いる。しかし、それらの国に海運会社の実体はなく、当然登録国（「旗国（Flag State)」と呼ぶ）に課される船舶の安全と質の維持管理に、責任を持たないとして批判の対象となっている[注4]。

「契約の自由」とは、外国船舶が国内の荷主と輸送契約を結んだり、国内の海運会社と船舶の貸借を自由に行うことを保証するものである。この逆の動きとして、自国の輸出入貨物を輸送するのに、自国の船舶を優先することを「国旗差別政策」と言う。過去には発展途上国の海運振興のため、国連UNCTADにおいて「定期船同盟行動憲章」が採択され、貿易当事国の海運が各40%、第三国海運が20%の積み取りシェアを確保するべきであるというルールが制定され、1983年に発効した。しかしその後米国や欧州による海運同盟をも非合法とする海運市場自由化政策の流れの中で、実質消滅するに至った[6]。

(3) 定期船と不定期船

図-3.7に示すように世界の海上荷動きは、一時的不況期を除いて順調に伸びてきた。2012年の輸送量は9,562百万トン（M/T）であった。

その内、原油が1,901百万トン、コンテナ貨物1,445百万トン、鉄鉱石1,109百万トン、石炭1,062百万トン、石油製品927百万トン、穀物370百万トンである。原油はガソリンをはじめ様々な石油製品や合成繊維、プラスティックなどの原料として、大量に輸入されている。加工後に輸送される石油製品と合わせて、最も

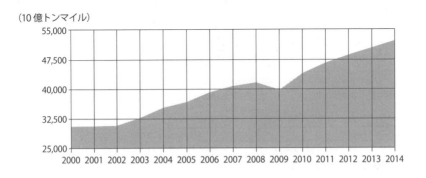

図-3.7　世界の海上荷動き　2000-2014年
出典：UNCTAD Review of Maritime Transport, 2014

第1編 グローバルロジスティクスを俯瞰する

大きな荷動きである。また、鉄鉱石と石炭は鉄鋼原料として、そして石炭は火力発電用にも輸入され、石油に次ぐ荷動きとなっている。穀物は鉄鉱石・石炭とともに3大バルク貨物の一つとして、食料と飼料用に主として米国から輸入されている。

コンテナ貨物は一般的に雑貨と呼ばれ、小口貨物の輸送形態として過去60年間定期航路で輸送されてきた形態である。それ以前は在来貨物船と称する船で、ブレークバルク貨物（梱包されているがコンテナに入っていない貨物）として輸送されていたが、徐々に効率の良いコンテナ船による輸送に切り替えられていった。

貨物船が定期船に入るか不定期船に入るかは、船舶の形状よりむしろ運航形態によって分かれる。定期船の定義は以下のとおりである。
①定時性のある航路で運航している。
②その航路のスケジュールを公表している。
③不特定多数の荷主の貨物を運ぶ。

上記を見ると、原油タンカーや鉄鉱石運搬船などが同一の港の間を定期的に運航していても、定期船と呼ばないことが明らかである。

（写真：商船三井提供）

図-3.8　船の種類

また、不定期船は海上輸送の原型とも言える。いかなる形状の貨物であっても輸送してきた中で、特定の貨物の荷動きが多くなり、その貨物に合った形状の船舶を開発して効率的に輸送できるようにしたものが、専用船として派生した。液体専用のタンカー、鉄鉱石専用船、石炭専用船、自動車専用船、木材チップ専用船、LNG船、LPG船、フェリー、セメント船などである。コンテナ船もその進化の一端を担う。

3.3 世界の荷動き

上記のように様々な船型が存在するが、それによる海上運送契約も多種多様である。定期船では荷主との個別運送契約を行わず、船荷証券（Bill of Lading：BL）の裏面に記載された約款を基に画一的に輸送が行われる。ただし運賃は荷主ごとに個別に合意される。他方、不定期船や専用船では用船契約（Charter Party）と称する個別契約に基づき輸送がなされる。

すなわち海運では、船主・船型や輸送区間によって、様々な市場が形成されていると言える。例えば、定期船ではアジア・北米間の往航と復航、アジア・北欧州間の往航と復航という風に、また原油タンカーでは、アラビア湾から極東までの30万トンタンカー満船の運賃という具合に相場が立っている。

定期船運賃は海運会社と荷主が直接、あるいは海運貨物取扱業者やNVOCC（Non-Vessel Operating Common Carrier）経由で交渉される。不定期船運賃は、主にシップブローカー（海運仲立人）を通じて交渉される。

(1) 主要港の貨物取扱量

表-3.1は世界主要港の貨物取扱量ランキングである。やはり中国の各港湾の躍進が著しい。上海は2005年に世界一になって以来トップの座を占めている。シンガポールは、石油化学産業のためのタンカーによる石油輸入や石油化学製品輸出に加え、大量のコンテナ中継貨物の取り扱いがある。欧州最大のロッテルダム港も同様である。

我が国では名古屋港が、自動車産業や鉄鋼業、電力産業など、多種類の貨物取り扱いにより日本一の取り扱いとなっている。

バルク貨物の主要な動きは、原油がアラビア湾から極東や欧州、鉄鉱石がオーストラリア・ブラジルから極東、石炭がオーストラリアから極東、穀物が米国から極東、完成自動車が日本や韓国から米国となっている。

コンテナ貨物のみの港湾別取扱量を見ると、やはり上海とシンガポールが上位1、2位を占めている。しかし上位10港湾のうち7港が中国の港湾となっており、深センは香港を凌駕し、寧波・舟山は上海に迫っている。

他方、我が国の港湾は東京港ですら世界で28位と取扱量が少ない。

これを1980年の状況と比較すると、違いが歴然としている。当時は

表-3.1 世界主要港の貨物取扱量　単位：百万トン

順位	港名	2013
1	上海	697.0
2	シンガポール	560.9
3	天津	477.3
4	広州	472.8
5	青島	450.1
6	ロッテルダム	440.5
7	寧波・舟山	399.3
8	ポートヘッドランド	372.3
9	大連	320.8
10	釜山	313.3
11	香港	276.1
12	秦皇島	253.3
13	サウスルイジアナ	241.6
14	ヒューストン	236.5
15	名古屋	208.2
16	深セン	201.5
17	ポートケラン	198.5
18	アントワープ	190.8
19	ダンピア	177.5
20	廈門	171.9

上海は2005年に世界一に

出典：日本船主協会

表-3.2　世界主要港のコンテナ取扱量　1980年/2014年比較　単位：千TEU

	1980年			2014年（速報値）	
1	NY/NJ	1,947	1	上海	35,290
2	ロッテルダム	1,901	2	シンガポール	33,870
3	香港	1,465	3	深セン	24,040
4	神戸	1,456	4	香港	22,280
5	高雄	979	5	寧波・舟山	19,430
6	シンガポール	917	6	釜山	18,680
7	サンファン	852	7	青島	16,620
8	ロングビーチ	825	8	広州	16,410
9	ハンブルグ	783	9	ドバイ	15,250
10	オークランド（米）	782	10	天津	14,050
13	横浜	722	28	東京	5,000
16	釜山	634	48	横浜	2,888
18	東京	632	51	名古屋	2,709
39	大阪	254	56	神戸	2,553
46	名古屋	206	60	大阪	2,485

出典：国土交通省HPより

コンテナ化された航路がまだ少なく、先進国間の荷動きが多くを占めていたために、米国、欧州と中継港である香港とシンガポールが上位を占めていた。

その中で日本の神戸港は、近隣港湾からの中継輸出貨物を集めて世界でも4位という位置を占めていた[注5]。(表-3.2参照)

先進国のコンテナ取り扱いが伸びていないのは、輸出貨物を創出する製造業の海外移転が進んだためで、歴史的に見れば当然の成り行きと言える。

(2) 世界のコンテナ荷動き

コンテナ貨物は種々雑多なもので成り立っている。日用品や衣類、履物、家電製品、コンピュータゲーム、デジカメ、生鮮品、加工食品などである。従って、基本的にはコストの安い国で製造して、多消費国へ輸出するというパターンが見られる。

かつて高度成長期に日本が円安固定為替相場(360円/ドル)を利用して、大量に欧米へ輸出したように、現在では中国や東南アジアで製造したものが欧米や日本に輸出されている。それに伴ってコンテナ貨物の荷動きも、中国・東南アジアから欧米・日本へという構図が作り出されている。

図-3.9は世界のコンテナ貨物の荷動きを略図にしたものである。基幹航路と呼ばれる極東・欧州航路および極東・北米航路は、現在でも確かに重要な荷動きで

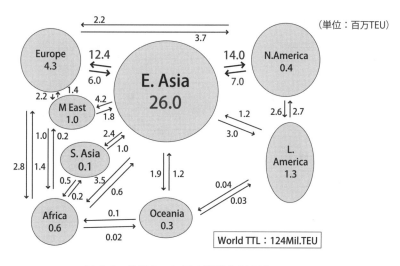

図-3.9　世界のコンテナ荷動き 2014年

第1編 グローバルロジスティクスを俯瞰する

ある。極東からの輸出は欧州へ1,240万TEU[注6]、北米へ1,400万TEUとなっているが、極東が欧米から輸入するものは少なく、数量で半分以下となっている。これによってコンテナ自体の在庫管理上非常に重大な問題を生じており、コスト増要因として重くのしかかっている。すなわち、揚げ荷が済んで欧米に貯まったコンテナは、帰りの貨物が積み込まれない分、海運会社の負担で極東まで戻して来なければならないという宿命にある。

他の地域の荷動きは基幹航路に比べてまだ小さいが、輸出入のインバランスの問題は大なり小なり生じている。

ところが東アジア域内の荷動きを見ると、これまでに見られなかった現象が顕著であることが分かる。域内の荷動きは近距離ではあるが、合計で2,600万TEUも動いている。基幹航路往航の2倍にも匹敵する荷動きが、すでに東アジアの港湾の間で生じているのである。

つまり、アジア諸国はコストの安い生産拠点であるばかりでなく、その莫大な人口を背景に、大消費地として世界経済の表舞台に躍り出たのである。

図-3.10を見ると、アジア各国の港湾がいかに広がりを見せているかが明らかである。すなわち、基幹航路で主たる概念となった「ハブアンドスポーク方式（Hub and

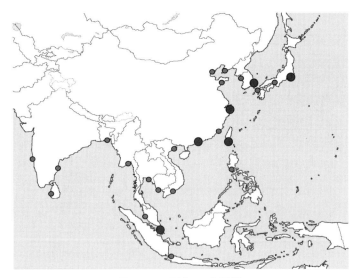

図-3.10　アジアの主要港

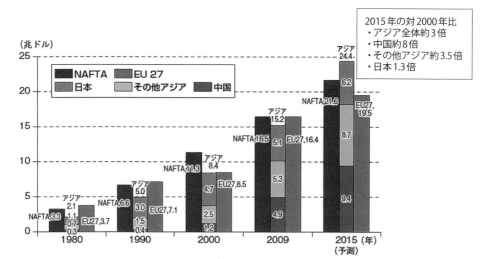

図-3.11　世界の地域別名目GDPの推移

出典：日本海事検定協会・運輸政策研究機構「アジア圏における国際物流の動向と物流システムの構築に関する調査研究報告書」2014年3月（平成22年版通商白書：通商産業省を元に運輸政策研究機構が作成）

Spokes）が通用せず、縦横無尽に荷動きが発生する地域となっているのである。

　アジア地域は1980年当時、日本を含めても、経済規模の点で欧米の遥か後塵を拝す小さな存在であった。ところが2015年の姿を見ると、北米自由貿易協定（North American Free Trade Agreement：NAFTA）や欧州連合（European Union：EU）地域のGDPを凌ぐ世界一の経済圏になった。（図-3.11参照）

　今後はこれらの3大経済圏が主導権を争いながら発展していく時代となる。そして、それぞれ13億の人口を蓄える中国とインド、6億人を擁するASEANは、所得の伸びる余地が大きく、近い将来欧米を圧倒する経済力を持つようになることは間違いないだろう。

(3) 最近のアジア域内海上荷動きの例

　ここで主要貨物について、通関上のHSコード分類に基づいて最近のアジア域内荷動きを見てみよう。

第1編 グローバルロジスティクスを俯瞰する

　図-3.12はコンテナ・一般貨物のアジア域内荷動きである。中国と香港の間は他地域（主に欧米）との間の中継的荷動きであるので横におくとして、日本や韓国の対中国貿易が多くみられる一方、日本から東南アジア、中国と東南アジア間の荷動きが顕著となってきている。

　図-3.13は車のエンジンの荷動きである。基幹部品は依然として日本から輸出されている。タイ、中国、インドネシアへ輸出して、現地で組み立てを行っている例が顕著である。また、新しい動きとして、タイからインドやインドネシアへの動きも出ていることが分かる。

　自動車部品については図-3.14に示している。エンジンと比較して日本からの荷動きが少ないことが明らかである。

　一方、自動車エンジン、自動車部品ともに、中国やタイから日本への逆輸入の動きも出ていることが注目に値する。すなわち、元々国内で生産していた自動車の中間部品を中国やタイに生産移転して、それをまた日本に持ってきて更なる加工、または完成車組み立てに使うという動きが出てきているということである。

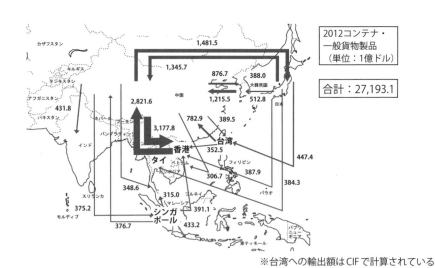

※台湾への輸出額はCIFで計算されている

図-3.12　コンテナ・一般貨物のアジア域内貿易（2012年）

出典：日本海事検定協会・運輸政策研究機構「アジア圏における国際物流の動向と物流システムの構築に関する調査研究報告書」2014年3月（「United Nations Comtrade Database」、「Bureau of Foreign Trade of Taiwan資料」を元に運輸政策研究機構が作成）

第3章 国際海上輸送を俯瞰する

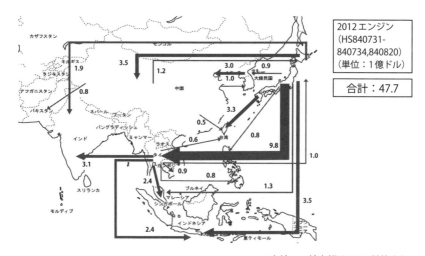

図-3.13　自動車エンジンのアジア域内貿易（2012年）

出典：日本海事検定協会・運輸政策研究機構「アジア圏における国際物流の動向と物流システムの構築に関する調査研究報告書」2014年3月（「United Nations Comtrade Database」、「Bureau of Foreign Trade of Taiwan資料」を元に運輸政策研究機構が作成）

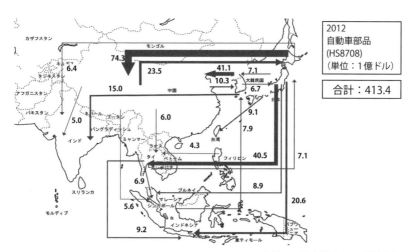

図-3.14　自動車部品のアジア域内貿易（2012年）

出典：日本海事検定協会・運輸政策研究機構「アジア圏における国際物流の動向と物流システムの構築に関する調査研究報告書」2014年3月（「United Nations Comtrade Database」、「Bureau of Foreign Trade of Taiwan資料」を元に運輸政策研究機構が作成）

3.4 アジアの時代

これまで見てきたようにアジア諸国では、日本を含む先進国からの生産移転という形で製造業が興り、そこに雇用と所得が生まれ、更なる消費へと乗数効果を生むことによって、急速に経済発展しつつある。これを背景にした物流は、今後莫大な量の増加を生み、海上荷動きの大きな変化をもたらすことになる。

3.3 (3) で示したアジア域内海上荷動きの中のアジア域内の部分は、ますます膨張していくに違いない。正に、世界の海上輸送はアジアを中心に動き始めていると言っても過言ではないだろう。

歴史を顧みると、西洋諸国がアジアを植民地にし始める前の、15世紀の「豊かなアジア」の状態が再現されようとしている。製造業には不向きであると言われた東南アジアが、衣類、履物、家電産業の中心になり、今後は巨大な自動車生産基地になろうとしている。

その中で、日本はどのような位置付けとなるのであろうか。海上輸送を語る前に、我が国の産業構造の将来を深く考察しなければならない。当然ながら、嵩の高いものや重いものは、今後他の低コスト国で作られることになるだろうから、我が国の輸出貨物の量は減る傾向にあるだろう。輸入については、むしろ全般的に一般雑貨の荷動きが増えることになるだろう。

日本経済の行く末を案じる向きが多いが、アジア諸国の人たちが豊かになっていくに従い、その恩恵を日本経済が受けないはずはないのではなかろうか。最近見られる近隣国の人たちによる「爆買い」はその一つの例として捉えられる。もちろん日本企業が、高価でも質の高い、あるいはセンスの良い製品を作り続ける限りにおいてである。

その「アジアの時代」に、どのような海上物流が生じ、輸送にどのような特徴が現れるだろうか。また、日本の海運会社はいかにその新しいニーズを、自らのビジネスチャンスに繋げていくべきだろうか。

(1)「アジアの時代」における海上物流の特徴

アジアを取り巻く海上物流が増大し、従来の海上輸送のパラダイムを転換する必要が出てくるだろう。海上輸送の視点からいくつかのポイントを整理しよう。

新たなパラダイム
①アジア域内の荷動きが増加する。

　タイや中国で集積した製造業は、今後アジア全域に広がりを見せてくる。2015年12月末にスタートしたASEAN経済共同体（ASEAN Economic Community：AEC）は、域内の生産の水平分業を促進するだろう。それにより、陸海空の域内物流が急拡大することになる。

②荷主は諸港に散らばっている。

　その結果、企業はあらゆる港湾の後背地に立地することになり、域内沿岸は企業進出で沸き立つ。

③海上輸送は縦横無尽に。

　従って、海上輸送は多角的になる。一定方向の輸送に荷動きが偏るということがなくなる。

④スピードを要求される。

　EUと同様に、将来アジア域内物流は国内物流と相違ないくらい多頻度となる。それにより、迅速な輸送がますます重要性を増し、海運のこれまでの常識が覆されるような要求が、荷主サイドから出されるだろう。荷主は「回り道」が嫌いである。

（2）新たな海上輸送形態へ
①基幹航路重視から近海航路重視へ

　これまでの基幹航路重視の経営から、近距離で多角的な海上輸送サービスが好まれるようになる。つまり「ハブアンドスポーク」型で「規模の経済」を第一に考える海運経営から、少ない貨物量でも直航サービスを提供する海運会社が選択されるようになる。それはアジア全域に及ぶ近距離サービスの競争となるだろう。

②コンテナ船の大型化の限界

　アジア域内では「ハブアンドスポーク」型海上輸送がそぐわないため、コンテナ船の大型化によるコスト競争戦略より、サービス形態の競争戦略に移行していく可能性が高い。

③RORO（Roll-On Roll-Off）船の活躍

　スピードを競う輸送サービスとなるため、LOLO（Lift-On Lift-Off）型のコン

テナ船より、近距離航路では自走式荷役が可能なRORO船がより活躍するだろう。RORO船ではコンテナの段積みができないため、積載効率が悪くコスト高であるが、運賃が高くてもリードタイムを重視する貨物に特化することも可能となるだろう。

④総合ロジスティクスサービスの重要性

　従来港湾間（Port-to-Port）の輸送のみを重視してきた海上輸送サービスは、大きな発想の転換を迫られる。コンテナ化の特徴は、海上輸送中のサービス差別化が困難なことである。すなわち、荷主は貨物が船に乗っている区間に関心は薄く、両端の陸上における物流の諸問題解決に腐心をしている。アジアの近距離物流ではこの問題がさらに増幅する。港湾における諸手続き、通関、在庫保管、陸上・海上輸送などについて、柔軟かつ合理的・経済的にサービス提供できる総合的ロジスティクスサービス業者が主導的立場に立つことになる。その中で、競争のすべを持たないPort-to-Portの海上輸送は、下請け的な存在として位置付けられるようになる可能性がある。

3.5 まとめ

　これまで見てきたように、従来一般的に持たれてきた基幹航路重視の海上輸送は、「アジアの時代」を迎えて大きくそのパラダイムを転換する必要が出てきた。

　海運の歴史は大型化の歴史であった。コンテナ船も、当初800TEU積み型からスタートしたが、現在では20,000TEU積みまで出現している。「規模の経済」を象徴するようなこの進化は、今後アジアではそのまま進捗しそうにない。

　一躍世界の経済の中心に躍り出たアジアでは、近距離、多方向、小ロットの荷動きが多くの港湾間で生じることとなろう。これに対応する海上輸送は「規模の経済」から離れて、陸上のロジスティクスも包含した「知識集約的」な総合サービス化の方向に進むことになるのではないか。

　そのためには、ハード・ソフト両面に及ぶ技術革新が数多く生まれ、新たなビジネスモデルを創出することが期待される。

【注】

注1) 「カボタージュ」とは、国内の輸送を外国の会社が行うことを指す。米国ではJones Actによりこの規制が厳しく管理されており、アラスカ、ハワイ、プエルトリコなども対象になっている。

注2) 当時世界の海はスペイン・ポルトガルによって占有されていたが、アジアとの直接貿易を望むオランダ人が「海は万人の共有財産である」として、その利用を自由にするべきであると主張するために、グロティウスに書かせた書物である。

注3) これをポートステートコントロール（Port State Control）と呼ぶ。

注4) 登録船舶トン数別に見ると、パナマ、リベリア、マーシャル諸島が上位3か国を占める。日本は2012年12月末現在で5,521隻、18,527千総トンで世界12位である。しかし、便宜置籍船を含めた実質支配船腹を見ると、ギリシャに次いで世界2位となる。

注5) この成功体験が、後に大きな港湾政策論議を呼び起こすこととなる。

注6) Twenty-foot Equivalent Unit：20フィートの長さのコンテナを1単位として計算したコンテナの数。

【参考文献】

1) M.ストップフォード，マリタイム・エコノミクス 第3版，日本海事センター編訳，日本海運集会所，2014上巻；2015下巻．
2) F.フェルナンデス―アルメスト，1492 コロンブス，関口篤訳，青土社，2010．
3) 中沢勝三，オランダ覇権をめぐって，弘前大学経済研究第8号（研究ノート），pp.21-28，1985．
4) 平山次晴，幕末明治維新期の船事情―我が国近代造船のはじめ，日本船舶海洋工学会 講演集 第22号，pp.41-45，2016（ウェブサイト http://www.jasnaoe.or.jp/zousen-siryoukan/2016/160530-jasnaoe-Spring-OS2/2016S-OS2-5.pdf 参照）．
5) 日本船主協会ウェブサイト，日本の海運史（http://www.jsanet.or.jp/data/items/r_01.html#kodai参照）．
6) 運輸政策研究機構，海運自由化交渉の背景，運輸政策研究Vol.4, No.1, pp.073-078, 2001（ウェブサイト http://www.jterc.or.jp/kenkyusyo/product/tpsr/bn/pdf/no12-08.pdf参照）．

【参考図書】

1) 池上寛（編），アジアにおける海上輸送と中韓台の港湾，アジア経済研究所，2013．
2) 今井昭夫，国際海上コンテナ輸送概論，東海大学出版会，2009．
3) 篠原正人，港湾政策の新たなパラダイム，成山堂，2015．
4) 日本海運集会所，入門 海運・物流講座，2004．
5) 船の百科辞典編集委員会，船の百科事典，丸善出版，2015．
6) 山岸寛，海運70年史，山縣記念財団，2014．

第1編 グローバルロジスティクスを俯瞰する

第4章 国際航空貨物輸送を俯瞰する

4.1 航空輸送の利用動機

　この章では、国際貨物輸送のもう一方の主役である航空貨物輸送について、その利用動機、貿易（国際取引）、国際輸送のプレーヤーについて解説する。

　航空輸送を利用する動機にはどのような背景があるのか？ まず思いつくのは、時間的な制約から決められた時間内に届ける必要がある場合、また、生鮮食料品のような品目特性として腐りやすいものを運ぶ場合、さらに戦略的な理由などが考えられる。

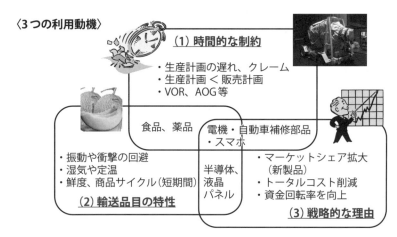

図-4.1　航空輸送の利用動機

（1）時間的な制約

　時間的な制約により航空輸送を利用する事例として、生産計画の遅れがあげられる。当初、電子部品を月末までに1万個を製造する計画であったが、原材料に不具合が見つかったため25日時点で半分の5,000個しか製造できていない。このような場合には他国にある製造拠点で急遽代替製造してもらい商品の納期に間に合うように航空輸送を利用することになる。また、生産計画どおりに商品1万個を作ったが、商品が販売計画を大幅に上回るペースで売れたために追加オーダー

が入り、早く店頭に出さなければならない場合がある。いずれの場合も生産計画と販売計画のアンバランスから生じる動機である。

　また、航空機や特殊車両が空港または道路などで故障して動かない局面で生憎当該国において在庫が無い場合は、AOG（Aircraft On Ground）、VOR（Vehicle On the Road）と称して、在庫がある第三国から航空にて緊急輸送を行う場合がある。

　特殊な事例としては、2015年前半にあった米国西海岸港湾ストの影響で長期にわたり海上輸送貨物が滞貨したため、数ヶ月に渡り数百便の貨物専用便がチャーター運航された。

(2) 輸送品目の特性

　海上輸送は航海時間が長いうえに、数メーターにも及ぶ波によって振動や衝撃が貨物に作用する。それに比べて航空輸送時に発生する重力加速度Gは、衝撃が高いと言われる着陸時でも1～2Gとそのレベルはかなり低い。このような事情で超精密機械などは航空輸送に適している。また、海上輸送では塩害と湿気を帯び易いことから、ワクチン・医薬品、食材（鮮魚・青果物）などは温度・湿度管理輸送が充実している航空輸送を利用している。

　一方、商品サイクルが短いアイテムも航空輸送を積極的に利用している。その代表例が「新三種の神器」と言われるスマートフォン、パソコン、デジタルカメラである。これらは1年に数回新製品をマーケットに投入することから迅速に届ける必要がある。また、ファストファッションに代表されるアパレル（衣料）は春夏、秋冬合わせて少量多頻度で航空輸送を使っている。

(3) 戦略的な理由

　単純に運賃比較をすると、条件や輸送品目によって異なるが、海上運賃は航空運賃の10分の1またはそれ以下のレベルにある。ただし、海上輸送の場合に運賃メリットを享受するためにはコンテナ単位（5t、10t）での出荷が必要になり、また海上輸送前後で相当量の貨物を一旦保管、荷捌きをするための費用が発生する。また、オーダーしてから商品が手元に届くまで相当の時間を要し、例えば日本から欧州の販売店舗までは約6～8週間となる。

航空輸送の場合は運賃競争力において海上輸送より劣位にあるが、オーダーしてから欧州の各店舗に届くまでは1週間もあれば充分である。必要な量を必要な時に輸送すればよい。在庫も基本的には不要となる。つまり、資金を投下してから販売・回収するまでの期間短縮が可能である。資金の回転率を高めることにより、少ない資金でより大きなビジネスを展開することが可能となる。航空輸送をモデルにしたビジネスは、海上輸送の場合に比べると必要資金が2分の1または3分の1で済む場合がある。

このモデルの代表例はアップル社iPhoneである。iPhoneはアップル社米国本社を中心に商品の企画・開発を行い、それらは日本、韓国、台湾、中国の各メーカーから部材を買い取り、中国（鄭州）で完成品を製造している。基本はすべて航空輸送である。その理由は、最少の資金で最新のマーケット状況に基づいて生産計画を立案し、販売状況に応じて製品供給の柔軟性を確保できる点にある。一方で、販売規模が大きいだけにリスクヘッジに備える必要がある。

4.2 貿易（国際取引）とは

国際航空輸送のプレーヤーを説明する前に、国際取引が現在どのような形で行われているのか？ 貿易の形態、国内取引との主な相違点、貿易条件について簡単に触れることとする。

(1) 貿易の形態

貿易の形態は複雑多岐に渡り存在するが、この節では基本的なパターンに絞って説明する。

まず、モノを売るA国輸出側の主な登場人物は、商品をB国にいる買主（輸入者）に売る売主（A国輸出者）、完成品を作るA国メーカー、そして、そのA国部材供給者の三者となる。B国輸入側の主な登場人物も商品をA国にいる売主（輸出者）から買うB国輸入者、輸入した商品を国内で売るB国販売会社、B国最終消費者の三者となる。

この登場人物の中で、A国輸出者がB国輸入者と直接取引する場合を法人対法人取引による直接貿易（B2B）と言う。

第4章 国際航空貨物輸送を俯瞰する

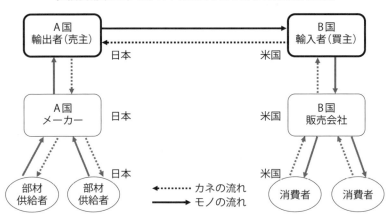

図-4.2　直接貿易（B2B）の貿易形態

次に、直接貿易に対比される概念として間接貿易（B2B）がある。

実際に商品を作っているA国メーカーは、あくまでA国輸出者との国内取引を行っており、B国輸入者との取引関係は存在しないため、間接貿易となる。

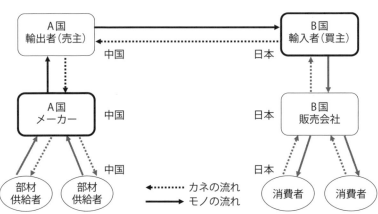

図-4.3　間接貿易（B2B）の貿易形態

また、モノ（物流）の流れはA国からB国に直接動くものの、カネ（商流）の流れは第三国であるC国の仲介者経由となる仲介貿易（B2B）がある。

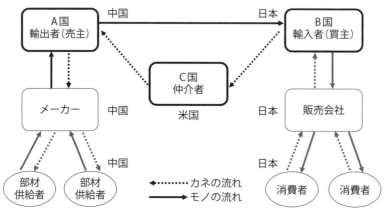

図-4.4　仲介貿易（B2B）の貿易形態

さらに、A国で作られた部品を一旦C国にて輸入および加工して、第三国であるB国に輸出する中継貿易（B2B）という取引がある。仲介貿易との違いは、モノの流れもカネの流れも同じ動きをするところである。

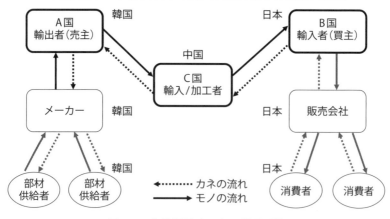

図-4.5　中継貿易（B2B）の貿易形態

第4章 国際航空貨物輸送を俯瞰する

　このように貿易のパターンは様々であるが、ここ数年前から電子商取引（Electronic Commerce：EC）の急速な発展に伴い海外から直接モノを買う法人対個人取引による越境EC（B2C）が登場し、特に、世界GDPの上位国である米国および中国を中心に急速に広がりを見せている。

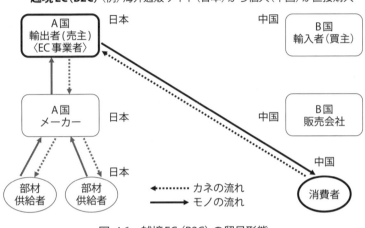

図-4.6　越境EC（B2C）の貿易形態

(2) 国内取引との主な相違点

　貿易（国際取引）には下記のとおり主に三つの観点で相違点がある。

① トラブル発生

　取引相手が外国のため、言葉、文化、商習慣等の違いによるトラブル（日本の常識≠外国の常識）

② コスト増加

　二国間のルール、法制度等が違うため、輸送に際する直接・間接コストが増加（支払いに関わる追加コスト、輸出入通関に関わるコスト、関税等）

③ 高リスク

　為替レートの変動リスク、貸し倒れリスク、長時間輸送となるため損傷リスク、それに伴う保険および運賃のコスト増

　当事国同士の風土や習慣の違いにより様々なトラブルが発生する。例えば「約

束した時間は守る。自分の犯したミスに対して直ぐに謝罪する」という日本の常識と「約束した時間は単なる目安。謝罪は責任問題に直結するので言い訳をする」という外国の常識は異なる。また、輸出国と輸入国のルールや運用の違いにより生じるコスト増（例：税関の検査基準の違いによるコスト増）、関税・消費税などの発生、およびその負担問題（例：輸出者負担？ 輸入者負担？）などがある。そして、海外にいる相手への未収金の発生など、通常国内取引に比べて高いリスクとなる。

(3) 貿易取引条件インコタームズ（International Commercial Terms：Incoterms）

前述したトラブルやリスクを低減するために、国際商業会議所（International Chamber of Commerce：ICC）が貿易取引条件インコタームズ（Incoterms）を設定している。

代表的な例としては、商品がメーカーの工場を出た段階から輸入者（買主）に納品されるまで全てのコスト・危険リスクは輸入者が持つ工場渡（EX Works：EXW）条件がある。他方、商品が輸入者の手元に届くまで全ての費用・危険リスクは輸出者（売主）が負担する関税込持込渡（Delivered Duty Paid：DDP）条件まで様々なパターンがある。輸出者も輸入者も当然自己の責任範囲は狭く設定したいのが基本になるので、両者の話合い（交渉）により決定されることになる。

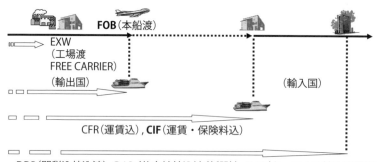

図-4.7　貿易取引条件

このようにIncotermsを設定しても、例えば仕向地持込渡（Delivered At Place：DAP）条件は国により輸入通関料金は輸出者負担が常識とする国もあれば、輸入者負担が常識とする国もあるので、貿易取引条件設定時にはきめ細かく確認する必要がある。

4.3 国際航空輸送のプレーヤー

　輸出者（輸出国）と輸入者（輸入国）との間には様々な国際航空輸送のプレーヤーが存在する。そのプレーヤーの役割を順番に説明する。

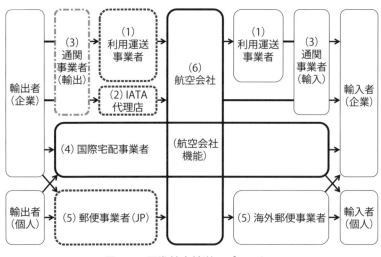

図-4.8　国際航空輸送のプレーヤー

（1）利用運送事業者（Freight Forwarder）

　実運送とは、船舶運航事業者（船会社）、航空運送事業者（航空会社）、鉄道運送事業者または貨物自動車運送事業者（略）の行う貨物の運送を言い、利用運送とは、運送事業者の行う運送（略）を利用してする貨物の運送を言う、と貨物利用運送事業法（定義）第2条に明記されている。また、貨物運送事業者の中にも第二種貨物利用運送事業（他人の需要に応じ、有償で、船舶運航事業者、航空運送事業者または鉄道運送事業者の行う運送に係る利用運送と当該利用運送に先行し及び後続

する当該利用運送に係る貨物の集貨及び配達のためにする自動車（略）による運送（略）とを一貫して行う事業）と第一種貨物利用運送事業（他人の需要に応じ、有償で、利用運送を行う事業であって、第二種貨物利用運送事業以外のもの）の2種類がある。つまり、第一種は（空）港間輸送、第二種はドアツードア輸送となる。

　実務的には、航空輸送は海上輸送と異なり、実運送事業者（各航空会社）が直接輸出者・輸入者（顧客）と取引するケースは少なく、利用運送事業者が各顧客との間で自らが発行するハウス運送状（House Airway Bill：HAWB）を発行して運送契約を締結する。一方、利用運送事業者は複数の顧客から預かった貨物を仕向地別に纏めて、自ら荷送人となり航空会社が発行するマスター運送状（Master Airway Bill：MAWB）を締結する。このように利用運送事業者が顧客に対して、A地点からB地点までの空港間輸送と地上輸送を含めたドアツードアの一貫輸送の手配を行うケースが多い。

　また、貨物利用運送事業法には、貨物利用運送事業を経営しようとする者は「国土交通大臣の許可（第20条）」、「国土交通大臣の行う登録（第3条）」を受けなければならないと明記されており、利用者の利益の保護およびその利便の増進に寄与することを担保している。

〈貨物利用運送事業法〉
第3条 第一種利用運送事業（空港間輸送）〈国土交通大臣登録〉
第20条 第二種利用運送事業（一貫輸送）〈国土交通大臣許可〉
実運送事業者の行う運送を「利用して貨物の運送」を提供する者。

①輸出者（荷主）との運送契約は、利用運送事業者が発行するハウス運送状（HAWB）にて締結する。⇒ 輸出者（荷主）に対する運送責任者は利用運送事業者。
②利用運送事業者は、複数のHAWBを仕向地毎に纏めて、自らが荷主となり航空会社が発行するマスター運送状（MAWB）にて運送契約を締結する。〈混載貨物〉

図-4.9　利用運送事業者

(2) IATA代理店（IATA Cargo Agent）

　IATA代理店とは、世界の民間航空会社の業界団体である国際航空運送協会（International Air Transport Association：IATA）が認定した貨物代理店のことである。IATAから認定を受けるには財政信用力があること、取り扱いできるための施設を有すること、危険品取扱資格を有する従業員を配置すること等の要件があり、IATAに申請・承認を受ける必要がある。

　前述の利用運送事業者との相違点は、自らが発行するハウス運送状（HAWB）を発行するのではなくIATA航空会社の代理人として、航空会社が発行するマスター運送状（MAWB）を発行して、顧客と運送契約を締結することである。その対価として、販売手数料（コミッション）を航空会社から収受する。また、運送途上で貨物損傷が起こった場合の運送責任は運送状の発行者である航空会社となる。IATA代理店は顧客と航空会社の間の取次業務に留まる。

　この航空会社が発行するマスター運送状（MAWB）を利用して行われる運送契約は、一般貨物と同様の取り扱いができない特殊貨物（動物・危険品・高額品・大型貨物など）の場合に限定されている。

〈IATA（国際航空運送協会＝民間）からの指定〉
IATA航空会社（ANA,JAL等）および輸出者の代理業務を行う者。

①輸出者（荷主）との運送契約は、航空会社が発行するマスター運送状（MAWB）にて締結する。IATA貨物代理店はその航空会社の販売業務を代行する。
　⇒ 輸出者（荷主）に対する運送責任者は航空会社。
②航空会社は、IATA代理店に対してコミッションを支払う。

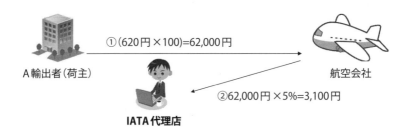

図-4.10　IATA代理店

(3) 通関事業者 (Customs Broker)

　通関事業者とは、貨物の国際輸送の際に必ず発生する輸出入通関業務を、発地国の輸出者、または着地国の輸入者の代理人として、各国税関に対して必要な情報（輸出者名、輸入者名、内容品、数量、価格等）を提供して輸出入通関の許可を取得する事業者である。

　通関業を営もうとする者は、その業に従事しようとする地を管轄する税関長の許可を受けなければならない（通関業法第3条 通関業の許可）。

　民間企業と税関のパートナーシップを通じて国際貿易における安全確保と円滑化の両立を図るAEO（Authorized Economic Operator）制度が2008年に日本の通関事業者にも導入された。この認定を受けた事業者は、一定条件下で輸入貨物の引取り後に納税申告が行える、または保税地域以外の場所にある輸出貨物の申告が行える等のメリットを享受できる（2016年6月16日現在128者）。

　この潮流は世界の主要国においても展開されており、43組の国家間でAEO通関制度の相互認証がなされており、日本は、ニュージーランドを始め米国、カナダ、欧州連合（European Union：EU）、韓国、シンガポール、マレーシアとの間で相互認証がなされている。

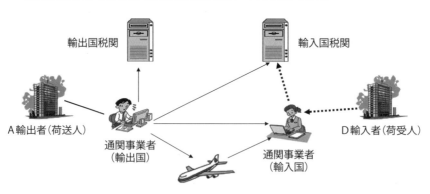

図-4.11　通関事業者

（4）国際宅配事業者（Integrator）

　国際宅配事業者とは、荷送人（輸出者）のドアから荷受人（輸入者）のドアまで集荷・輸出通関・航空輸送・輸入通関・配送まで一貫輸送サービスを提供する事業者である。

　第二種利用運送事業法には同運送事業のサービスを経営しようとする者は「国土交通大臣の許可（第20条）」、「国土交通大臣の行う登録（第3条）」を受けなければならないと明記されており、利用者の利益の保護およびその利便の増進に寄与することを担保している。

　日本市場においては、FedEx（フェデラルエクスプレス）、DHL、UPS（ユナイテッドパーセルサービス）、OCS（ANA系）等が主なプレーヤーである。

　最近の流れでは、国際宅配事業は3PL（3rd Party Logistics）を組み合わせてEC事業者等の企業に対して総合物流サービスを提供している。

（5）郵便事業者（Postal Service Provider）

　郵便事業者とは、国際郵便業務の提供・料金等について定めた多国間条約である万国郵便条約並びに郵便法に基づき郵便業務を行う事業者である。郵便法に

> 国際宅配事業者（Integrator）
> 国際宅配事業者とは、自社所有の航空機および地上輸送ネットワークを利用して、書類・小口貨物を中心に一貫輸送サービス（ドアツードア）を提供する者である。
> 〈第二種利用運送事業法 第20条（国土交通大臣許可）〉
>
> 郵便事業者（Postal Service Provider）
> 郵便法には、「郵便の役務をなるべく安い料金で、あまねく、公平に提供することによって、公共の福祉を増進することを目的とする」ことが規定されている。
> 〈郵便法 第1条（この法律の目的）〉
> 郵便の業務は、この法律の定めるところにより、日本郵便株式会社が行う。
> 〈郵便法 第2条（郵便の実施）〉

図-4.12　国際宅配事業者および郵便事業者

は、郵便の役務をなるべく安い料金で、あまねく、公平に提供することによって公共の福祉を増進することを目的とする（郵便法 第一条）と明記されている。郵便の業務は、この法律の定めるところにより、日本郵便株式会社が行う（同法第二条）。

　国際郵便サービスは、小包（small package）をドアツードアで一貫輸送する点では国際宅配サービスと同じであるが、一般信書便（手紙・はがき）については日本郵便のみがそのサービスを提供可能である。また、大手国際宅配事業者は自社（グループ）で一貫輸送サービスを提供しているが、国際スピード郵便（Express Mail Service：EMS）の海外における配送業務は各国郵政庁（郵便事業者）によって行われている。このため、その国の配送業務は各国郵政庁のサービス品質に依存しており、その品質管理が課題である。

　また、各国における郵便事業の民営化の流れの中で、ドイツ郵便（Deutsche Post：DP）は2002年にDHL（国際宅配）を、2005年に大手フォワーダー（Forwarder）のエクセル（英）を傘下に収め総合物流サービス提供のリーディングカンパニーとして活躍している。日本では、2015年に日本郵便がトール社（豪）を6,000億円以上の資金を投じて買収している。

(6) 航空会社（Airline）

　国際航空輸送のプレーヤーの最後は航空会社である。航空会社とは、航空法第100条（航空運送事業を経営しようとする者は、国土交通大臣の許可を受けなければならない）に基づき、認可を受けた航空輸送事業者である。

　航空輸送事業を営もうとする者は、航空法第1条「（この法律の目的）この法律は、国際民間航空条約の規定並びに同条約の附属書として採択された標準、方式及び手続に準拠して、航空機の航行の安全及び航空機の航行に起因する障害の防止を図るための方法を定め、並びに航空機を運航して営む事業の適正かつ合理的な運営を確保して輸送の安全を確保するとともにその利用者の利便の増進を図ること等により、航空の発達を図り、もつて公共の福祉を増進することを目的とする」に基づき細かく規定された安全に関わるルールに従うことが求められる。

　また、利用者保護の観点から「本邦航空運送事業者は旅客及び貨物の運賃及び料金を定め、あらかじめ、国土交通大臣に届け出なければならない（同法 第105

第4章 国際航空貨物輸送を俯瞰する

航空会社とは、他人の需要に応じ、航空機を使用して有償で旅客又は貨物を（空港間）運送する事業者である。
〈航空法 第100条（国土交通大臣許可）〉
参考：航空法第112条 業務改善命令（輸送の安全、利用者の利便その他公共の利益を阻害している事実があると認めるときは…）

図-4.13　航空会社

条）」等の規定がある。

　2008年秋のリーマンショック以降、日系企業の生産拠点の海外シフトも進み、日本発着航空貨物需要は低迷、日本市場価格の大幅な低下により2010年10月には日本航空は貨物専用便（Freighter）を運休した。現在、邦人系では全日本空輸（ANA）がB76Fを使用して沖縄ハブを活用した運航、日本貨物航空（NCA）が747-8Fを主力機に貨物便運航を継続している。しかしながら、旅客運送事業とは異なり、元々ノンフリルであるため貨物便事業にローコストキャリア（Low Cost Carrier：LCC）等新規事業者が現われる気配はない。

　以上、輸出者（輸出国）と輸入者（輸入国）との間にいる国際航空輸送のプレーヤーを簡単に紹介した。市場ニーズの変化を受けて、各プレーヤーとも自社機能（事業領域）を拡大する傾向にある。多くのプレーヤーは、IATA代理店としてのサービスだけではなく、フォワーディングや通関サービス、さらには国際宅配だけではなくロジスティクス（3PL）サービスも顧客に提供するため、企業間の業務・資本提携、M&A等事業戦略を益々ダイナミックに展開している。
　また、国際航空輸送は国家間に跨る事業であることから関係国の国益にも影

第1編 グローバルロジスティクスを俯瞰する

響を与えるため、そのプレーヤーは、関係国政府（関連機関を含む）からの許認可や届出を求められるケースが数多く見受けられる。日本で各業務を行うには、表-4.1のとおり国土交通省、財務省、総務省など関係官庁による許可、認可が必要となる。

表-4.1　国際航空輸送に関わる許認可一覧（日本の例）

プレーヤー	事業認可・許可	主な事業内容	主な販売対象	代表的なプレーヤーの例
(1) 利用航空運送事業者（Freight Forwarder）	要（国交省）	有償貨物の航空利用運送（混載）	荷主（輸出者/輸入者）	日本通運、近鉄、郵船、南海、DHL、シェンカー等
(2) IATA貨物代理店（Cargo Agent）	不要（IATAからの指定制度）	有償貨物の航空輸送代理業務	荷主（輸出者/輸入者）	同上
(3) 通関事業者（Customs Broker）	要（管轄税関長）	輸出入通関代行業務	荷主（輸出者/輸入者）	同上、専業者有り
(4) 国際宅配事業者（Integrator）	要（国交省）	書類・小口貨物のドアツードア運送	荷主（輸出者/輸入者）	FedEx、UPS、DHL、TNT、Linehaulなど
(5) 郵便事業者（Postal Service Provider）	要（総務省）	信書・小口貨物のドアツードア運送	荷主（輸出者/輸入者）	各国郵便事業者（独POSTはDHL所有、仏POSTはLenton所有）
(6) 航空会社（Airline）	要（国交省）	書類・小口から有償大口貨物の空港間輸送	利用運送事業者、IATA代理店、国際宅配事業者、郵便事業者 等	ANA、JAL、NCA、CX、LCAG、AAなど多数

第2編
収益力を高めるサプライチェーン

第5章 ロジスティクスの観点から見た物流改革

5.1 ロジスティクス前夜

「ロジスティクス」という言葉がごく当たり前のように使われはじめて、約15年がたつ。それまでは一般的に「物流」と称していた。では、単純に横文字になっただけなのかと言うと、実はそうではない。日本の物流と欧米流ロジスティクスの間には根本的な思考の違いがあると言ってよいだろう。では、どういうことがロジスティクス思考なのだろうか。

私自身、40年ほど前から、物流倉庫、運送という仕事に携わってきた。もちろん、当時はロジスティクスという言葉さえ、まだ日本に入ってきていなかった。そうしたなかで、ロジスティクスという言葉が、アメリカから日本に入ってきたときには、正直「すごいな」と思ったものだ。まず何のためのロジスティクスかと言えば、株主に最大の利益をもたらすためのものとハッキリしている。そこの、株主の利益の最大化を目的としているところと、プロセスをきっちりマネジメントしていく考え方に感動した。

それはどういうことかと言うと、当時は倉庫が生産と販売の中継基地としてさえも位置付けられていなかったからだ。一般的には単なる物置きの延長であった。ロジスティクスは、それをもっと一気通貫で、調達から始まり生産、そして配送、倉庫、それから商流を、きちんとプロセスとしてマネジメントしていくという考え方なのだ。そのことが「すごいな」と思うと同時に、しかしよく考えてみれば、弊社ではロジスティクスという名前はなかったにせよ、ほぼ同じ考え方ですでに事業展開をし始めていると思ったものだ。私としては一つ一つ、自分で考えながらやってきたという自負もある。ではロジスティクス思考はどのように現状のビジネスを変えていくのだろうかと考えた。

当時は、フローや手順などはハウツー本などで紹介されていたものの、私自身が、これがロジスティクス、これがサプライチェーンマネジメント（Supply Chain Management：SCM）だと思いながらつくり上げてきたという経験を通して、本稿ではロジスティクスの根本的な考え方について述べる。

その前に、私自身が経験してきた話から始めよう。というのは、当社の経験そ

第5章 ロジスティクスの観点から見た物流改革

のものがロジスティクス改革に取り組んできた歴史でもあるからだ。

まず、弊社の概要を紹介しよう。倉庫業として、倉庫は京都市南区の中久世、東土川にある。また、大阪の茨木市にもあり、現在、社員・パート数は合わせて60数名となっている。業務内容は、倉庫保管業務、荷役、物流加工、セット作業、ピッキング、それから、物流業に対する人材派遣も行っている。そのほかにはロジスティクスのコンサルタント業もしている。

会社の歴史としては、昭和41年に私の両親が現在の京南倉庫株式会社を設立、ところが、私が大学3回生だった昭和49年に、両親とも他界してしまった。しかし、親戚などに会社を継ぐ人間がいなかったため、3回生だった私がやむなく会社を継ぐことになった。

では、なぜ私が親の会社を継がなければならなくなったかと言うと、順調な会社であればほかの人が運営してくれるが、正直言ってそうではなかった。さらに言えば、昭和49年という年も大いに関係していた。この年の前年、つまり昭和48年にはオイルショックがあった。当時の首相は田中角栄で、「日本列島改造論」という政策を打ち出し、そのころは「1億総不動産屋」ということで、日本全体の不動産の価値が上昇し、みんなが不動産屋だというぐらいの時代だった。いまで言う不動産バブルで、それをあおったのが田中角栄だった。ところが、それが、昭和48年のオイルショックで見る影もなく崩壊してしまった。

私の両親も当時は不動産業をやっており、案の上、土地や家屋の価格が下落し、そうしたことが大きなストレスとなって、二人とも病気で亡くなってしまった。

私は、それらの負債を引き継ぐしかなかった。というのは、倉庫業も不動産業についても、経営やマネジメントのことはまったく経験していなかったので、やめようにもやめ方が分からなかったからだ。かといって、放り投げることはできず、やめるためにも続けていかなければならなかったという背景があった。

当時、不動産業の方はバブルで大変苦労させられたが、倉庫業の方は非常に健全な経営だったので、自分が生きていくためには、こちらを一生懸命やらざるを得ないという背景があった。倉庫業で何とか人生の礎をつくって、借金を返していこうということで、身を粉にして働いた。人間というのは、追いつめられないとなかなか真剣にものを考えない傾向があるが、とにかく何とか倉庫業を軌道に乗せようと思って必死だった。そのほかにも社内反乱トラブルがあったが、これ

については省略する。とにかく、様々な問題を一気に抱えたことは事実で、二十歳を超えたばかりの若い者がどこまでできるかは未知数だった。

　以上のような背景があった。また、倉庫業そのものも大きな転換点に差し掛かった時期でもあった。新しい倉庫業として生まれ変わらせなければいけないという使命を背負いながらの出発だった。

　そのころ、フランスの哲学者サルトルの言う「実存主義」が流行っていたが、「実存は本質に先立つ」というのが当時の私の一番大きな精神的支えとなっていた。どういうことかというと、実存というのは、何かの意味を与えられているわけではなくて、ありのままにという、少し透明な感じがあり、とにかく「ある」ということは、人間が何かの目的を持った存在というよりも、ただありのままに「ある」ということから、まずは出発すると理解した。

　私自身も、こうあらねばならないというような考え方に縛られないで、自由に発想していこうということで、一方ではこんな解釈をサルトルが聞いたら、「勝手な解釈をするな」と言うかもしれないが、とにかく自由な発想をしようという思いが強かった。

　いまも、現代詩を書いているが、小野十三郎という詩人が、現代詩の出発は「短歌的抒情を排す」ということを述べている。それは、日本の短歌や和歌は、非常に抒情的で、悲しいとかうれしいということを歌っているが、そういうものだけではなくて、いかに自分を第三者の目で見るか、それをさらに別の目で見るというように、客観的に自分を見ることが重要だと。私自身もそのように思っていた。

　私自身がみじめというわけではないのだから、絶対に投げないということと、どんな立場に置かれても、その意義と意味を見いだして、そのなかで誇りを持っていこうと考えながらやってきた。

　ところで、当時の倉庫業の仕組みは非常にシンプルで、単に荷物を預かるというだけの業務だった。そこから、いまのロジスティクスというかたちに変化していくわけだが、これを支えたのは、やはりコンピュータが非常に高度にかつスピーディに発達したことがあげられるが、日本国内で高速道路などの道路網が整備されたことも大きな要因となっている。

　弊社の倉庫物流業は、自分で商品を製造するとか、販売するというのではなく、企業（荷主）の役に立つ物流提案をすることにある。また、誠意を持って考えて

行動することは当然だが、常に改善し、改革し、提案の努力をしている。さらに言えば、物流を通じて、地域・社会、また地球環境にも貢献するというようなところまでを目標にしている。

現在、弊社においては京南物流という会社を関連会社として設立するとともに、ドラマモードという企画会社も新たにつくった。その後、少しずつ営業を拡大していき、トランクルーム事業を開始し、茨木市にも新しく倉庫を開設し、いまに至っている。

5.2 ロジスティクス思考

ここでロジスティクスの基本の話に戻ると、元々ロジスティクスは「兵站」と訳す。これは戦争用語である。例えば、イラクとアメリカが戦争をしたときには、ある地点に何時何分に水や食料や武器を決められた量だけきちんと持っていくということが重要になる。戦争を維持するためには、兵士に食事をさせなければいけないし、もちろん武器も必要となる。そのためには補給線をいかに精密に組み上げていくかということが重要で、実際の戦闘行為を支える重要なファクターだ。ロジスティクスがしっかりしていないと戦闘の前にすでに「負け」は明らかとなる。そうしたことから、しっかりとプロセスをマネジメントしながら、補給が途切れないように、きっちりと時間どおりに精密に万端準備していくところから編み出されてきたもの、これがロジスティクスである。

実は、日本は太平洋戦争のときに、兵站がまったく組めていなかった、あるいは、組めていても、いざというときのリスクをヘッジするまでのロジスティクスではなかったと言われている。特に、南方の方面では、日本の補給船が沈められて、兵站ができなくなったときに、2次はどうする、3次は4次はどうするといったところまでの組み上げもなく、現地の兵隊さんたちは、戦闘で死ぬというよりも、飢え死にするくらい食べるものもなくなって、現地でも調達できずに、山の中に逃げ込んで何万人もの人が飢餓で死んでしまった。

私が倉庫業を受け継いだ昭和40年代後半は、ロジスティクスという言葉すらないときだった。あるとき、お預かりしている、ある繊維メーカーさん（東洋紡績（株））の商品が爆発的に売れだした。注文がどんどん押し寄せてくるけれども在庫が無い、いつ入荷するかもわからないというような状況になった。注文がき

ているのに在庫が無い（受注残）の状態であるにもかかわらず、メーカーの方ではいつ商品ができるかすらわからないということがあった。いまでは考えられないことだが、当時はどの業界でも少なからずそうしたことがあったはずだ。片方で、売れないものは在庫となり積み上がっている。

こうしたことがあって、私はお得意先を訪問していろいろなことがわかってきた。得意先も自社工場だけで製造しているのではなく、多くの下請け会社を使っているので生産加工が間に合わないとのことだった。繊維産業というのは、非常に複雑な作業工程を経ている。例えば、輸入したヒツジの毛を紡績する、それを撚って色をつける。それからさらに加工して、それが終わってからは物流加工をするというように、いろいろな段階を経て、ようやく製品が倉庫に入ってくる。

ところが、生産管理が不十分で、いつごろ、どう仕上がるのかがわからない。発売元の販売の現場では、売れゆきが良くて注文がくるけれども商品が無い。お客さまに対しても、「1週間後には来ますよ」とか、「3日後には入りますよ」という情報すら与えられない。これは非常にもったいないということで、当時としては生意気かもしれないが次のような提案をさせていただいた。

倉庫に入ってくるまでの生産の外注管理を私の方でやりますということで、当時はコンピュータもなかったが、とにかく加工工場に行って、すべて手書きで、電話情報とファックスで帳面をつけて、いつごろ仕上がってくるのかという情報を、お得意先の東洋紡績（株）に報告する提案だ。しかし、加工工場も必ずしも専用工場でなく、得意先もバラバラで納期も守られなかった。

その後、ロジスティクスやSCMという言葉が盛んに使われ出したが、前述したように、これはいままで私がすでに走り回って、調達、生産管理、販売と一気通貫でやってきたことではないか、とすぐに理解できた。しかも、手書きの帳面でやっていたので原理はすべて理解している。要は、私の中でシステムとしてでき上がっていたものを、コンピュータで入力すればすぐに出てくるというかたちに、すでになっていたわけだ。

ところで、このロジスティクス思考は繊維業界だけではなく、食品や紙・パルプ、機械類などあらゆる業界でも、原理はほぼ同じと言えるので、応用すればすべてに対応できると考えてよい。

5.3 ロジスティクスの観点から見た物流改革の意味と意義

ところで、ロジスティクスの観点から見た物流改革は社会にとってどういう意味があるのだろうか、そしてその意義とはいったいどういうことなのだろうか。実はロジスティクスは、グローバル化する経済や社会の中で、「ニューエコノミー社会（消費社会、金融中心主義社会、株主中心主義社会）」に求められるふさわしい企業になるための、一つの大きなツール（道具）と理解してよいだろう。

企業にとって、ロジスティクス改革は、企業の生き残りを懸けた経営構造改革であり、お客さまの経営の主要指標としての総資本利益率（Return On Asset：ROA）注1)の数値評価を高めるために貢献できるツールと言っても過言ではない。

より具体的に言えば、とりわけ貸借対照表（Balance Sheet：BS）における流動資産、つまり在庫を減らせるということでもあり、お得意さんが自社で非常に重い倉庫や配送センター等の不動産を持っている場合には、BSの資産部分を軽くすることも可能で、ROAが非常に良くなってくる。持たざる経営のツールだ。

そこまで考えて提案していくのが、本当の意味でのロジスティクス改革と言ってよいだろう。逆に言えば、荷主企業のROAにどれぐらい寄与できるかという

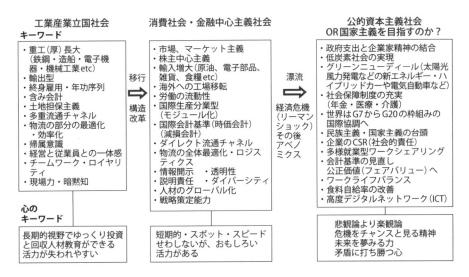

図-5.1　現代日本社会を取り巻く「産業・経済構造」の変化

ところまで提案しないと駄目だということだ。

　ところで、いま日本社会の産業・経済構造は激変してきている（図-5.1参照）。このことはロジスティクスには一見関係ないように見えるかもしれないが、実はロジスティクス改革というのは産業・経済構造変革とパッケージだと考えてよいだろう。

　日本は、あの戦後の焼け跡から工業産業立国社会としてここまで豊かになってきた。以前、1ドル360円という時代があったが、近ごろの為替のレートでは120円（当時）をタッチしている。民主党政権のときには70円台まで円高になったが、アベノミクスになって急に円安になってきた。

　工業産業立国社会のキーワードは、鉄鋼や造船などのハード産業で、国を挙げてモノづくりを推進し、輸出では1ドル360円の高額でお買い上げしてくれていた。そして、そのお金で戦後復興ができたと言えよう。

　一方、当時の企業は制度として、終身雇用であり、年功序列であった。会計制度もいまのような時価会計ではなくて含み会計だった。不動産も土地担保主義で、土地は値上がりしていくことを前提に、まさかのときは土地を売って回収すればよいということになっていた。もちろん、最近はプロジェクトファイナンスでどれぐらい利益を上げられるかというのが、銀行でお金を借りられるポイントとなる傾向である。

　また、流通チャネルにおいても多重だった。つまり、メーカーがものをつくる、その次に1次問屋があって、2次問屋があって、さらに地方の卸があって、小売店があってというふうに、いろいろな人や会社を経るという仕組みだ。いまでは、テレビショッピングや無店舗販売で、メーカーから直接商品が届くということなので、これまでのような多重な流通チャネルは崩壊しつつある。前述したように、それを可能にしたのが、ロジスティクスの観点から見た物流改革であり、それを成立させている基盤が道路網でありコンピュータを使ったICT（Information and Communication Technology）である。

　また以前、物流は部分最適であって、全体的な最適化などというのは誰の頭の中にもなかった。いまでこそ物流業界では全体最適というキーワードが出てくるが、当時は部分的な最適化だった。そして、会社においても、社員の会社に対する帰属意識が強く、経営者と従業員が一緒になって頑張ろうという一体感もあった。チームワークや企業へのロイヤリティや、現場力を発揮しながら、しっかり

としたマニュアルができていなくても、それぞれの仕事を暗黙のうちに分かっているという感じで活動していた。

　工業産業立国社会においては、すべての日本企業は、長期的な視野でゆっくりと投資と回収ができるが故に、人材もゆっくりと企業が育て上げていくことができた。しかし、欠点としては終身雇用で年功序列なので活力が失われやすいということがある。優秀であれば飛び級があるとか、経営学修士号（Master of Business Administration：MBA）を持っていたら経営管理職で入れるとか、そういうことではないので、いくら優秀でもゆっくりとしか昇進しない。

　ところが、1990年ぐらいから2000年初めぐらいにかけて、日本は消費社会、金融中心主義社会に移行してきた。特に、小泉純一郎総理大臣のときに「構造改革」が言われた。これまで日本はモノづくりで復興してきて、ある程度、外貨もためただろうし、豊かになったから、モノづくりは中進国や後進国に譲りながら、むしろ消費を中心とする社会につくり換えていこうということになった。この中にロジスティクスも入ってきたと考えている。

　それは、市場、マーケット中心主義、株主中心主義であり、生産し、輸出するよりも、アジアや中国など海外にモノづくりを譲り、または日本の企業も海外に工場を建てるなど、日本自体は、むしろ輸入を増大していこうということになった。また、労働環境も、これまでの終身雇用・年功序列から、もう少し流動性を持たせようということになった。

　このパッケージとしては、国際生産分業、水平分業、それから国際会計基準（International Financial Reporting Standards：IFRS）が入ってくる。しかし、それはまだ固まっていない。いままでの日本の企業は、含み会計で簿記式だったが、そうではなくて、不動産も含めて時価で換算しようという、国際会計基準への移行が非常に大きかった。

　そして、流通についても、多重流通からダイレクト流通に移行していった。前述したように、無店舗販売とかテレビショッピングだとか、流通の中抜きが生じた。卸や小売店があいだに幾つも入っていてみんなが利益を分け合っているために、日本の商品は価格が高い、日本の消費者は損をしていると。それが、いまの環太平洋戦略的経済連携協定（Trans-Pacific Partnership：TPP）にも繋がっていく議論だと思われる。

第2編 収益力を高めるサプライチェーン

　さらに、企業は情報の全体を透明化する、コンプライアンスの説明責任など、ダイバーシティという考え方もこのころに出てきた。では、構造改革というのはどういうものを目指したのかというと、良い悪いは別として、株主中心主義、金融中心主義の社会に変えていかなければならないということ。つまり、ロジスティクスの観点から見た物流改革というのは、このパッケージの中にあるということだ。このことを、しっかり頭の中に入れておくことが大事で、ロジスティクスを組み上げていくときに、どういうふうに企業のROAに寄与するかということが重要だ。

　最終のアウトプットは、お得意先のROAを高めるというところまで提案しなくてはいけないが、そこを理解しようと思ったら、ロジスティクスの観点から見た物流改革を進めていくこと自体が、このパッケージの中にあるということが分からないと、なかなか良い提案には持っていけない。

　株主中心主義、金融中心主義の社会は、短期性・スポット・スピードを要求され、非常に目まぐるしく、せわしなく、しかし活力があって面白いとも言えるかもしれないが、これまでのんびりやってきた人にとっては、ちょっとついていけず、忙し過ぎると言えるのかもしれない。

　では、今後はどういう社会に進もうとしているのか。この予測は実は大変難しい。リーマンショックを経て、いまアベノミクスの途上の中で、あえて「公的資本主義社会」と書くが、次なる目指す社会の姿が、いまの段階ではわからないというのが、正直なところだ。

　以前ならば、多重流通チャネルでたくさんの卸をはじめ商社、問屋があった。ところが、生産工場の海外流出に加えてそういう労働人口が不必要になり、みんなが消費社会のサービス産業に勤めることになれば、どうしても正社員が減り非正規雇用が増えてくる。

　その反省から、いまは次の段階にきていると言える。政府支出と企業家精神の融合した社会になるとか、地球環境を含め、低炭素社会、グリーンニューディールといった、太陽光発電や風力発電などをいままで以上に取り入れていこうということや、社会保障制度を高齢化社会の中でどうしていくのかという課題の解決が求められる。以前は世界を見渡すとG8という8ヶ国（あるいはG7の7ヶ国）だけで動かしていたが、いまはもうG20ということで20の国を入れて、みんなで国際協調をしながら話し合っていこうとなってきている。それから、一方では民

族主義・国家主義が台頭してきている。

　企業の社会的責任（Corporate Social Responsibility：CSR）や、コンプライアンス強化、さらなる会計基準の見直しとか、ワークライフバランスなど、これからどうなるかまだ分からない。いま、社会や経済の仕組みをつくり換えていっているところだが、こういうときに、本章のテーマであるロジスティクスの観点からの物流改革が重要となる。

　会計基準の見直しというところで、IFRS自体がまだ固まっていないところがあるが、やはり時価会計でやっていくということ、そして株主が企業を見るときに、どれぐらい株主資本利益率（Return On Equity：ROE）[注2]やROAで判断するかという傾向がより深まってくるので、企業としてはできるだけ少ない資産で、利益がたくさん出るという財務の見せ方をしていくだろう。そして、そのためにはロジスティクスの観点から見た物流改革を進めていかざるを得なくなる。また、こうした背景の中で、企業のロジスティクスの海外展開があるという現状を押さえていく必要がある。

　ロジスティクスの観点から見た物流改革を議論するときには、まず顧客の多様で変化の激しいニーズを素早く捉える必要がある。顧客の要求する製品を、俊敏に調達、生産し、販売できるビジネスのプロセスをどう構築、提案していくかということが重要で、そのためには、情報の流れと、モノの流れの両方があるということを認識しなければいけない（図-5.2参照）。

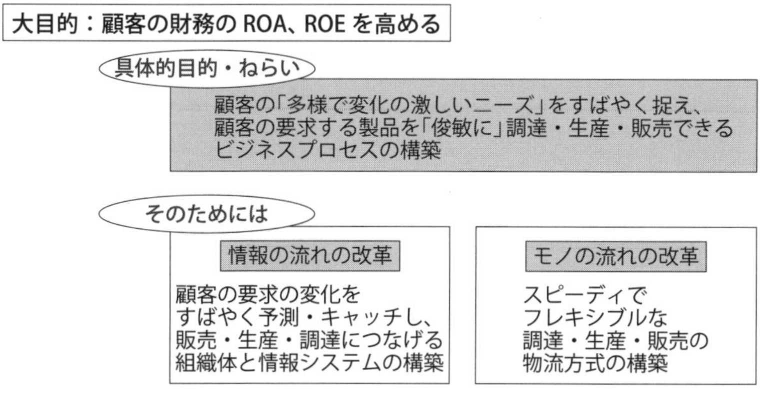

大目的：顧客の財務のROA、ROEを高める

具体的目的・ねらい

顧客の「多様で変化の激しいニーズ」をすばやく捉え、顧客の要求する製品を「俊敏に」調達・生産・販売できるビジネスプロセスの構築

そのためには

情報の流れの改革
顧客の要求の変化をすばやく予測・キャッチし、販売・生産・調達につなげる組織体と情報システムの構築

モノの流れの改革
スピーディでフレキシブルな調達・生産・販売の物流方式の構築

図-5.2　ロジスティクスの観点から見た物流改革のねらい

つまり、様々な業種があるが、例えば、食品や機械関係、紙製品、繊維など、それぞれの業界や企業が、どんなポジションにあって、どんな志向性を持って、どういう課題があるのかということをしっかり押さえないことには、ロジスティクスの観点から見た物流改革提案ができないということとイコールである。

ロジスティクスには、情報の流れと、モノの流れの両方があり、供給者、調達、生産、流通があり、消費者がいる。そこを一気通貫に、いかに効率化するかということだ（図-5.3参照）。

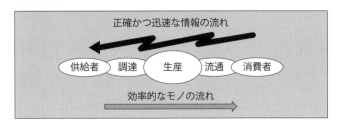

図-5.3　ロジスティクスの観点から見た物流改革とは

5.4 ロジスティクス時代に求められるもの

ロジスティクス時代の物流人材には何が求められるのか、まず必要なのは企画立案能力だろう。自社あるいは顧客の問題を発見して、その解決方法の仮説立案ができると同時に、企画を実行するべく相手を説得するプレゼンテーションのノウハウと交渉能力が必要となる。

その中でも、お得意先会社の問題を発見するのは難しい。社会や経済の流れの構造が変わってきているという背景の中で、お得意先会社がどんなことを望んでいるのかということを知るためには、その背景が分からないと、なかなか理解ができないだろう。

倉庫物流業というのは労働集約的な仕事でもある。企画立案能力を発揮して、

お客さまにプレゼンテーションをして、荷主を確保したら、今度は決まったルールの中で現場をミスが無いように動かさねばならない。

　労働集約的な物流現場において生産性を高めるためには、日々の改善の積み重ねが必要だ。業務の改善と遂行を、決められたルールの中で、しっかりと守っていくということが必要だ。また、物流の専門知識が必要だが、それは大きく分けて、輸送・保管・荷役・包装・流通加工といった領域になる。

　さらに、物流はサービスレベルとコストが強い関係性を持つ。顧客はいろいろなサービスを求めてくるが、それにはすべてコストが伴う。料金以上にサービスをして、融通を利かせれば、相手は喜ぶが、そうなると今度は自社のコストが高くなってくる。従って、コストとサービスレベルのバランスをとることが常に課題となるわけだ。

　お得意先会社も、良い提案はしてほしい、しかし物流コストは安くしたいという思いがある。物流のシステムは高度化しているが、やっていることは泥臭く、一方で高度なことを低コストでやれという荷主の要求がある。こうした二律背反する使命が物流業の大きな課題であり悩みの種と言える。

　ロジスティクス時代の物流人材のレベルについては、レベルを1から5というふうに分けて考えるとよいだろう。レベルの5というのは最高度の段階で、ロジスティクス型物流を理解して、システム的思考ができ、SCMやサードパーティロジスティクス（3rd Party Logistics：3PL）を組み立てる企画立案ができ、さらには、現場オペレーションを統合・指導できることだ。経営レベルでの理解ができ、例えばROAやROE、キャッシュフロー会計が、ロジスティクスとどう関連するのか、なかでも、在庫をどう減らせるか、顧客に関連する不動産の固定資産の部分をどう減らすかというような財務分析もできなければならない。幅広い知識と統合力、さらには、社内外の営業力やネットワーク力が必要となる。

　レベル4は、イメージとしては、倉庫の責任者だったり、物流センターのセンター長のような仕事だ。ある程度、トップマネジメントの方針に基づいた指示をちゃんと流せ、クレームに対してしっかり対応ができ責任が負えることだ。現場での出来事やマネジメントに対してきちんと説明ができるクラスだ。

　レベル3では、決められたことではない非定型な仕事ができるというクラスのイメージだ。倉庫の監督とか責任者というレベルだ。

レベル2は、ある程度の非定型的な仕事ができる現場の主任クラスだ。クレームに対しては、個人的な責任は問わないが、やはり問題や課題の抽出や実行に対する取り組みについては改善、提案ができなければいけないというクラスとなる。

レベル1はほとんど定型的、または予測可能な仕事、決められたルールに従って、決められたことをしっかり、きっちりやるというクラスだ。

物流現場で働く人たちは、大企業でも中小企業でも、レベルの1、2、3ぐらいの人が大多数で、レベル5の人はほとんどいないと言ってよい。また、養成するのも難しい。レベル2は、パートやアルバイトにしっかり指示が与えられたり、グループのリーダーとして作業の指示ができることが大切だ。

日本では、非正規雇用が非常に増えている。そういう人たちを使いこなせる人たちの養成が必要だ。弊社の場合では80％以上がレベル1か2ぐらいとなっている。おそらく、大きな物流会社でも、プレゼンテーションができたり、ロジスティクスを組み立てられる人はそれほどたくさんいるわけではないだろう。

現場では、ある程度、定型的な仕事を間違えないようにきっちりやることが重要だ。しかし、いろいろな例外事例も生じる。非定型なところで、応用問題がどれだけできるかということが大切だ。

ミスなく、きちっとやるというワーカーが必要なのが物流業であり、ロジスティクスの実態である。大きい会社とか、小さい会社というのはあまり関係がない。大きな会社でもほとんどがレベル1、2、3の人たちが下支えしていて、そこがしっかりしてこそできる仕事と言える。しかも、スピードが要求され、きちんと組み上げたシステムに載ってやることはなかなか大変なことでもある。そういう縁の下の力持ちというような業種や仕事が物流という仕事でもある。

では、物流業界の倉庫業の人たちにはどのような教育をしているのか。これは原点とも言えるような仕事で、倉庫内の作業に関する幅広い知識を習得させ、庫内の作業管理のノウハウを実習する、そして庫内の作業実務の概要を経験してもらう。自分の担当するこの業務は小さな部分かもしれないが、大きなモノの流れからいくと、どういうポジションにあるのか、そして、自分たちが扱っている商品が、海外で調達するモノもあれば、国内でつくるモノもある。また、無店舗販売で流れて行くモノもあれば、小売店に行くモノもあり、直接消費者に行くモノといろいろあるが、大きな流れを理解し、なおかつ、自分の仕事のポジションを

理解するように教える。

　そうなると、要領の良い人はポイントの置き方を理解する。全体の流れを知ると、ちょっと力を抜いてもよいところとか、ここは外せないなというようなポイントがわかってくる。また、われわれの世界では、整理・整頓・清掃・清潔・しつけというＳが付く五つのことを徹底してやる。こういう積み重ねが間違いやクレームを事前に防いでくれる。

　QC（Quality Control）サークルというのは、改善、改訂を常にやっていく作業だが、作業の改善を常に考える。例えば、もう少し効率良くできないか、人数の配分や、より便利な方法などを常に考えている。それらをできるだけ標準化、マニュアル化して、作業品質の向上を図っている。また、当たり前のことだが初心者には、物流の機材そのものについて一から教え、さらに現実の作業実習を行って、ミスがでないように注意している。

5.5 ロジスティクスの観点から見た物流改革の事例

　ここでは、具体的にロジスティクスの観点から見た物流改革について、私どもの重要なお得意会社である東洋紡績（株）をメーカーとしたダイヤモンド毛糸グループを例に簡単に紹介しよう。図-5.4を見てほしい。

　実は、当社の、SCMの導入提案については、初期の頃、私自身が非常にひんしゅくを買った。なぜかというと、得意先の地方の卸問屋を中抜きしたからだ。つまり、いままであった地方の代理店をすべて廃止することで事業自体の再編成をする提案だった。

　メーカーである東洋紡績（株）が製造して、それの総発売元のダイヤモンド毛糸（株）は、いわゆる古い流通形式で商売をしていた。つまり、全国にたくさんの代理店を置き、小売店も同じように配置するという、いわゆる多重流通チャネル方式だった。しかも、非常に旧式の総代理店、問屋だったが、私どもは次のような提案をした。情報の一元化とダイレクト配送ということで、私どもの倉庫から、全国にある２千店の小売店に、直接発送をするという物流改革提案だった（図-5.4参照）。

　もう少し具体的に述べると、東洋紡績（株）というメーカーがあり、そこの総

第2編 収益力を高めるサプライチェーン

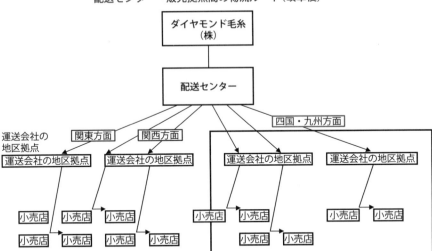

図-5.4 ダイヤモンド毛糸グループの事業構造の変化（改革後）

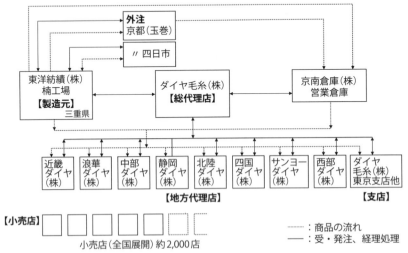

図-5.5 ロジスティクスの観点から見た物流改革（ダイヤモンド毛糸グループの例）

代理店であり、総発売元のダイヤモンド毛糸（株）があり、その下に卸問屋として近畿、難波、中部、静岡、北陸、四国と全国に地方の代理店さんを持っていた。そして、地方の代理店から小売に商品が流れるという商売の構造を持っていた。

当時の情報の流れやモノの流れは、小売店から電話とかファックスで代理店に注文がいく。そこから総代理店に注文がいって、さらにそこからメーカーにいく。当時の私どもの位置付けは、配送センターだった。業務としては、地方の代理店の倉庫に荷物を送り、そこから小売店に配送をする。つまり、情報もモノ（商品）も何重もの段階を経ながら展開していた（図-5.5参照）。

これをもっとシンプルにすることを目論んだ。つまり情報が分断されているために参加企業の機能が不明確だとか、代理店が注文を聞いて商品を出すというだけで、代理店が本来の販売する機能を果たしていないのではないかと問うたのだ。また、すべてが高コスト構造になっていた。例えば、在庫、入力業務、物流の重複、さらには在庫収納スペースも無駄が多く、さらに、配送車両も全国を走り回る仕組みになっていた。

そのほかにも、当時、繊維業界ではロジスティクスという言葉の前にクイックレスポンス（Quick Response：QR）というのがあった（図-5.6参照）。すべてQR

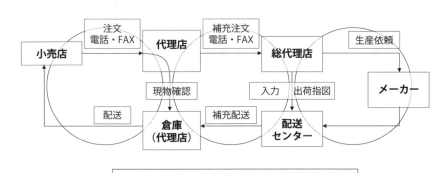

図-5.6　ロジスティクスの観点から見たQRの問題点

でやりましょうということだったが、コンピュータが小売店に入っているわけではない。つまりその実態は掛け声だけだった。いまは、コンビニではすべてPOS（Point Of Service）システムを取り入れているが、当時はそんなものはまったくなく、電話やファックスで処理していた。

そこで、地方代理店は販売を促進するという機能だけに特化して、物流機能と分けてはどうかと提案した。代理店としても危機感を持っていて、販売促進だけの機能となり、モノの流れから見ると自分たちが必要なくなって中抜きされるのではないかと心配した。しかしながら企業構造自体が変わってきて、実際にそうなっていった（図-5.7参照）。結果的には、全国2千店の小売店に直接モノを運ぶことになった。それによるトータルコストの削減はたいへん大きなものだった。

この時、私どもの倉庫は得意先企業に対して、ROAやROEにどう寄与するかということまでには直接的に関与することができなかった。ただ、物流を変えることによって、会社の構造が変わると、かならずトータルコスト削減に繋がるという提案をした。

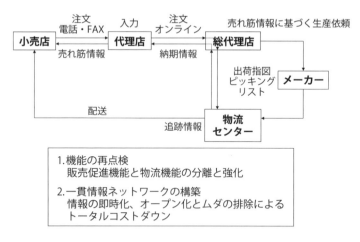

図-5.7　新しいQRシステムの構造

現在では、最初から地方代理店などを置かずにビジネスが成立しているところが多い。しかし、世の中には、まだまだ旧来の方法で対応している会社もある。

ダイヤモンド毛糸のグリーン物流では、いかにCO_2を減らすかという提案をし

た。「ダイヤモンド毛糸6Gプロジェクト」(図-5.8参照)というコンセプトで、商品自体もグリーン、段ボールなどもグリーンパッケージで、グリーンな環境に配慮した配送をし、ショップについても私どもがデザインを担当して、環境に配慮したグリーンショップにつくり換えていった。

また、グリーンティーチャーということで、商品は毛糸玉で編み物と関係が深いので、手作業により、環境に配慮したものとした。消費者自体も、手編みのセーターやマフラーをつくることが少なくなっているが、まだまだ需要はある。そこで、これらの商品に対して「6G」というコンセプトを提案した。

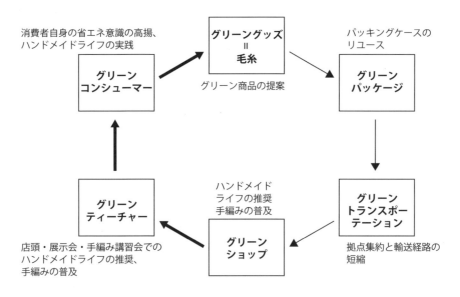

図-5.8　ダイヤモンド毛糸6Gプロジェクト：生産から消費までをともに結び合う六つのグリーン

次に、ロジスティクスの観点から見た物流改革に加えて「6G」のコンセプトで、パッケージのデザイン等の提案もさせていただき、通函方式を取り入れることでパッケージを再利用し、輸送距離や輸送回数を減らして、最終的にCO_2の排出削減を計算して排出量を4分の1に減らすという提案で、実験をさせていただいた。これは、経済産業省の補助を受けて、得意先と一緒に提案したプロジェクトであり、結果的には高い評価を受けることができた。

パッケージのリユースと、リードタイムを減らすということで、輸送距離を減らしているので、CO_2の削減にはずいぶん寄与したのではないかと考えている。そのほかにも、さらなる代理店の構造を変えたり、拠点を減らしたりと、様々なチャレンジをした。

いまある事業を改革すると、必ず必要のないところが出てくる。身を切らないといけないことが出てくる。それを実現できたポイントが実はある。それはやはり、メーカーの東洋紡績（株）の力だった。会社の規模は総代理店よりメーカーが大きく、メーカー側がこの部門で赤字を出していた。つまり、財務内容が良くなかった。ゆえに大きな改革を求めていた。

では、どこまで顧客のニーズに合わせた商品を供給するのか。これが大きな問題だった。ロジスティクスの発想に対して、常にチャレンジするメーカーだったからこそ、この構造を理解できたということもあった。また、代理店自体の財務内容も良くなかったために、これを改革するためには、私どもの提案を受け入れるしかないと判断された。

しかし、そうは言っても、抵抗はあった。地方代理店の抵抗だ。地方の代理店は独立型もあれば、総代理店の株が入っているところもある。また、全国展開していたので、いろいろな代理店筋があり、それらも総反対だった。構造改革というのはそう簡単にはできない。そこで、ソフトランディングさせていこうということになり、全部の代理店に当社から直送する仕組みを7、8年かけて、ゆっくり統合していった。

5.6 結語

このような状況はどこの業界でも同じだったと考えてよいだろう。家電メーカーも抱えている問題は同じだ。かつて全国に、何万という電気屋の小売店があった。しかし、いまでは量販店が中心になっている。通販もある。

日本の中では、多重流通チャネルをどういうふうに構造改革していくかが常に問題となる。変化できないところもあれば、思い切ってやるところもあり、形はいろいろあるが、そういう意味で、ロジスティクスは構造改革のためのツールとも言えるだろう。改めて、ロジスティクスとは経営改革のツールであるという認

識が大切である。

　これからの社会は、前述したようにいまだ社会が目指す方向性は形が見えない状況と言える。しかしそうした中でも、ロジスティクスそのものは効率的な経営改革のツールでもある。また、社会構造、産業構造そのものもロジスティクス改革により効率化していくので、ロジスティクスの観点から見た物流改革による企業社会の改革は益々進んでいくだろうと考える。

　進んでいくことはあっても、後もどりはあり得ない。また、今後はグローバルな展開の中で、新規企業や新規プロジェクトは最初から高度なロジスティクスが組み上げられることになるであろう。これからも、ロジスティクスの観点から見た物流改革の動向については目が離せないのではないだろうか。

【注】
注1) 総資本利益率（Return On Asset：ROA）とは会社が保有している総資本（総資産）をどれほど効率的に運用しているかを表す指標。ROA＝（純利益）÷（総資本）
注2) 株主資本利益率（Return On Equity：ROE）とは企業の株主資本（自己資本）に対する利益率を表しており、株主に対する配当能力を表す指標。ROE＝（純利益）÷（株主資本）

第6章 海外通販起業指南

海外通販と題したが、国際間商取引の、昨今では主にインターネットを利用した物品の通信販売業を起業するという想定をもとに、小口配送、個人向け販売、国際輸送という切り口からグローバルロジスティクスと貿易を俯瞰することを目的とする。このモデルを理解するうえで対比的に周辺環境も含めてアプローチしていきたい。ビジネスの成長段階に応じて物流、商流を構築、変化させていく分岐点がどこにあるか、考慮すべき視点を提供できれば幸いである。

6.1 海外通販ビジネスモデルの分類

通販ビジネスモデルは多様である。サービスや音楽や情報といったインタンジブル品の販売もロジスティクスに全く無関係ではない。また、ビジネスの主体も日本と限ることが必ずしも有利とは言えないので実際にはぜひ多面的に考慮いただきたいが、ここではグローバルロジスティクスと貿易の理解を目的としているため、物理的な形のある物品の取り扱い、またビジネス主体および物品も日本発着の海外向け輸出入に単純化して論を進めていく。日本産品の海外へのインターネット販売、海外品の小口輸入もありえるし、ビジネス主体は日本でありながらも海外の生産拠点で生産された商品の海外発送海外輸入というケースも考えられるだろう。

販売者拠点は日本、海外拠点またはパートナー企業の有無、顧客特性、顧客の購入目的・需要、顧客所在地、考慮することは多いが、ビジネスで提供する価値に最も適したロジスティクス、サプライチェーンを成長フェーズに応じて随時組み立てることが肝要である。

6.2 商流の類型

(1) 日本から輸出する場合
a. 外国（個人）からの発注を日本に所在する自社で直接受注し個人に発送する場合
　租税条約が交わされている二国間での取引となる場合、一定の条件を満たして

いる場合に限り、法人税については事業所在国での納税を許される。ただし、満たすべき条件については十分な注意が必要である。

図-6.1　外国（個人）からの発注を日本に所在する自社で直接受注し個人に発送する場合

　専門的な議論はここでは避けるが、租税条約とは二重課税や脱税防止を目的として主に二国間で交わされる合意事項である。二重課税とは、多面的な課税の考え方に由来している。国内取引の場合は事業主または人格の所在地と利益を得た場所が同一であるが、国際取引の場合これが二国（または多国）間となる。例えば事業主は日本に所在し販売先がドイツの場合、日本国は事業主の所在を理由に課税したい動機があるが、ドイツ国としてもドイツ国内市場で利益を上げていることに着目して課税したい動機がある。法人税などの直接税を仮に各国一律25％とすると、双方が課税する二重課税の場合、単純計算しても二ヶ国分合わせて利益の50％を納税することとなり、当たり前であるが一ヶ国で納税する25％の倍になる。そのような利益費用構成で50％課税の国際取引が25％課税の国内取引も競合する市場で戦い得るだろうかと考えれば、理論的に国際取引の妨げになるであろうことは容易に想像がつく。このことをどう考えるかは各国家に任されているわけであるが、国内経済市場の発展に不利と捉え、課税の譲歩より相手国との取引活性などを含む市場活性のほうが相対的に国内経済において優位と考える国家は、譲歩の取り決めを行う合理的な理由がある。

　2016年8月現在、日本と租税条約が交わされているのは65ヶ国・地域、54条約、関連する協定などを含めると97ヶ国・地域、66条約となっている。条約数と国・地域数が一致しないのは、税務行政執行共助条約が多数国間条約であること、および旧ソ連・旧チェコスロバキアとの条約が複数国へ承継されていることによる。

詳細は財務省のホームページで公開されているので確認していただきたい[注1]。

租税条約の内容は締結する国家間での取り決めであるので原則自由ではあるが、経済協力開発機構（Organisation for Economic Co-operation and Development：OECD）が加盟国に対して採択勧告しているOECDモデル、途上国の状況を加味した国連モデルなどが公開されている。実際に締結される場合、当該国間の経済力関係から一定の調整を加えていることがある。

b. 外国（個人）からの発注を外国に所在する自社関連拠点が受注し日本から個人に発送する場合

受発注は外国であるため、発注者の所在国と受注者所在国間の取引となる。発注者と同じ国家に受注者が所在している場合、国内取引となる。仮に、日本資本であっても、外国に設立しておれば独立した法人格であるため設立した国家への納税義務があるため、自社関連拠点は当該国で法人税などの直接税を納めることになる。条約の解釈によるが、昨今、条約を濫用しているとみなされる取引方法があることがわかってきたため各国国税局と紛争となっている事案がある。

図-6.2　外国（個人）からの発注を外国に所在する自社関連拠点が受注し日本から個人に発送する場合

外国に所在する自社関連会社が例えば100％出資の現地法人子会社とする。この現地法人子会社が資本関係のない対等な立場にある取引法人として考えてみると、それぞれ利益は公正に得られているはずであるので、それぞれの利益に対して適切に課税されるであろう。しかし、二社間に資本関係つまり力関係がある場合、利益を二社の全体利益と捉え管理の効率性など様々な理由から一方に偏在し

た場合、適切な課税が行われていないと解釈される場合がある。本社との資本関係がある場合、自社関連拠点との取引関係（ポリシー）、利益配分が市場と同等であり不当な利益移転ではないことを事前に明確にしておくなど、説明責任はわが身にあることを自覚し、利益とは何か、納税とは何かといった原則、信義則に基づいて各国法令を遵守するよう努めるべきである。

c. 外国（個人）からの発注を海外のパートナー企業が受注し日本から個人に発送する場合

前項で述べたように、海外パートナー企業と資本関係がない場合は二社間の取引は一般公正な取引であるはずである。海外パートナー企業が当該ビジネスにおいてどのような役割を果たし、その中でどのような利益を得るのかは契約の中で明確にしておく必要がある。

図-6.3　外国（個人）からの発注を海外のパートナー企業が受注し日本から個人に発送する場合

（2）日本へ輸入する場合

a. 日本（個人）からの発注を自社で受注し海外のパートナー企業に再発注のうえ個人に発送する場合

この場合は、海外への発注者が自社（企業）のためこれは法人対法人取引（B2B）となる。発注元である個人へ外国から直接配送を行い、見かけでは個人輸入のように見える物流もこの場合は個人輸入の適用を受けることができないことに注意をしたい。誤解や認識不足、過去に事例が仮にあったとしても理由にはならない。正しい通関および納税を行っていなかった場合は追徴課税のみならず罰金が

課せられることもある。事業に関連するライセンスの許認可に影響する場合もあり、経営リスクとなるので正しい知識、認識を得るための努力は怠らないようにしたい。

図-6.4　日本（個人）からの発注を自社で受注し海外のパートナー企業に再発注のうえ個人に発送する場合

b. 日本（個人）からの発注を外国に所在する自社で受注し外国から個人に直接発送する場合

　この場合は、発注者は個人であり、物品の受け取りも直接個人が行う（輸入する）ため個人輸入が適用される。この場合、当該取引に介在し利益を構成する主体が日本国内になく正しく個人と外国との取引であることが重要である。

図-6.5　日本（個人）からの発注を外国に所在する自社で受注し外国から個人に直接発送する場合

6.3 物流の類型

　ここでは比較的単純なものに限って述べるが、法令を遵守しつつ効率的で顧客満足度の高い最適な物流を成長段階に応じて構築していくことが重要である。

（1）受注単位ごとに発送する場合

これは、受注単位ごとに出荷手配を行う場合である。自社在庫する場合、保管や出荷業務を委託する場合も同様である。

図-6.6　受注単位ごとに発送する場合

（2）複数受注をまとめて発送し到着国に着荷後、都度貨物を解体して受注単位ごとに個人に発送する場合

これは、到着国に在庫は保有せず、複数受注をまとめて発送し、到着国に着荷後、都度貨物を解体し、受注単位ごとに個人に出荷する場合である。発送国時点で個別行先が全数決まっているのが特徴であるが、発送時点で最終目的地までのラベル添付が済んでいない場合もあるので、到着国までの輸送と到着国内からの小口配送網が分離する場合などは到着国にて委託業者に貨物解体作業とともにラベル添付業務を委託することもある。

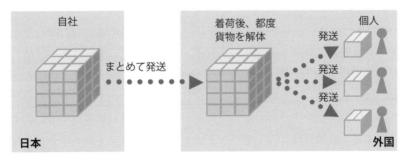

図-6.7　複数受注をまとめて発送し到着後、都度貨物を解体して受注単位ごとに個人に発送する場合

(3) 顧客に近い外国に在庫拠点を設置し受注単位ごとに委託業者から個人に発送する場合

これは、到着国に適量を在庫しておき、受注単位ごとに到着国に所在する委託業者から個人に出荷依頼を行い個人に発送する場合である。

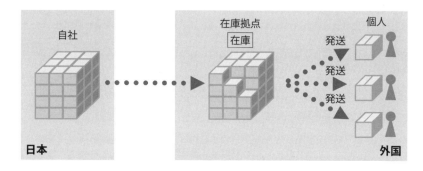

図-6.8　顧客に近い外国に在庫拠点を設置し受注単位ごとに委託業者から個人に発送する場合

①在庫拠点国に、現地法人などの関連会社を設立またはパートナー企業を持ち、在庫の所有権を現地の企業に移転する場合
②在庫拠点国に現地法人を設立せず、在庫所有権を移転せずに在庫を行う場合

　①と②では物流は同じだが商流は異なることに留意したい。②の場合、着荷時点では販売が確定していない、つまり一般には課税価額が決定されない[注2]ため、特別な措置を取らない限り原則的に着荷時点で輸入通関は難しい。一般には保税状態（通関を行っていない状態）で保管し、受注後販売が確定した時点で出荷依頼を行い、販売確定分のみ都度通関を行う。保税の場合、委託倉庫の許認可に応じた保管期間や保管品の量などに制限がある場合がある。②のように販売者が輸入国非居住者の場合、その他の条件が付加される場合があるため、直接税制を含め各国法令の調査を充分行い安全な商流、物流を慎重に組み立てる必要があるが、現地法人の維持管理コストやパートナー企業へのコミッションを最小化しつつ、市場により近い地点に在庫拠点を持ちリードタイムを短縮することで顧客満足度を向上させるメリットがある。

6.4 関連する費用

　輸送に関連する費用は、自国内輸送費用、輸出通関諸費用、国際輸送費用、相手国輸入通関諸費用、相手国内輸送費用、および各期間における保険に大別される。どこをどう切り分けるのも理論上は自由であって、どこをどう負担するかは取引先（顧客）との合意事項である。合意内容に誤解がないよう、わかりやすくするためによく使われる貿易取引条件をインコタームズ（International Commercial Terms：Incoterms）として類型化した国際規則が国際商業会議所（International Chamber of Commerce：ICC）で制定されている[注3]。

　これはICC加盟国間で取り決められたものであり法的拘束力もない。しかし、一般に国際物流における共通言語であるので、原典を一度は見て正しい理解をしておきたい。これらを軸にさらなる条件があれば付加し誤解なくスムーズな取引としたい。誤解がもとで取引関係が悪化した際の返品の発生、ビジネスそのものの解約、保険未加入での事故発生時の実損負担などは利益を直接圧迫するため、十分な準備を通じて事故を最小化することがコスト削減の早道である。なお、費用負担とはすなわち責任負担と同意であると解釈されることには十分に留意をしておく必要がある。

6.5 委託業者

　これまで述べたように輸送フェーズごとに分離して発注することも理論上は可能である。船舶や航空機など運送資本を持ち全輸送行程の主たる部分を占める港（空港）から港（空港）までを輸送する一般に2PLと言われるキャリア（Carrier）などは、それぞれの事業効率性のため相応の物量を有しないと有利な取引は難しい。そこで貨物を取りまとめる外部委託業者いわゆるサードパーティロジスティクス（3rd Party Logistics：3PL）と呼ばれるフォワーダー（Forwarder）がキャリアと荷主との間に立ち、キャリア向けには貨物を取りまとめ、荷主向けには様々な手続きやドアからキャリアに引き渡すポートまでの輸送の手配、通関の委任代理や情報提供などを行うといったサービスを提供する。

　仮に同じキャリアに最終的には搭載されるとしても、仲介するフォワーダー

が提供するサービスは種類も範囲も強みも多様であるので、荷主にとっての利便性は様々である。例えば、運送業とともに通関業も行っているフォワーダーに委託すると、輸送と通関を同じ事業体に委託することもできるため、着荷後連絡が入り、通関申告を行い、完了してから配送手配を依頼する、といったような手間を一部省きつつ、一気通貫でリードタイムの最小化もできる。また、自社商品の理解に専門的な知識を要するなどの場合は都度通関業者を変更すると商品説明に長い時間を要するなど時間的な損失もあり、万一誤解があった場合の修正申告の手間などのリスクが高まる可能性がある。そこで、自社商品に精通した通関代理店一社にまとめて通関リスクを最小化しつつ、切り離した輸送部分は随時費用管理していくという方法も考えられる。費用だけでなく、輸送モード、輸送網、通関場所、通関にかかる時間、取り扱いが自社か委託業者か、説明の充実といった各社の特長や制限は様々である。

　輸送費だけで言えば、多くの貨物を取りまとめられるフォワーダーは、理論上は貢献度に応じて有利なレートをキャリアから引き出せるはずである。また、とかく相手国の通関や輸送事情など、言語や文化の壁もあって、一般に日本国内事業者や個人が入手することは簡単ではない。相手国輸入通関業者や相手国の国内配送会社と直接コンタクトして費用見積もりを入手し、指示を都度するというのには相応の手間がかかる。相手国の輸入通関の事情が分からなければ必要事項を理解し書類を整えるだけでも相応の時間も手間も費用もかかる。ネットワークを通じた情報提供やケアの充実はフォワーダーにとって欠かせないサービスコンテンツの一つである。また、流通加工や倉庫業を併せて持つ事業体も多い。

　また、キャリア（2PL）とフォワーダー（3PL）の機能を併せ持つ国際宅配業者インテグレーターと呼ばれる形態もある。輸送機材を持ったうえで小口貨物から大型貨物まで多様な貨物の取り扱いを自社で行い、通関、届け先配送手配まで一気通貫で委託を受けるものである。各国の国際空港でインテグレーターのロゴがある貨物専用機を目にしたこともあるかもしれない。インテグレーターは、一般には手間がかかり非効率な小口貨物であっても発地からのバーコードラベル添付を徹底するなどで標準化、集約管理を進め、自社フライトによる待機時間の圧縮、一定の基準を満たす貨物の一括電子通関なども含め、発地ドアから着地ドアまで全輸送区間の一括受託、全輸送期間の短縮、低廉なコスト、発地ドアから着地ド

アまでの配送状況の随時提供といった利便性を提供している。ただし、現在は一般フォワーダーが現地でインテグレーターや小口配送業者と委託契約を交わし、小口でも受取人ドアまでの配送が可能である場合も多く、形態による差は縮まっているのが現状である。

ここまででも要素が多すぎてどこをどう優先順位づけし、どう外部委託業者を選定すればよいのか迷うという印象を持たれる向きもあるだろう。ある程度取引量が増え、物量が増えるとさらにその悩みと煩雑性は増す。そこで、荷主に代わり一括窓口となる物流コンサルティング機能を主たる業とする事業者（4PL）が出現してきている。自社で物流を管理する意味と価値、本業とのバランス、リソースの配分などを十分に見極め、自社の利便性に適したサービスを選定したい。

6.6 通関（輸出入）手続き

輸出入手続き、通関責任は通関を行う荷主にある。通関代理店に手続きの代行を委任することが一般的であるが、相応の知識は必要とするものの自社自身で通関を行うこともできる。通関の主な目的は、関連する関税等の公租公課の徴収、関連法規制の遵守・監督、貿易統計の整備にある。商品財貨の品名、性質、目的、数量、価格などを含め通関申告を行うが、その申告責任は荷主にあるため自社が取り扱う商品の内容について通関に必要な資料を揃え主体的に備えたい。例えば食品などは成分比率、製造過程によって申告内容が違う。製造者との十分な意思疎通を通じ、通関後の販売責任の担保も視野に入れて製造者との契約、保険等の準備を行う必要がある。

必要に応じて税関は内容品を開梱し実地検査を行う。そのためのリードタイムの延長、損失は考慮に入れておく必要がある。

代理委任には、直接代理と間接代理がある。例えば日本の輸入通関委任は代理人である通関業者が委任者（本人）に代わり通関手続きを行うのであって、権利義務は委任者（本人）に直接帰属する。これを直接代理と言う。各国には、間接代理を認めている場合、間接代理しか認められない場合などもあるので、こちらも注意をして確認しておきたい。個人で海外通販サイトから購入すると輸入者は

個人（購入者）本人になることが原則である。場合により通関時に関税・輸入消費税および通関費が発生し、運送会社から配送前に購入者に直接請求されクレームやキャンセルとなることが少なくない。関税等が発生した場合、販売者側に請求を立てる、仕向地持ち込み渡し・関税込み条件（DDP条件）を受けるインテグレーター・運送会社であるかどうかの確認、または事前に顧客への十分な説明も視野に入れておこう。

6.7 与信

　ここでは商取引上の与信ではなく、運送費用等の与信について述べる。当然各社基準が異なるが、起業当初は実績が限られている場合が一般であるため売掛が認められない場合が少なくない。運送費用込みでプライシングすると顧客には利便性が高くなるが、費用は前払いキャッシュアウトすることを考慮しておこう。

　また、取引先のほうが有利な条件でレートを取れる、取り扱いに慣れているなどの場合は、輸出の場合ならば、主に出荷側国内に関する費用を負担する本船渡（Free On Board：FOB）条件や、工場渡（Ex Works：EXW）条件、輸入の場合ならば、関税込持込渡（Delivered Duty Paid：DDP）条件などで取引先が負担する取引条件とすることも合理的な選択肢の一つとなる。

　輸入の場合で運送費の売掛ができない場合、運賃保険料込（Cost, Insurance, and Freight：CIF）条件、輸送費保険料込（Carriage and Insurance Paid：CIP）条件などで取引すると、着荷後の通関・運送手配を自ら手配するか、そのまま依頼するとしてもそれまでに取引がない事業者であれば費用の前払いが貨物引き渡しの条件になることが多く、支払いのタイミングがリードタイムに影響することも考慮しておきたい。

6.8 プライシング（建値）とインボイス

　国際取引の取引価格は売主の配送費や保険などの負担（責任）区間、支払い条件、関連法令などをインボイスに明記する。インコタームズを利用して表記することが多い。ここでも誤解のないように明確に表記したい。インボイスは取引、契約を表す重要な書類であり、通関にあたって間違いは許されない。港に着荷し

てからインボイスの修正などを行っていると貴重な時間を失うことにもなるので事前に十分に表記内容を確認したい。必須内容が法令で定められている場合もあるので漏れなく記載するようにしたい。

　商取引としての価格は取引当事者双方が合意すればよいようなものであるが、物流においての意味は（価格を課税標準として関税を算定するものが対象ではあるが）主に通関における課税価額にある。課税価額の算定方法の詳細は各国の国内法の定めるところによる[注4)]ので輸入国の法令を十分に確認する必要があるが、ここではその考え方について簡単に触れておきたい。

　取引価格には取引条件に応じた保険や輸送費用が含まれているものと考え、関税は基本的には輸入国の関税領域に到達した地点の価額をもとに計算される。取引条件がEXW条件の場合、その価格には輸入国までの輸送費用は含まれていない。そこで、輸入国までに実際にかかった輸送費用などを加算し、輸入通関の課税価額を算定し、その課税価額に対して関税率を掛け関税を決定する。DDP条件の場合、輸入通関費用や仕向地配送費用、関税が含まれているので、所定分差し引き課税価額を算定する。

　しばしば、サンプル品や使用済品、代替品など無償品であるため、価格をゼロとしたインボイスを見かけるが通関の意味においてこれは正しくない。買主の誤解を避けるための通関用といった付記は構わないが、無償品であっても関税等の諸税を納める義務は免れるものではないので、誤解のないようにしたい。また、関税が無税であったり従量税が課されたりする場合でも通関は貿易統計の目的も併せ持つので、正しい価額で申告する必要がある。

　課税価額は、原則的には先に述べたように取引価額によって算定されるが、中古などの場合で原則的な方法が取れない場合には、同種や類似貨物の価格により算定する方法、国内販売価格に基づく方法、製造原価に基づく方法などの方法も法律で規定されている。方法も任意に決定してよいものではないので十分な理解を行い正しい納税を行う必要がある。日本に輸入する場合は税関のホームページに紹介されているので参考にするとよいだろう。

　会計基準に応じた売上計上に関連する出荷・着荷実績情報の共有方法にも着目しよう。海外在庫拠点からの出荷確認、配達証明の入手などの簡便性は財務会計に少なからず影響を及ぼす。また、国際会計基準／国際財務報告基

準（International Accounting Standards/International Financial Reporting Standards：IAS/IFRS）にある実質優先の原則（Substance over form）が前提となるため、形式的なインボイスの流れを追うことで満足せず商品の実質的な移動と支払い実績に注意を払う。ロジスティクスは生産コスト面のみならず財務会計に密接に係わるテーマである。

6.9 いろいろなリスク

(1) 破損、紛失、盗難のリスク

　破損、紛失、盗難など事故には誰しも遭いたくないものであるが、事業を継続的に行っていくうえでは避け得ぬものとして準備を怠らないようにしたい。保険で担保することが原則であるが、起こってしまうと突発的な対応に時間も手間も割かれ、信用力にも影響するため、極力発生しにくいような努力を行う必要がある。

(2) 梱包

　梱包は商品内容に応じた適切なものであるべきであり、商品内容を最も知るという意味で梱包仕様決定において荷主は重要な役割を担う。梱包の良し悪しにより事故発生確率は大きく影響を受ける。費用をかければよいというものではないが、費用対効果を勘案して熟考したい。特殊梱包を梱包専門業者などに外部委託する場合もあるが、技術的に問題のない梱包指示をするとともに、事故発生時の責任範囲について事前に取り決めをしておくことも重要である。また、運送関連保険の求償条件には梱包が含まれている場合が多い。その場合、事故や破損があっても、荷主の梱包不備による場合は保険請求が認められないので怠らないようにしたい。

　また、オリジナルの梱包資材を開発する際には、輸送ルートにおける「あたりまえ」や「標準サイズ」を考慮しておきたい。物流業界はコンテナやパレットといった標準化が比較的進められている分野であるが、一方で、主流として使われているパレットの標準サイズは日本と欧州では違うといった分断があることも事実である。商品サイズや商品特性、輸送積載効率を考えると、オリジナルの梱包材やパレットを開発することも合理的かもしれない。商品サイズや特性から開発

するのは比較的容易である。しかし、それが他国にわたった時に配送ルート上でどう扱われるか、どう見えるのかという視点を考慮して開発することは意外に難しい。例えば、輸送国での輸送トラックの標準サイズはどうか。貨物取り扱いのデポや配送先での一般的なフォークリフトのフォークサイズはどうか。発送国のそれとは違う場合、都度フォークサイズ変更を行う面倒から無理して取り扱い、破損事故などが発生してしまう可能性が高まるかもしれない。いっそ見るからに全く合わないサイズであれば面倒だと思っても無理せずフォークの調整を行うかもしれない。ただし、面倒には違いないのでフォークの調整をするのは後から、と言って取り扱いを数多ある貨物の中で後回しにされるかもしれない。すべて可能性ではあるが、様々な地域で様々なスタンダードで、多くの人々に次々と手渡されて貨物が輸送されていく現実に思いをはせて開発したい。

　表示についても注意したい。例えば、「ワレモノ」というステッカーを張ったとしよう。注意して取り扱ってほしいという意思表示をすることはできる。しかし、実際に注意して取り扱われたかどうかは貨物と一緒に歩く訳ではないので究極的には分からないのだ。また、仮に内容品が破損していたとして「注意しなかった」と断じることができるだろうか。「注意していなかった」ことが仮に分かったとしても、「ワレモノ」というステッカーを読まなかった、注意していなかったという責任を問えるだろうか。仮に英語で記載したとしても取り扱いする人々は英語が読める人なのだろうか。運送責任とはなにかを明確に理解したうえで委託したい。

　貨物上の表示はあくまでも注意喚起であることを国際輸送においてはとりわけ正確に理解しておく必要がある。必要な内容は、委託者と事前に十分な相互理解を踏まえ契約内容に明示されるべきである。そのうえでも事故は発生するものであり、発生した事故についての処置についても事前に確認しておきたい。貨物上の表示は取り扱い現場への周知を補完するものという情報の主従関係を誤ってはいけない。「Handle with care」といった抽象的な言葉で規定することの意味も限界も理解したうえで使用したい。

　物理的にだけでなく心理的にも解決する方法がある。梱包材を外部からの力を逃すような構造や部材にするだけでなく、例えば、錘のような突起物を上に載せておくとその上に物品を載せるとバランスを崩すので載せにくいという心理効果を生む。デジタルカメラなどの高付加価値コンシューマー品は盗難防止のために

外部を不透明なシュリンクラップで巻く、内容品印刷のない中箱を設け内容品を外見からは分かりにくくするといった工夫もある。そのほかにも安全な輸送となるよう工夫を凝らしたい。

(3) 輸送保険

　破損やトラブルが発生すると運送人へ代償を求められることがままある。しかし、一般的な運送責任上は商品内容についての補償は特に取り決めない限り、限定的であることには十分注意しておきたい。

　自宅に届けられた小包を開梱すると購入店舗から送られてきた購入品の新品の食器が中で割れていたとする。破損についてクレームしようとまず連絡する先は、どこだろうか。日本では商慣習として一部の運送人が求償に応じている場合があるため、購入した店舗ではなく運送人に求償することが少なからずある。しかし、これは運送約款にはない付加価値対応であることに留意が必要である。運送人は運送契約に基づき受諾荷物を目的地まで安全に輸送し相手先に引き渡す義務がある。しかし、運送責任は無限ではなく、法的賠償は運送業者の明らかな過誤によらない限り限定的なものであり上限は約款に定められていることに注意したい。上述の例の場合、届いた時の小包の外装に異常がない場合は本来運送人に全額求償することは難しい。

　詳しくは運送約款を確認しよう。各社のホームページなどに掲載されてもいるし、日本の場合は国土交通省から日本国内のものであるが、標準運送約款が出されている[注5]。

　国際輸送のものについては、各種団体が公開していることが多いのでこちらも確認しておきたい。

　そのため国際輸送において輸送保険は非常に重要な要素となる。事故や破損があり顧客からクレームを受けた場合、運送人にいきなり求償しても混乱するばかりであるので、手続きの大きな流れは理解しておきたい。保険をかけている前提であるが、事故や破損の報告が受取人からあった場合、まず運送人に事故通知を書面で行い、同時に受取り段階から遡り事実確認（受取り時、受渡し時の外装等についての運送状へのダメージ有無の記載など）と配達証明（Proof Of Delivery：POD）の提出を依頼する。これらの書類をもって保険会社に保険請求

を行う。保険会社から保険金を受け取った時点で荷主としては解決となる。損害賠償権は荷主から保険会社に移り、その後保険会社から運送人に対して代位求償を行うという流れになる。

ここで重要なことは配達時の受取り確認をする際、外装に異常がある場合は漏らさず受取人が運転手に確認のうえ配達証明上に記載しておくことである。受取り時に配達証明上に何ら記載が無い場合はその後の対応が難しくなる。受取人になった時は特に注意したい。

6.10 輸入関係他法令

国内経済、保健衛生、公安風俗の維持のために設けられている輸入規制である。取り扱う商材により関連する法令が定められ、担当する省庁が管轄する。各法令の規定に定められたとおり許可または承認を得ていることを通関時に証明する必要がある[注6]。例えば、医薬品、医薬部外品、化粧品などは「医薬品、医療機器等の品質、有効性及び安全性の確保等に関する法律」により定められており、厚生労働省が管轄する。個人輸入の場合でも数量などが厳しく規定されている。同じく厚生労働省が管轄する「食品衛生法」は、食品や添加物について言及されていることは比較的容易に想像できるであろうが、食器、容器包装、おもちゃなどにも言及があることには注意したい。中には、食器の彩色の分析結果についてなど指定機関での検査証明書を要する場合、有効期限がある。検査に長期間を要するため外国指定機関で事前準備を行う方が有利な場合には、事前に十分な情報収集を行い安全な通関手続きとしたい。

6.11 輸入・輸出にまつわる税

(1) 関税

一般には輸入時に課される税のことである。関税定率法に定められる関税、および酒税、消費税、地方消費税が課せられる。関税が無税であったとしても消費税、地方消費税は無税とはならないことに注意が必要である。関税率は実行関税率表を参照されたい[注7]。

(2) 簡易税率

　日本の場合、個人使用のものや贈りものであっても原則は関税が課されるが、課税価額が20万円以下の場合（いわゆる少額輸入）は簡易税率が適用される。また、課税価格が1万円以下の場合原則として関税、消費税、地方消費税は免除される。また個人が自身の使用目的のために輸入する場合は海外小売価格に0.6を掛けた額が課税価額となる。その他例外規定が詳細にわたり規定されているため間違いのないよう確認したい[注8]。

6.12 国際情勢

　電子商取引（Electronic Commerce：EC）通販など海外個人向け直接販売は、販売者からすると顧客の顔が見えるという面白味もあり、購入者側からは海外の品物が手元に直接届く楽しさもある。インターネットの普及により昨今益々その垣根が低くなってきている。しかし、一方で課税地点が海外になることで、各国にとっては課税の権利が海外に流出しているとも解釈することができる。この市場が大きくなるにつれ看過できない物量が移動している現状に応じて各国、地域が法整備に動き始めている。関連する法律は随時変更されるので、常にアップデートを怠らないよう注目しておくことも肝要である。

【注】
注1）財務省ホームページ（http://www.mof.go.jp/tax_policy/summary/international/182.htm）
注2）課税標準をもとに課税される物品に限る。
注3）インコタームズ（http://www.iccwbo.org/products-and-services/trade-facilitation/incoterms-2010/the-incoterms-rules/）
注4）日本の場合、関税定率法第4条から第4条の9、関税定率法施行令第1条の4から第1条の13および関税定率法施行規則第1条など。
注5）標準貨物自動車約款（http://www.mlit.go.jp/common/001034286.pdf）
　　　標準宅配便運送約款（http://www.mlit.go.jp/common/000021073.pdf）
注6）税関で確認する輸入関係他法令の概要（http://www.customs.go.jp/tetsuzuki/c-answer/imtsukan/1801_jr.htm）
注7）実行関税率表（http://www.customs.go.jp/tariff/index.htm）
注8）簡易税率（http://www.customs.go.jp/tsukan/kanizeiritsu.htm）

第7章 アパレル企業の取り組み

7.1 日本のアパレル企業が抱える問題

(1) アパレルの小売市場規模と輸入浸透率

　日本のアパレル小売市場規模はここ数年9兆円前後で推移してきたが、2014年には昨年対比100.9%の9兆3,780億円と緩やかな回復を見せている。これは専門店、インターネット通販などの伸びが寄与しているためであるが、2007年度の10兆2,850億円と比較するといまだ9%近くの落ち込みとなっており、リーマンショック前のレベルには戻っていないことが伺える。

　一方、日本国内で流通している衣料の輸入品割合を示す輸入浸透率は、図-7.1のとおり年々増加を続け、2015年には97.2%となっている（輸入数量ベース）。輸入相手国は依然中国がトップとなっているが、2007年の92.3%をピークに急激に減少し始め2015年には71.5%となった。これは中国国内の人件費高騰や中国一国への集中のリスク緩和のためにチャイナプラスワンの流れが加速し、生産国がASEAN諸国に移っていることが主な要因である。

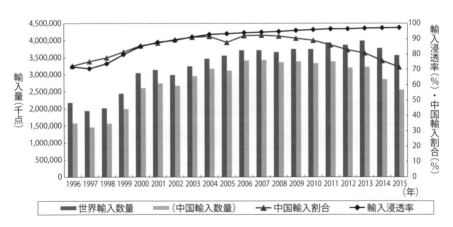

※1 衣類＝布帛外衣＋布帛下着＋ニット外衣＋ニット下着
※2 輸入浸透率＝輸入量÷(生産量＋輸入量－輸出量)×100

図-7.1　衣類の輸入量と輸入浸透率
出典：生産：経済産業省「繊維・生活用品統計」／輸出入：財務省「貿易統計」

(2) アパレル製品の生産体制の構築

前述のとおり2015年に97.2%を記録した日本の衣料品の輸入浸透率も、1990年台前半には50%程度であった。そこから四半世紀かけて衣料品の生産が徐々に海外にシフトしてきたわけであるが、生産国（地域）も台湾から韓国、香港、中国と変化してきており、近年ではインドネシア、ベトナム、タイ、そしてミャンマーなどの比率が増加の傾向にある。

しかし、一般的に素材から製品まで一貫して自国内で生産が可能な中国に比べ、大半の素材を輸入に頼っているASEAN諸国における生産体制では、サプライチェーンがより長くかつ複雑になる傾向があり、調達物流の緻密な管理が生産性を大きく左右する。ここ数年ASEAN諸国への生産シフトを進めてきた日本のアパレルも上記のような理由により、クイックレスポンス（Quick Response：QR）体制などを構築し直すなどして中国生産への回帰も含めたグローバル生産体制の見直しを進めている。

そこで、アパレルのグローバル生産体制は一般的にどのような要因で決定されるかを見ていく。

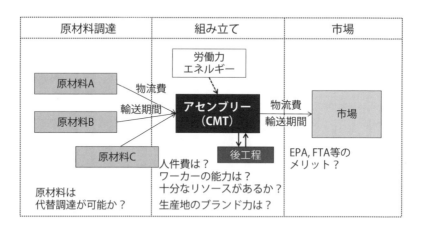

図-7.2　グローバル生産体制の構築

アパレル製品のグローバル生産体制は様々な要因を考慮して決定される。素材調達から組み立て、販売に至るサプライチェーンにおいて、素材に次いでコスト

上における比率が比較的に高いのがCMT（Cut, Make&Trim）と呼ばれる組み立て工程である。組み立て工程は縫製工場を中心とした場所で行われ、ミシンや編み機、プレスなどを使い、供給された生地などの原料を製品にする場所である。アパレル製品の縫製工場は自動車、鉄鋼、半導体など他の業界に比べ相対的に設備投資額の規模は小さいと言えるが、従事している工員数も多く生産コストにおける人件費率は高い。つまり、組み立てを担う縫製工場の立地の決定には労働力の豊富さ、質、そしてコストが大きな要因となる。また、原材料を組立工場に運び、そこで生産された製品を販売国である市場に運ぶという物流工程に付随する運賃や輸送期間、そして自由貿易協定（Free Trade Agreement：FTA）や経済連携協定（Economic Partnership Agreement：EPA）など輸入に関わる関税などの減免が受けられる制度の有無も考慮しなくてはならない。

　上記に加えて、その国で生産する際に考えられる様々な付帯リスクを加味したうえで、アパレル製品のグローバル生産体制は決定される。

(3) 消費者嗜好の多様化と販売チャネルの多角化

　近年、消費者のファッション嗜好はますます多様化の方向にあり、その傾向は、毎月、書店の店頭に並ぶファッション雑誌の種類の多さを見ても明らかである。日本においては近年消費者のファッションリテラシーも大きく向上し、胸のワンポイントマークやブランド信仰による横並び主義ではなく、ファッションを「個を表現する手段」として位置づけるようになってきた。インターネットなどを経由し世界中のファッション情報が即時に入手可能なうえに、海外の製造小売業（Specialty stores of Private label Apparel：SPA）の日本における積極展開も相まって、近年の消費者は取捨選択できるファッション情報に事欠くことがなく、結果として消費の多様化を生む一因となっている。これにより供給者からすれば、次に何が売れるかの需要予測が困難になって来ており、特に企画から生産、店頭投入まで数ヶ月を要すアパレルの生産体系では、商品企画の精度により見込み生産の数量が大きくぶれるリスクをはらんでいる。

　また販売チャネルの多角化も、アパレル小売全体が取り組むべき課題として挙げられる。従来はアパレル製品の多くが百貨店等の小売店で販売されてきたが、近年、百貨店における衣料品の売り上げは減少の一途を辿り、代わりにショッピ

ングモールやセレクトショップなどの専門店での販売が急激に増加している。またそれらの専門店も、近年衣料品のみならず、雑貨、インテリア、家具などライフスタイル商品全般を取り扱う形態へと進化してきている。ここ数年注目を浴びてきたインターネット通販も、時代の要請でオムニチャネル化を余儀なくされており、アパレル企業としては更に緻密な在庫管理と精細なサプライチェーンマネジメント（Supply Chain Management：SCM）が要求される。オムニチャネル化された流通形態においては、従来、販売店などのリアル店舗と電子商取引（Electronic Commerce：EC）などのデジタル店舗がそれぞれ単一の接点で消費者と接していた形態が、リアルとデジタルを垣根なくシームレスに繋ぐことで販売店側としても購買履歴などのデータを高次元で活用することが可能となり、消費者としても購買や返品に関する利便性も大きく向上することが期待される。

一方、最近の日本国内のアパレル業の新店舗の展開状況を見ると、数年前と比較して大幅に欧米外資の巨大SPAの出店数が増加しており、先進的なアパレル小売のシステムが丸ごと日本の市場に積極展開している。これにより日本のアパレル市場においては、オーバーストア、オーバーブランドと言われる状況がさらに加速し、競争も激化し日本のアパレル小売業としては脅威となっていると言わざるを得ない。

(4) 日本のアパレル企業が抱える問題とサプライチェーンの最適化

日本のアパレル企業が抱える様々な問題の背景を以下の四つに分類してみる。

①生産コストの増大
②海外生産増による生産管理、物流の煩雑化
③販売価格の低下、競争の激化
④消費者嗜好の多様化と減少する市場規模

このような状況下において、刻々と変化する市場からの要請に俊敏に応えるためには、原料調達、生産から物流、販売までのサプライチェーンを最適化していくことが必須となる。しかしアパレルの生産体系は一般的に、企画、調達、生産から店頭投入まで、比較的生産リードタイムが長いと言われている。また、素材

や原料の調達も多岐に渡る一方、生産では自社工場ではなく委託工場の形態も多く、結果としてサプライチェーンは原料調達から生産、店頭まで一本の線ではなく、蜘蛛の巣のように複数の企業同士が相互に関与し合っている形となっている。

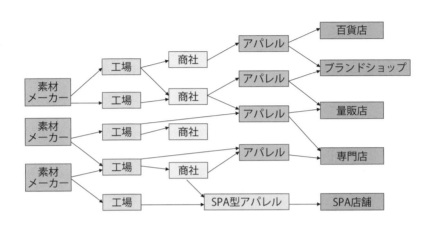

図-7.3　アパレルのサプライチェーン

前述のとおり日本で流通している商品数量の97%超が海外生産であるという現実があり、しかもその生産国も中国からASEAN諸国に移っていることから、サプライチェーンはますます伸張する方向性にある。調達物流は複雑を極め、作り場である海外の生産工場から、商品が販売される店頭までの一貫したサプライチェーンの効率化なくしてはアパレル産業の生産性の向上は成り立たない。そこで、調達物流の効率化、短縮化を成し遂げる様々な物流手法が不可欠となる。

7.2 アパレル企業と商社の取り組み

(1) 海外生産の勃興と商社〜アパレル間の取り組み

　日本のアパレル企業と商社の取り組みは、海外生産が急増した1980年代後半から活発になった。当時日本のアパレル企業は自社で日本国内の工場を運営したり、他の協力工場へ生産を委託したりしていた。その際、商社はアパレル企業へ生地や素材を納入する役割を担っていた。しかし日本国内での人件費増、縫製業

従事者の不足など急激な環境の変化もあり、国内生産のコストも増加しアパレル企業は海外での生産を余儀なくされた。そこで海外での知見、ネットワークを持つ商社に海外生産の機能を委託することとなった。

商社は原材料を手当てし縫製工場に送り込み、現地での生産管理、品質管理を行う。そして出来上がった製品を日本国内に輸入し、アパレル企業が指定した倉庫に納める。アパレル企業は店頭での販売状況を踏まえながら、製品を倉庫から店舗に配送する。このようにアパレル企業と商社の間では、製販の棲み分けが生まれ、それぞれの機能に特化するようになった。

図-7.4　商社～アパレル企業間の海外生産のフロー

90年代には韓国、台湾から、香港、そして中国国内へと、現地の人件費、素材調達の利便性など、生産に関わる環境の変化を踏まえながら、生産国は変遷していくこととなる。そして商社は素材の背景を押さえながら、新たな生産地、生産工場を先駆けて開拓するなど、アパレルから見て生産を担う重要なパートナーとして機能していくこととなる。しかしこれはアパレルから見ると、従前、日本国内で自主管理していた生産機能を第三者企業に委託することになり、利害関係の異なる二社間で収益の調整を行う必要性が生じた。

(2) 商社～アパレル間のサプライチェーン

ここで二社間に跨るサプライチェーンの詳細を見てみる。一般的には様々な制約条件から生産国、生産工場を決定し、アパレル企業が企画し商社に発注した商品の原料、素材を手配するところから始まる。縫製工場の生産スケジュールに合わせ、原料、素材を送り込むこととなるが、調達国は縫製工場の所在国

と異なる場合も多くある。素材の納期遅れは生産計画に大きな影響を及ぼすこととなるため、緻密な管理が必要である。このプロセスは一般的にSRM（Supplier Relationship Management）と呼ばれている。この生産に関わるプロセスは商社の生産管理部門が担当する。

そして出来上がった商品は海外の物流センターに送られ、検品などの作業を行った後に日本へと輸入され、アパレル企業指定の倉庫に納入される。商社でこの部分を管理する部署は物流部門と呼ばれている。次にアパレル内でも物流倉庫から国内店舗までの配送を担うファンクションがあり、通常、物流部門と店舗営業部門、DB（Distribution）部門などが協働して行う。

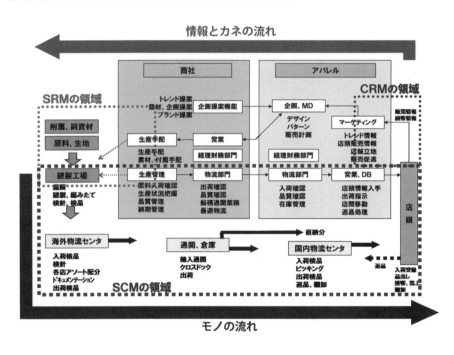

図-7.5　商社〜アパレル企業のサプライチェーン

この製品から店頭までのプロセスがSCMの領域であり、表記のとおり複数の部署間で様々なプロセスが介在する。そしてこの部分の全体最適の可否がサプライチェーンの生産性を大きく左右する。

前述のとおり「モノ」の流れと、「情報」と「カネ」の流れは逆行するため、店舗からの情報に基づいて生産を調整したりするSCMの全体最適化は容易ではない。

7.3 アパレル業界におけるSCMと手法

(1) アパレル業界のSCM

一般的にSCMとは素材、材料の調達から生産、物流、店頭、そして販売までのプロセスにおいて、異なる企業間の垣根を超えて、IT（Information Technology）などの手法を取り入れながら全体最適のために効率化を目指していく手法のことである。刻々と変化する小売サイドにおける需要の変化を詳細に把握しながら、適時生産調整を行ったり、配送計画を実行したりすることで、サプライチェーン全体の売上げ、収益を最大化することがSCMの目的である。

ここでアパレル店頭における需要の発生について考えてみる。従来、衣料品の購入は固有のモノに対する需要（デマンド）に支えられてきたと考えられる。例えば冬になり寒くなったからコートが必要であるとか、夏暑いからTシャツを買うなど、モノが必要な状況に接し、そのモノを探し複数の同業他社などの小売店を訪問する状況が最終的に購買へと結びついていた。しかし昨今、一般的にたんすの中にはたくさんの衣料品があふれている状況において、特定のモノを購入しなければならないという喫緊の状況はなかなか存在しない。そこで衣料品の購入はコトの購入へと大きくシフトしてきており、消費者は商品を購入するプロセスを大事にする傾向にある。いわば衣料品の購入は目的買いではなく、衝動買いに近い形態になってきている。もし店頭に自分のサイズや気に入った色、柄などの在庫が無くても、その同等の商品を他の店舗で探し回らずに、まったく異なる他の種類のモノやサービスなど、コトの消費に回すことが頻繁にみられるようになっている。特にアパレル商品の場合、消費者が購買の意欲を持って店頭を訪問した際に在庫切れが起きていると、他の業界などへの「代替消費」を生みやすいとも言える。つまり消費者が店頭を訪問した、その瞬間のチャンスを逃さない為に、必要な商品を、必要な時に、必要な場所に、配置することが肝要である。

しかし、需要を事前に把握してあらかじめ店頭に適量の商品を配置することは容易ではない。特にアパレル商品では次のような様々な固有の特徴がある。

① トレンドや天候に左右されやすく需要が急変する。
② 生産リードタイムが長く需要発生後に生産しても間に合わない。
③ 生産地も海外がメインでサプライチェーンが長い。
④ 商品のファッション性が高い際は、1デザイン毎に小ロットでの生産がメインとなる。

そのためサプライチェーンの設計においても、店頭で機会ロスを起こさずに、かつ適切な生産量を保持するための、様々な施策が取り入れられている。

(2) 海外アソートとクロスドック

輸入された商品は、商社の手から離れアパレル企業が指定する倉庫に納品される。ここでは納品された全量のうち、①まず初回納品分として店舗のサイズ、規模、売上げなどに基づき初回納品数量が決定され、各店舗向けに商品の配分を行い、梱包、出荷され、その後、②店頭での販売状況などを踏まえて、逐次、残在庫から必要数量を各店舗に追加投入する。

上記の②のプロセスは店頭の最適化の為に日本で行うことが必要であるが、①はあらかじめ各店向けの必要数量が分かれば、海外倉庫で商品を店舗別に配分し個別に梱包することが可能となる。これにより①のプロセスに必要な時間とコストが大幅に削減される。このように本来日本で行う初回納入数量の配分を海外で行うことを、海外アソートと言う。日本での輸入後に商品の品質を確認する検品作業を行うこともあるが、上述の海外アソートを行うためには、海外での配分作業の前に現地において検品を行うことが必要となる。

また、海外アソートされた商品は、日本の営業倉庫での追加作業を発生させずに、営業倉庫到着後に即、出荷を行うことも可能であり、文字どおりドックを通過するだけという意味で、クロスドックと呼ばれている。

(3) バイヤーズコンソリデーション (Buyer's Consolidation)

商社が海外から輸入する商品は、その発注量の多寡により毎回の出荷がコンテナ単位 (Full Container Load：FCL) になるとは限らずに、1コンテナに満たない小口での輸送 (Less than Container Load：LCL) を強いられるケースもある。こ

の場合は輸入者として単位あたりの海上輸送費用が増加するばかりでなく、日本国内到着後も、他社の貨物と混載で積みこまれているコンテナから自社の貨物を引き取るプロセスに余分なコストや時間が発生する。

そこでしばしば、バイヤーズコンソリデーション（Buyer's Consolidation）と呼ばれる手法が用いられる。これは海外の工場から一旦、輸入者が指定した海外の倉庫に納品された商品を、輸入者が同地区の他の工場に発注した商品と同じコンテナに自社で混載（コンソリデーション）を行い輸送費用を削減する試みである。また複数件の荷物をバイヤーズコンソリデーションを行うことで1件にまとめられれば、日本到着時の輸入通関申告の件数も減らすことができ、コスト減に繋がる。

(4) 現地渡し

日本のアパレル企業は、これまで複数の商社経由で製品を調達してきた。その際の取引条件は一般的にアパレル企業が指定する日本国内の倉庫渡しであった。しかし、複数の商社が海外の同じ出荷地から指定倉庫へと同時期に貨物を運ぶこともあり、アパレルとしてはこの輸入を自社でコントロールすることで、さらにコストと時間を削減しようとする動きが出てきた。

従前の日本国内の倉庫渡し条件から現地倉庫渡し条件に変更することで、アパレル企業が輸入者となり、自社でのコンソリデーションを組むことが可能となる。またコストの高い日本国内の倉庫に全量を即時に輸入するのではなく、海外の物流拠点に一旦ストックすることで、必要量を都度輸入する体制も可能となる。

同時に日本のアパレル企業は、欧米、アジア含め日本国外における店舗の出店も加速しており、現地渡しを行いアパレル企業が現地倉庫で総在庫をコントロールすることで、日本以外の海外仕向け地も含めた中での最適配分体制が構築できる。しかしこの仕組みの活用に向けては、EPAの適応要件を逸脱する可能性や品質の担保など、様々な法令、コンプライアンス上の問題などをクリアする必要がある。

(5) クイックレスポンス（Quick Response：QR）

アパレル製品の生産は、生地原料手配から縫製まで数ヶ月単位での時間が通常必要となる。しかし数ヶ月先の需要予測がしにくい状況において、大きい数量の

生産をすることはリスクが伴う。そこで需要をひきつけてから短サイクルで生産を行う仕組みであるQRが脚光を浴びている。

　この仕組みには幾つかの方法があり、例えば生地の段階で在庫し、市場の動向を見ながら売れているスタイル、仕様の商品に縫製する方法や、生地に色を染める前で保留し、市場での色別の販売状況を見ながら追加で色をつける方法などもある。しかし近年考えられているQRの仕組みは、素材調達の背景、そして縫製などの生産国など、グローバル生産体制を見直すことでサプライチェーンの短縮を考えるという手法である。

　前述のとおりここ数年間に人件費の上昇に伴う生産コストの増加や、EPAやFTAなど輸入関税の減免措置を受けて、生産国は中国一国集中からASEANへとシフトする傾向がある。しかし一般的にASEANの主要国において原料調達が縫製工場と同一国内で必ずしも可能とは言えず、複雑な調達ルートをコントロールする必要があり、しかもASEANからの製品の輸入物流においては中国と比較して輸送時間もコストも多くかかる。このような地域でのQRの取り組みは限定的となる。そこで豊富な素材背景をもつ中国、韓国企業と提携するなどして、中国を縫製場として活用しQR体制を構築する動きもある。このようなQR体制により、地理的なメリットと豊富な生産背景を駆使することで、高い人件費コストを相殺することも可能となる。

7.4 アパレルのサプライチェーンを最適化する物流手法

(1) パートナーとしての物流企業に求められる知見

　中国からASEANへと伸張するアパレルのサプライチェーン全体最適において、物流企業の協力は欠かせない。前述のような様々なSCMの手法を具現化するためには、総合的な国際物流の知識に長け、商社、アパレル企業のパートナーとして実行できる物流企業がチームの一員として必要である。

　必要とされる知見、機能の幾つかを以下に掲げる。

①アパレルの海外生産における変遷、制約条件、グローバル生産の要件などを理解し、商社、アパレル企業と同じレベルで会話が可能。

②アパレル製品特有の国内外の関税法などの法令を理解している。
③中国国内のネットワークを持ち、変遷する工場立地につぶさに対応できる。
④ASEAN各国の国内事情に精通し、ある程度自社で直接貨物のコントロールが可能で、安定した品質での物流オペレーションの提供が可能。
⑤日中間のみならず、日ASEAN、中ASEAN、ASEAN域内など各拠点間を結ぶ物流の提供が可能で、新しい物流商品の提案に積極的である。
⑥海上輸送のみならず、航空輸送、複合輸送、陸送などマルチに対応が可能。
⑦船会社、航空会社などから良いレートが入手可能で、かつ繁忙期などのピーク時でも安定して輸送キャパシティが取れ、確実に貨物を運べる。
⑧ASEANの一部の国など直送できず貨物の積み替えが必要な際にも、貨物情報を確実にトレースできる。
⑨国、地域別に異なるEPA、FTAにおいて繊維製品への適用詳細に明るい。
⑩各国にITインフラを持ち、現地倉庫などでの貨物データの読み取りなどの要請に対しても逐次対応が可能である。
⑪他の業界においての事例などを踏まえて、今後のアパレル物流のSCM改善のヒントを提案できる。

　以上のように今後、商社、アパレル企業のパートナーとして物流企業が機能していくためには、単に物を運ぶという「物流」機能を有するのではなく、総合的な物流サービスの提供のために、コンサルテーションを機軸として発展させていくことが望ましい。
　ここからは、アパレルのサプライチェーンの高度化のために、物流企業が提供可能であると思われる幾つかの機能を紹介する。

(2) 海外での検品、物流加工

　海外の工場において縫製された商品は、従前、日本輸入後に検品を行っていた。指示どおりのサイズ、仕様になっているか、縫製の際にミスは無いかなど、商品一点一点の検品を行ってから店頭に出荷されていた。このプロセスはSCMの見直しに伴い、現地海外で行ったほうがサプライチェーン全体の効率も良くコストも安いため、国内の検品業者は次々に海外進出を加速させた。同様に国内で

行っていた物流加工、例えば店舗配分や個別包装、アソート組みなども海外で行うことが可能である。

　しかし現地で検品や物流加工を行う業務プロセスへと変更するには、その国の物流事情や法令を理解する必要がある。例えば保税地区にある縫製工場に海外から原料を持ち込み縫製した場合、通常、その商品を保税地区外の場所に移動して検品や物流加工を行うことは現地の法令上難しい。その場合は出張検品などでの対応が必要となる。このように現地の法令を正しく理解し、日本の輸入者に検品、物流加工のアドバイスを行えるような物流パートナーの必要性は大きい。

　また検品後の貨物はそれぞれ日本などの仕向地に輸送されるが、検品、物流加工の知見を生かすことで貨物をコントロールし、フォワーディングと繋げることでシームレスな輸出プロセスとなる以外にも、物流業者としても貨物の安定的な取り込みが可能となる。

(3) 現地倉庫

　繊維製品の輸入のプロセスでは、現地での本船渡（Free On Board：FOB）条件での取引か、仕向地まで運賃保険込（Cost, Insurance, and Freight：CIF）条件で取引を行うのが通例となっていた。しかし、前述のように現地で輸出前に作業を行うには、この引渡し条件を変更する必要がある。現地の運送人渡（Free Carrier：FCA）条件とすることで現地の倉庫で貨物を受け取り、その後、検品、物流加工などの作業が行える。また輸入者としてはできるだけ工場に近い場所で引き渡されることで、生産コストに近く余分な物流費が含まれていない価格で買うことができるというメリットもある。

　これを可能にするためには、輸入者が安心して貨物を委託できる現地での物流設備、倉庫が必要である。同時にその倉庫を管理する物流企業には、輸入者に代わって貨物の管理を行うことが求められる。FCA条件による引き渡しの場合には、貨物が指定運送人に渡った段階で、輸入者に支払いの義務が生じる。支払いを確定するためには、発注数量どおりの貨物が間違いなく引き渡され、なおかつ品質などにも問題のないことを確認する必要があり、この作業を現地倉庫が責任をもって代行することが必要である。また商品は出庫後に最終目的地まで船もしくは航空機で運ばれることとなるが、この物流プロセスとの連携も倉庫の大切な

役割である。

　一部の大手輸入者は商品受発注関連の自社のデータを現地の倉庫にオンライン、インターネット等で開示し、入荷確定を現地で代行してもらうケースもあり、現地の倉庫にはIT関連の知見や設備も求められる。また、現地倉庫は一時的な荷受場所としてのみならず、世界に広がる客先、販売拠点向けのグローバルディストリビューションセンターとしての機能を有することも可能となり、このようなIT武装された海外倉庫はその優位性を高めることになる。

　いずれにせよ、海外において複合的な機能を有する倉庫は、今後のアパレル業界のSCMの高度化には不可欠のパートナーとなるであろう。

(4) 国内倉庫

　日本に輸入された貨物はアパレル企業が指定した物流倉庫に納入され、そこから各店舗へ配送される。ほとんどの場合、国内の一箇所の倉庫を集中的に使っているが、数多くの店舗が日本中に点在する場合などでは、異なるエリアに設置した複数個所の倉庫をDC（Distribution Center）として使用する場合も見受けられるようになってきている。複数の倉庫を使用することで、店舗までの配送の距離、時間の短縮が可能であり、物流コストも抑えられる。しかしこの仕組みを稼動させるには、小売店舗ごとの在庫数量を正しく把握した上で、POS（Point Of Sale）などにより直近の販売状況を加味したうえで、各DCに送る商品の納入数量などを確定する必要があり、より高度なデータ分析が求められる。

　また、この仕組みに対応するためには、海外からの輸送も日本の中央倉庫一箇所向けに商品を送るのではなく、状況に応じ複数個所に振り分けて送ることが必要となる。そこで、海外の出荷倉庫と輸入者の国内倉庫がより密接な関係を構築することが不可欠である。

　また、通常、家賃の高い日本の店舗は売り場にほとんどの場所を割いており、通常、店舗の裏にある倉庫スペース（ストック）には限られた商品しか置けない。そこで、販売数量の多い店舗では、DCからの配送頻度を上げるなどして対応する。その場合、店舗からの追加投入の要請を受けてから、その商品が店頭に着くまでの間にどれだけの時間を要するかが鍵となるが、商品のピックパック（Pick and Pack）など人手に依存する作業が中心の倉庫では潤沢に人材が調達可能とは

言えない。そこで近年では、倉庫のレイアウトや作業プロセスを見直すことで作業効率を高めるばかりではなく、ウェアラブル端末や自動機械など様々なITツールを活用する省力化や、夜間自動でピックパックを行える完全自動倉庫まで登場している。

　SCMの高度化が不可欠なうえに人材不足の日本においては、最終消費現場である店舗に一番近いサプライチェーンのポイントとしての国内倉庫がIT武装化をすることにより、店舗の効率を高めることをサポートし、サプライチェーンの全体最適の完成に寄与することとなる。

(5) 個品対応と越境EC環境

　商社が貨物をアパレル指定の物流倉庫に納入したところで受け渡しは完了し、ここからはアパレルの業務範疇となる。しかし、その後アパレルから消費者の手に最終的に商品が渡らなければサプライチェーンは完了したとは言えず、生産した商品が在庫としてアパレルに残っている限り、結局はサプライチェーン全体の歪みとなり後々、他のプレーヤーにも影響を及ぼす懸念がある。そこで、変わり行く消費者のライフスタイルを考えた、新たな販売形態、販売ルートも開発されてきている。

　実店舗以外でのECを経由した販売が増加していることは周知の事実であるが、ここ数年、実店舗とECの垣根を取り払い消費者に最大限の便宜を提供するオムニチャネルが注目されている。オムニチャネル時代においては、DC以降の個品の物流に関しても物流業者は新たな価値提案を行うことが求められる。特にオムニチャネルの物流プラットフォームの提供では、DCのみならず店舗のストックも一倉庫として機能させることが必要となり、個品の管理に対応することが求められる。

　また近年、日本の製品を海外の消費者がネットで購入する越境ECが、次世代の新たな成長戦略として関心を集めている。越境ECでは一旦日本のDCに納入された商品が、個品として再度海外に配送されることとなる。従来、DCから店舗への物流効率化に力を注いできたアパレル企業も、今後は店舗のみならず直接消費者への物流対応を、個品ベースで、しかも国内外問わずに提供することが求められ、ここでは物流業者のサポートが不可欠となる。

7.5 まとめ

　近年日本のアパレル業界は、国内生産のコスト増による海外生産増加から中国生産へ集中し、そしてここ数年、中国一極集中からASEAN生産の増加へと変化してきている。加えて日本の消費者の嗜好の多様化、そしてオムニチャネルなど販売手法の多極化、そして海外への販売チャンスの拡大など、アパレル業界を取り巻く様々な環境の変化の中で、どのようにして収益を確保するかが最大の懸念となっている。そこで、原料から生産、店頭の各段階に関わるプレーヤーが一丸となり、コンテナやカートン単位ではなく個品レベルでのモノの動きまでを緻密に設計したサプライチェーンを構築し、真の全体最適を目指すことが必要である。サプライチェーンは顧客がその商品を購入した時点でのみ完結されるからである。

　物流業者としては単にモノを運ぶという物流サービスの提供や、一拠点での業務効率化によるコスト減などにとらわれずに、アパレル企業の現状や抱える問題点を深く理解し、真のパートナーとしてアパレル企業がグローバル舞台で勝ち抜くための施策を考え、ともに実行するコンサルテーション機能を担うことが求められる。

【参考文献】
1) 矢野経済研究所，国内アパレル市場に関する調査結果2015, 2015.
2) 経済産業省，平成27年生産動態統計年報 繊維・生活用品統計編, 2015.
3) 財務省，平成27年度財務省貿易統計 年別輸出入総額, 2015.
4) 山内秀樹，サプライチェーンの最適化による環境物流の構築，日本貿易会月報2007年7・8月合併号, No. 650, pp. 42-44, 2007.
5) 山内秀樹，バリューチェーン・サプライチェーンの構築と商社ビジネス，日本貿易会月報2009年2月号, No. 667, pp. 11-13, 2009.

第8章　電子タグによる在庫管理と生産性の向上

8.1 電子タグの概要

(1) 電子タグとは

　電子タグとは一般的にはIC（Integrated Circuit）タグ、RF（Radio Frequency）タグなどとも呼ばれており、無線技術を利用して非接触状態でICチップ内のデータを読み書きするもので、自動識別の中のRFID（Radio Frequency Identification Device）技術の一つである。この電子タグを用いることで、タグが貼付されたモノを非接触状態で識別することができ、その商品情報を利用することで、バーコードではできなかった高次元レベルでのモノの管理、それに伴う生産性の向上などが期待できる。

　電子タグは一般にインレット、またはインレイとも呼ばれている小型のアンテナにICチップを装着したもので、様々な形に二次加工されて使用される。回転寿司の皿の裏側にはコイン状に加工されたもの、図書館の書籍にはシール状に加工されたもの、交通系ICカードではクレジットカードサイズに加工されたもの、そしてアパレル商品には下げ札状に加工されたものなど、用途に応じて様々なサイズ、形状のものが利用されている。

(2) 電子タグのしくみと特徴

　電子タグには主に以下のような特徴がある。

①ICチップ内に格納されているデータの書き換えが可能である。
②非接触状態で、離れた場所からの読み取り、書き換えが可能である。
③遮蔽物を隔てた場所から読み取り、書き換えが可能である。
④複数の電子タグの読み取り、書き換えが一括で可能である。
⑤動いている電子タグの読み取り、書き換えも可能である。

　一般的にアパレル商品の電子タグを用いた管理システムは、図-8.1に示されるようなシステムで構成される。

図-8.1　電子タグを用いたアパレル商品の管理システム（例）

　商品にはインレットを備えたブランド下げ札が貼付されており、そのインレットはアンテナとICチップから構成されている。この下げ札が電子タグである。電子タグから近距離の位置には電波を発信するリーダー・ライターとアンテナがあり、それらのデバイスを制御するPCは、更に上位のネットワークに繋がっている。通常電子タグは電池を持たないが、電子タグがリーダー・ライターから出る電波（電磁波、マイクロ波など）を受信することでシステムが起電し、ICチップに格納されたデータの読み書きが行われる。そのチップ内の情報はリーダー・ライター側に返信される。読み書き可能なリーダー・ライター側のアンテナと電子タグの距離は使用する周波数帯により数センチメートルから数メートルにわたり、主にアパレルの商品管理で使用されているUHF帯の周波数では、電波の出力を変えたり広がり方を制御したりすることにより、数センチメートルの近接位置から10メートル程度の離れた商品まで読み取りが可能である。

　電子タグは流通業界ではバーコードに代わる商品識別管理技術として早くから注目されてきたが、近年では社会、産業の様々な自動化、そしてモノのインターネット化であるIoT（Internet of Things）化を推進する基幹技術の一つとして注目が高まっている。

8.2 電子タグの導入事例

　電子タグはいろいろな業界で、生産からグローバルロジスティクス、そして小売の現場までの様々なプロセスにおいて既に導入されている。そこで幾つかの事例を掲げながら物流現場での電子タグ活用の将来性を探ってみる。

(1) 倉庫内での応用

　複数のタグを、非接触状態でデータの読み書きが可能であるという利点から、電子タグは物流の様々なシーンで広く活用されている。例えば複数個の個品がカートンに入っていて、その複数個のカートンがパレットの上に載っていて、そのパレットが倉庫内に置かれているとする。個品にバーコードがついている場合は、棚卸しの際に個品を一点一点スキャンして数量を確認しなければならない。その際には、高さのある棚の上に格納されている商品は、床に下ろしてスキャン作業をしなければならないうえに、個品一つひとつをカートンから取り出す必要もある。電子タグを使うとこの煩わしさから開放され、高さのある商品もある程度離れた位置から、しかもカートンの外からでも一括で読み取ることができる。この場合、商品を棚やカートンから物理的に移動させる必要がないので、倉庫内のロケーション管理の精度が保持できることも大きなメリットである。

　またカートンにも個品のものとは異なる電子タグを貼付し、そのカートンタグにカートン内に格納された個品のデータを持たせることで、読み取り時に万が一、カートン内の個品タグのいくつかに読み損じがあっても正しいデータが得られる。同様に倉庫内でパレットにも代表タグを付けることで、パレット上に置かれたカートンの情報を紐付けることが可能となり、パレットのロケーション情報も合わせて持たせることで、フォークリフトなどによるパレットの庫内移動指示などの省力化にも役立つ。

　倉庫からの出荷に伴う作業では、電子タグの持つ機能を活用することで効率化が期待できる。例えば倉庫内の商品ピック作業では天井や棚にリーダーアンテナを組み込むことで探す商品のロケーションを正確に把握できる。またハンディーリーダーなどを使用することで対象の商品が置かれている方向に向けると音が出るような仕組みを組み込みサーチ機能を持たせることも可能である。近年増加している自動倉庫においては、正しい商品がピックされたかどうかがシステムによって利用可能に、またパッキング作業においてはカートン内に梱包した個品の情報が、カートン上に貼付された電子タグによって利用可能となり、SCM（Shipping Container Marking）ラベルとして運用することができる。これにより出荷登録時の個品読み取り作業も簡略化され、輸送中のステータスを追跡したり、受け取った店舗では荷受作業の省力化の効果も期待できる。

(2) 商品のビジビリティ

　商品からの情報を逐次発信することができる電子タグは、モノのIoT化を成し遂げる重要な通信技術の一つと考えられている。個品に電子タグが取り付けられ、物流のあらゆるプロセスで読み取ることができると、固有の商品がどのような経路、スケジュールで流通したかという履歴が把握できる。例えば食料品店などで販売している商品に加工日時を電子タグに情報として持たせることにより、期限切れの商品が棚に並ばないようにできるし、商品の安心・安全の観点からトレーサビリティが重要である商品は食品の流通経路を調べることが可能となる。回転ずしで一定時間が経過した商品はベルトコンベヤから自動的に落とす仕組みはこの応用である。

　また輸送中のステータス以外にも、本社から各店舗の在庫状況を調べる際に、ある固有の商品の店舗内での位置情報の詳細まで把握することができる。これにより店舗内の在庫でも、店頭にあるものとストックにあるものが区別でき、商品を切らさない店頭を維持できる。

(3) 輸送中の状態管理

　電子タグの中には温度、湿度、振動などのセンサーが搭載されたものもある。輸送中にこのセンサータグを使用することで、輸送中の状態管理が担保される。例えば冷蔵品の輸送において、輸送途中にカートン内の温度が決められた範囲に保たれていたか、カートンが水濡れしなかったか、過度な振動が加わらなかったかなど、貨物の状態をモニターすることが輸送品質の向上に役立つ。このような仕組みはワインなどの温度管理が必要な貨物や、電子部品などの振動を嫌う商品の輸送で既に利用されている。

　物流業者としてもこのような付帯的なサービスを荷主に提供することで、同業他社と差別化することができる。

(4) コンテナ、パレットの管理

　コンテナなどに電子タグを取り付ける運用も始まっている。例えば輸出検査されたコンテナは到着地まで扉を開けられないようにシール（ワイヤーとプラスチックでできた鍵のようなもの）が取り付けられ、万が一シールが破損している

ときは途中で開梱されたものとみなされる。このシールを電子タグに置き換え、シールされたコンテナの扉が開けられると電子タグが破損するようにすれば、読み取りができる限りはそのコンテナが開けられていないことを担保できる。例えば市中のCFS（Container Freight Station）でコンテナにバンニングし輸出検査後電子タグのシールをして、港のコンテナヤードへ運ぶ途中で、コンテナがどのような経路を通過したかを走りながら読み取ることも可能だ。港に到着したコンテナの電子タグを瞬時に読み取ることで、ヤード内でそのコンテナの搬入先の詳細を指示でき、積み込みの順番を考慮した効率の良いローディングができる。

また、国際輸送で広く使われているパレットは、通常いくつかのパレット業者がレンタル方式で貸し出すことが多いが、到着地で正しく返品されなかったり、他のメーカーのパレットと混ざったりすることが多く、パレットを資産として管理することが難しい。そこでパレットに電子タグを取り付けることで、一つひとつのパレットを正確に管理したり、ヤード内で行方不明になったパレットを探すこともできる。それにより各地のパレット倉庫に保管されているパレットの数量を最適化することで生産性を高められる。

8.3 アパレル小売における電子タグの活用

アパレル業界は近年、複雑化、多様化の速度を加速させている。成熟した消費者のマーケットでは多種多様で移り気な消費者のニーズを、来店時に確実に満足させることが競争力を保つことに繋がる。そのため来店客の嗜好、サイズを十分に加味した多品種少量の商材をタイムリーに店頭に配置する必要があり、生産から物流、販売までの全体最適によるリードタイムの短縮、およびサプライチェーンの高度化や精度の向上が求められている。また店頭に消費者が来店した際に得られる情報は、POS（Point Of Sale）システム等で得られる買い上げ情報以外にも定性的な情報を含め様々あり、商品の供給計画のみならずデザイン企画やマーケティングなどにも活用が大いに期待される。このようにサプライチェーンの高度化を目指すにあたり、店頭で働くスタッフへの要望も多岐に渡ることになり、業務量の増加も懸念される。

一方、ここ数年日本の労働市場における働き手のあり方は大きく変化してきて

おり、仕事に縛られるのではなく仕事を楽しむという風潮に転換しようとしている。そのような状況のなか、一見華やかに見える小売店の販売業務は、業務量の増加、不定期な休日、立ち仕事などの要因からきつい仕事として捉えられており、希望する人材が減少していることが大きな問題となっている。一方、消費動向の多様化に応えるべく数多くのショッピングセンターやモールが開業しており、海外の大手小売も日本での店舗展開を活発化させる状況も相俟って、労働市場では販売員への需要増加に対して働き手の供給は減少しているように需給の不一致の問題がより顕著になっている。

そのような状況のなか、小売企業では少しでも多くの販売員の獲得に向けて労働環境の改善や待遇の見直しをするなどの工夫を余儀なくされており、その結果として経費の増加に繋がっている。販売員の減少とコスト増という状況下、小売店頭における生産性の向上が小売企業における喫緊の課題となっている。より少ない人数でも小売店を運営できるようにするための業務改善、業務量の削減などを行うと同時に、売上を維持・拡大するための創意工夫が求められている。

決して増大しているとは言えないアパレル市場において競合他社との優劣を決めるのは、店頭における確実な品揃えと、店頭における生産性の両立であると言える。

(1) 店頭における生産性向上の施策

その手法の一つとして店頭において電子タグを活用することによる生産性の向上に大きな注目が集まっている。電子タグは既に製造現場を中心に業務効率の改善、生産性の向上を目的として積極的に取り入れられている。

現在、ほとんどのアパレル企業がバーコードでの商品タグを用いた商品管理を行っている。店舗に到着した商品のバーコードを読み取ることで入荷登録を行いストックエリアに保管する。店の在庫状況の確認・把握のために一定の時期に一点一点バーコードをスキャンすることで棚卸を行う。また店舗での販売時にはPOSレジによって買い上げ登録を行う。このように店頭では入荷時と販売時、そして定期的な棚卸時のみで商品情報の管理を行っている。

そこで、電子タグを商品に貼付して運用することで、電子タグの持つ複数同時読み取り機能、重複読み取りの防止、そして近接しなくても読み取れる、などという特性を活かした様々な利活用が考えられる。業務の効率化や管理精度向上に

第8章 電子タグによる在庫管理と生産性の向上

加え、電子タグを活用することでこれまで取得が難しかった店頭での商品の動きの情報までも取得できるようになり、更にその情報をBI（Business Intelligence）に用いて各種計画に活用できる効果も期待できる。

　一般的な30坪程度のアパレル店舗でも約5千点、100坪クラスになると約2万点近くの商品が陳列、保管されている。季節性のあるアパレル商品のライフサイクルは通常1〜2ヶ月であると言われており、同一のデザインでも、配色、サイズなどの組み合わせで通常10種類以上の商品があり、需要予測のもと店頭にはそれぞれ一定の数量の商品の陳列を行う。店頭での色、サイズ欠品などは販売機会ロスに繋がるため、営業中でも店の後方にあるストックエリアからの商品補充が非常に重要で、特に回転の速い大型店ではストック管理、商品補充が生産性を大きく左右する。しかし販売員の稼働時間を商品補充にのみ充てるわけにはいかず、販売員は本来の業務である接客を通して顧客満足度を向上させつつ売り上げを伸ばすことが求められる。

　このような状況下で電子タグを用いたアパレル店舗での生産性の向上に関しては、以下の五つの要素において活用の効果があると考えられる。

①入荷検品の効率化：非接触、複数同時読み取りによる入荷検品作業の効率化と時間短縮が期待できる。
②品出し作業の効率化：ストックから店頭への品出し作業に優先順位をつけることで店頭での欠品率を下げる。
③会計処理の迅速化、省力化：複数同時読み取りによる会計処理の迅速化とセルフレジ導入による省力化が期待できる。
④棚卸作業の効率化：非接触、複数同時読み取りによる棚卸作業の効率化と時間短縮が期待できる。
⑤店員の労働環境と顧客満足度（Customer Satisfaction：CS）の向上：棚卸など店員に負荷の大きい仕事を軽減することで士気・意欲の向上など見えない効果を得て、CSの向上が期待できる。
⑥電子タグから得られるデータの活用：得られる様々なデータを分析することで戦略的なオペレーションの改善へと繋げていくことが期待できる。

(2) 電子タグの活用による生産性向上の検証
a. 入荷検品業務の効率化

　通常、店舗の営業時間前に入荷された商品は、カートン内に納められている納品明細書をもとに商品を1点ずつ突き合わせながら、入荷予定との差異の確認が行われている。この作業では、商品に貼付されている下げ札をもとに確認が行われるため、特にビニール袋に1点ずつ入れられている商品などの場合は、下げ札の表記内容を確認するだけでも多くの時間を要している。さらに入荷確認後、店舗在庫として在庫データを更新するためのシステム登録を行う必要がある。

　入荷検品に時間がかかると販売員が接客業務に移れないのみならず、商品がストックから店頭へと移動できずに、せっかく店舗まで商品が配送されても店頭では販売機会ロスが発生する恐れがある。

　この入荷検品に非接触で一括読み取りが可能な電子タグを用いることで、箱を開けずに検数を行うことが可能となる。ここでは、読み漏れを防ぐために上流である物流センターにおいて、カートン内の商品の明細を紐付けしたSCMラベルを活用し、ASN（Advanced Shipping Notice）データを店舗側に事前に送付することが望まれる。この方法の場合は、リーダーの精度の問題などでどうしても読み取りができなかった商品が含まれているカートンのみを、実際に開梱して確認するだけで入荷検品ができることになる。

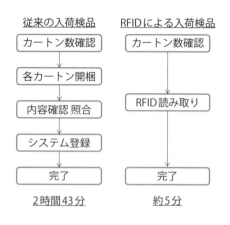

図-8.2　電子タグによる入荷作業の改善例

第8章 電子タグによる在庫管理と生産性の向上

　ある事例では14ケース309枚の商品を入荷検品するのに2時間43分かかっていた。作業時間が長いため、途中で電話での対応等により作業が中断されることもあり、結果として作業時間の増大に繋がっていた。この入荷検品業務を電子タグを用いた運用に変更することにより5分程度で終了することが可能となった。これにより開店時の来店客数が少ない時間帯に多くの店員を出勤させる必要がなくなりコストダウンが可能になるのみならず、単調な非販売作業である入荷作業から開放された従業員のモチベーションの向上に寄与している。

b. 会計処理業務の効率化

　電子タグの活用により会計処理の迅速化が可能となり、レジの待ち行列の削減に寄与すると期待されている。待ち時間が長いと、レジ待ちをしている最中に途中で購入を諦めるというケースも散見され、店舗側からすると販売機会を逃すとともに、CSの低下を招く要因となる。電子タグを使った会計処理では、バーコード使用時に比べて読み取り時間が大幅に短縮されるために待ち時間の削減が可能となる。バーコードと電子タグの会計処理時間の違いを比べるに当たり、一般的な作業時間で試算するPTS（Predetermined Time Standard system）法により比較してみる。

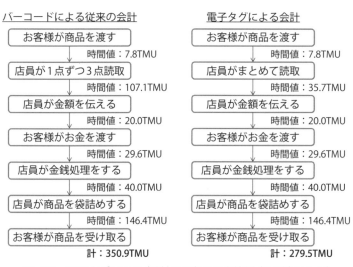

図-8.3　電子タグによる会計処理時間の改善例（PTS法による）

これによると、1回当たりの会計処理時間が20.3％も削減されるという結果となった。また付帯的な効果として、会計時に店員が商品に取り付けられた商品タグのバーコードを探し、読み取る作業がなくなるために、会話が途切れたり目線がそれたりせずにスムーズな会計が可能となる。これによりお客様としても楽しい気持ちを継続しながら商品を受け取ることができるようになり、CSの向上にも寄与する。

最近では電子タグを用いたセルフレジシステムの活用も可能となっている。セルフレジはその名のとおり、顧客自らが会計処理業務を行う仕組みであり食品スーパー等ではバーコードを顧客が読み取るという手法で積極的に取り入れられている。しかしバーコードを利用したセルフレジでは読み取り漏れなどが懸念されるために、比較的高額な商品での運用には慎重にならざるを得ない。そこで電子タグを用いることで会計処理後の商品には会計済みのステータスを付与し、セルフレジの出口に万引き防止ゲート（Electronic Article Surveillance：EAS）などを配置することにより会計処理作業の信頼性を上げることが可能となる。人材の採用がますます難しくなる労働市場を考えると、セルフレジの導入はコストの削減のみならずCS向上の視点からも今後の必須項目の一つになると考えられる。

c. 棚卸業務の効率化

棚卸は複数同時読み取りが可能である電子タグの活用効果が、最も期待できる作業である。特にアパレル商品の場合、下げ札は一定の位置に貼付されていないため、実際のバーコードの読み取り時間よりも下げ札を探すという作業に多くの時間が必要となる。また近年、床から高い場所でのディスプレーや棚置きが増え、バーコードの近接読み取りに支障をきたしている。そこで多くの店舗の場合、バーコードスキャン前にすべての商品からバーコード下げ札を見える位置に取り出したり、上部にある商品は一度床に置いたりする前段取りを行っており、これにはスキャン後に再び元の状態に戻す作業も必要となる。一般的に、読み取り時間そのものの削減に着目しがちであるが、電子タグを利用した場合のスキャン前後の段取りを排除できることは大きな効果である。

棚卸は大きく分けて二つの作業内容に分類される。一つは総点数を数える総数棚卸作業、もう一つは理論在庫との差異を品番単位で詰めていく差異詰め作業で

ある。30坪程度の小売店で5千点の商品が陳列保管されている場合では、通常、棚卸期間として数日間設定されている。バーコードによる総数棚卸の実施には平均して16人・時を費やしており、その精度も99％未満が多かった。しかしながら電子タグによる棚卸では、総数棚卸を0.3人・時前後で終了することが可能となり、残りの期間で充分に差異詰めが可能になるため精度も99％以上となっている。

以上のことから電子タグによる棚卸においては、業務効率化の効果だけでなく、棚卸の精度向上とそれに伴う資産減損額の極小化が可能になると言える。

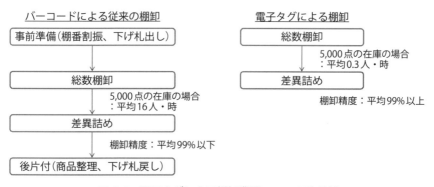

図-8.4　電子タグによる棚卸業務フローの改善例

d. 品出し業務の精度と頻度の向上

電子タグを活用することにより店頭の商品在庫を限りなくリアルタイムで管理することが可能となり、店頭在庫を切らすことなく商品を陳列する手助けとなっている。

バーコードを使った運用では店舗に入荷した商品はPOSレジを通過するまではステータスが変わらない。これはストックエリアから店頭に品出しをする際に、いちいちステータスを変更するためにバーコードを読むことが運用上困難なためである。つまり店舗にある在庫点数の中で、何点がストックにあり何点が店頭にあるかが把握できない。電子タグを使った運用では、ストックエリアから店頭へ通じるドアに読み取りゲートを設置することで、店頭の在庫数量を即時性をもって正確に把握することが可能となる。これによりストックエリアから店頭へ

の品出し業務の優先順位を理論値に基づいて指示するなど、店頭の欠品を防止することができる。これは店頭にいる販売員からの定性的な要望をもとに、特に順位付けをしないで品出しを行っている通常の業務フローとは大きく異なり、個々の商品の販売速度の差を把握し、優先順位をつけて品出しを行う方法である。同じ数量が店頭に残っている二つの商品でも、その数量に至るまでにかかった時間の違いで、補充の優先順位を決めるなど、効率的な品出し作業が可能となる。実際に電子タグを導入した小売店舗では、通常では5％程度発生している店頭での欠品率が2％以下に改善できており、販売機会ロスの防止や顧客へのサービス向上に繋がっている。

　また品出しの際には、ストックエリアで対象の商品を探すという作業が必要となるが、特に大規模店舗の場合、補充頻度が高い商品でもストックの奥に保管されていて品出しに時間を要することがある。例えば電子タグを利用しストックエリアの天井に読み取りアンテナを配置することで大体の位置を瞬時に把握することも可能となる。ストックエリア内で商品を置く位置も、補充頻度に応じて取り出しやすい位置を割り当てるなど、さらなる作業効率の改善に繋がる。さらに電子タグから得られる即時情報を活用することで商品の販売状況を基にバックルームにおける保管場所を改善することで、補充頻度を見ながらストック内の位置をアクセスの良い位置へと移動させるオペレーションも可能となる。

e. 従業員満足度の向上と顧客サービス

　店員には接客以外にも数多くの付帯業務がある。過去に測定した結果によると、店員の1日の稼働率を見てみると準稼働となる付帯業務が稼働である接客を上回っていることが度々発生していた。その準稼働を少しでも削減することを目的に電子タグの導入が進められてきており、結果的には売上の向上から生産性の向上に繋がると考えられている。

　棚卸業務も入荷検品業務も販売員の肉体的・精神的負荷は極めて大きい。電子タグの活用によりその負担が軽減され、働き甲斐のある職場になり従業員の満足度が向上することは、企業にとっても有意義である。電子タグ導入において店員に行ったアンケートで、下記のような定性的な評価を得ている。

【店舗店員による定性的評価】

①棚卸時の下げ札の出し入れがなくなり、楽になった。
②高いところの棚卸が非常に楽になった。
③ディスプレー商品の棚卸が非常に楽になった。
④入荷検品業務が楽になった。
⑤入荷検品は、サイズがバラバラに入っており非常に手間だったが一瞬で終わるようになった。
⑥入荷検品の作業が楽になったので、その後気分良く仕事できるようになった。
⑦大変な作業が軽減されたので気分が楽になった。
⑧接客以外の作業を気にする必要性が軽減されたので、接客に集中できるようになった。
⑨品出し等がすぐできるようになったので入荷した商品がすぐに売れるようになった。

　以上のように、一般的に考えられている電子タグの活用による定量的な効率化の効果とは違った点で定性的な評価を得ることができた。
　店員はもともと接客というサービスを提供することに喜びを感じて働いているが、付帯業務の多さ故に従業員の満足度が低下しているのが現状である。定期的に行われる棚卸業務などでも、その作業の大変さから業務を回避ないしは欠勤する店員が出るほどである。しかし電子タグを使用することで棚卸は驚くほど短時間で終了してしまい、本来の接客業務を行うことができる。
　ヘスケット（J. S. Heskett）、サッサー（W. E. Sasser）らによって示されたサービスプロフィットチェーンという概念がある。ここでは従業員満足度（Employee's Satisfaction：ES）がサービス水準を高め、それがCSを高めることに繋がり、最終的に企業利益を高めるとしている。その利益でさらにESの向上に寄与できるという好循環になる構図である。
　サービス産業において生産性を論じる際には、効率に目が向きがちである。確かに電子タグは効率を上げることに寄与し、結果としてコストを下げ、従業員一人当たりの利益を上げるということも可能である。これと同様に大切なことが、従業員の負荷を軽減し、働く意欲、満足度を向上させ、これにより顧客に対する

第2編 収益力を高めるサプライチェーン

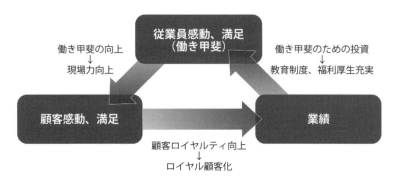

図-8.5　サービスプロフィットチェーンの概念

サービスレベルが高まり、結果的には売り上げを上げるという構図であり、この従業員の満足度の向上に電子タグが寄与できるという道筋が見えている。

f.電子タグから取得されるデータの活用

電子タグは品番単位ではなく個品単位でのデータ（ユニークデータ）を保持しているというメリットを活用することで、生産性の高い売り場の戦略的な設計も可能になる。

バーコードを用いた運用では、会計時にPOSレジにより売り上げ登録をすることで、どの品番の商品がいくつ販売されたかが分かる。しかし売れなかった商品はすべて同じステータスとして扱われ、見向きもされなかったのか、試着されたが最終的になぜ買われなかったのかが分からない。そこで電子タグを用いることで店頭にある商品一つひとつの動きが詳細に把握可能となり、それらの商品の動きを介して顧客の行動や志向をも適時に得ることが可能となる。

例えば試着室にアンテナを取り付けることにより、どの商品が持ち込まれたか分かる。これらの情報のアソシエーション分析を行うことで、試着室で併せて試着された商品の組合せの傾向や強さを数値的に把握することもできるようになる。そしてそれらの情報を店舗内における最適な商品配置に活用したり、本社のデザイナーにフィードバックして次期デザインの企画に活用したりと、生産性の向上のあらゆるきっかけとなる。電子タグで取得したビックデータをBIのツールで分析をすることで、戦略的なオペレーションの改善へと繋げて行くことが可能となる。

(3) オムニチャネルへの展開

7.5で示したとおり、オムニチャネルの物流プラットフォームでは、DC（Distribution Center）のみならず店舗のストックも一倉庫として機能させることが必要となり、個品管理に対応することが求められる。

例えば、消費者が電子商取引（Electronic Commerce：EC）経由で発注すると、通常、DCから商品が届けられるが、消費者の近隣に店舗があるケースも考えられる。その際、店舗から消費者に直接発送することで物流費削減、納期短縮が可能であるばかりでなく、店舗がその固有の消費者の様々な情報を持つことで、密接な関係を構築することが可能となる。消費者としてもECで購入した後に、実店舗で取りおいた商品を試着したり、接客を受けたりすることも可能となり消費者とブランドの距離も縮まる。

しかしこのフローを妨げていた原因の一つが個品管理の難しさであった。ECで受注する際、システムは在庫を確認するが倉庫の残在庫数量のデータと比較する。店頭の在庫データは精度が低いと言われており、たとえデータ上、店頭に商品が存在していても、万引きされてその商品が店舗には既に無かったり、あったとしても店舗内でその固有の商品を探すことが困難だったりするケースもある。精度の低いデータをベースとして店舗からの発送を消費者へ確約することのリスクは大きい。

そこで電子タグを活用するフローが考えられる。例えば電子タグを常時読み取れるアンテナを小売店の天井に取り付けると、データ上の残在庫数量と現実の商品の有無との整合性が担保されると同時に、店内における固有の商品のロケーションが常時把握できる。これにより、店舗での在庫管理の精度はDCと同レベルになり、店舗を一つの倉庫として扱うことも可能となる。このようにオムニチャネル時代において電子タグが果たす役割は大きいと考えられる。

8.4 まとめ

アパレル業界のみならず小売業全体において販売員の不足が深刻な問題となっている。ますます多様化する消費者のライフスタイルに対応するため、小売業は様々な形態での出店を加速してきており、外資系小売の積極出店とも相俟って、

労働市場はますます枯渇化している。この売り手市場とも言える状況下で、労働者は働く意味を模索するようになってきており、労働から得られる満足感を求める傾向にある。その中で上述のように電子タグが生産性の向上に寄与できるチャンスは大きい。アパレル店頭における生産性は、いかに人件費を抑えながら売上利益を上げるかである。そこで、電子タグを活用したアパレル店頭の生産性向上の施策は、以下の三つにまとめられる。

①販売機会ロスの排除：来店した消費者が確実に購買に至るために、店頭在庫を切らさないように売り場を維持する。

②コスト削減：電子タグを活用することによりオペレーション上で削減や割愛が可能な作業を探す。

③従業員満足度の向上：電子タグを活用することで付帯作業を削減して、従業員が本来働き甲斐を感じる接客・販売に従事できる環境を作る。

電子タグの導入に関しては主に物流などサプライチェーンでの活用を中心として導入効果が求められてきたが、現在小売店が置かれている人材不足などの労働市場を鑑みるに、小売店舗における生産性の向上に大きく寄与できる可能性を秘めている。工場から物流センターを経て店舗まで、そして店舗ではバックルームから店頭、試着室から会計レジへと移動する商品に貼付された電子タグが取得する莫大なデータを、有効に活用し分析することで、生産性の高い売り場の構築が可能である。アパレル業界では、来るオムニチャネル時代、IoT時代において生産性向上のカギを握るのは、電子タグと言っても過言ではない。

【参考文献】
1) 山内秀樹, アパレル小売りの生産性向上にRFIDは寄与するのか, 経営システム 24 (4), 207-213, 2015-01, 日本経営工学会, 2014.
2) RFID推進小委員会事務局, 電子タグ実証実験報告書, (社) 日本アパレル・ファッション産業協会, 2009.
3) 一般社団法人日本自動認識システム協会, よくわかるRFID, 2008.
4) 吉田寿, 社員満足の経営—ES調査の設計・実施・活用法, ダイヤモンド社, 2007.
5) ヘスケット, サッサーJr., サービスプロフィットチェーンによる競争優位の構築, 2010.
6) 日本ロジスティクスシステム協会 経済産業省補助事業, RFID情報の標準化による物流の効率化調査, 2014.

第9章 食品物流（低温物流）

9.1 序論

　本章では、食品物流（低温物流）を取り上げる。食品物流は典型的な高付加価値物流の一分野であり、様々な特徴がある。その特徴について、三点を取り上げ、以下簡潔に触れておく。

　まず、食品物流の特徴としては、温度管理が必要になることが挙げられる。詳細は後述するが、食品には一部の加工品や飲料を除き、その流通にあたって商品価値を維持するための適切な温度が存在する。冷凍食品は解凍しないように冷凍で、牛乳は鮮度を維持できるようにチルド帯でというように個別に規定されている。電化製品のように大型電気店で販売される商品を全て成り行き温度で輸送して納品する、ということは食品には許されず、食品物流が他と区別される大きな特徴の一つとなっている。

　次に、賞味期限と消費期限があることが挙げられる。このことで物流に対する時間的制約が生まれる。最も代表的な例を挙げれば、港で水揚げされた鮮魚は、通常氷詰めにされて即日消費地へと運ばれる。移動に時間をかければかけるほどその価値は減損し、数日でその価値はほぼゼロになる。鮮魚でなくとも、乳製品、豆腐などの加工食品などにもそれぞれに販売可能なリミットが存在する。自動車部品の物流にはこのような時間の経過による価値の減損は存在しない。このことも食品物流を複雑にする一つの理由になっている。

　最後に、国を跨いだサプライチェーン構築の問題がある。既に日本で流通している食品は、ごく一部の生鮮食品を除き、ほとんどの場合加工品として消費者に供給されているが、その加工品が国内産の原料だけで生産されることはごく稀である。輸入原料と国内産原料を高度に組み合わせて加工食品は生産されており、食品工場の立場からみた原料調達においても複雑な流通経路が存在する。この日本固有の事業も日本の食品物流を複雑にする一因となっている。

　これら三つの要因によって、食品物流は非常に複雑なものになっているが、これから後の各節でその解説を試みていきたい。

9.2 食品物流の全体像

(1) 全体像

図-9.1は食品物流の全体像について、著者が所属するニチレイロジグループ本社（※以下NLG）がとりまとめたものである。この全体像に基づき概略の説明を進めたい。

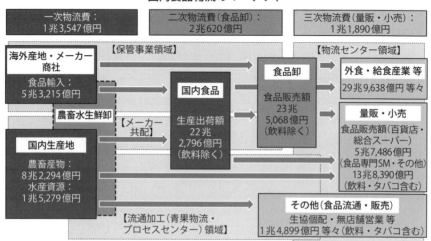

図-9.1　食品物流の全体像

日本の食品物流は、大きく一次、二次、三次の三つの段階に切り分けられる。一次物流は主に原料調達とその加工に関わる段階、二次物流は中間流通の段階、三次物流は最終消費者に届ける段階と整理できる。一次物流ではメーカーや商社、二次物流は卸売業者、三次物流は量販・小売・外食がその主な担い手であり、それぞれの物流費の総額を1兆3,547億円、2兆620億円、1兆1,890億円と、合計で約4兆5,000億円規模の市場であると推計している。

（2）温度管理

次に、図-9.2は食品物流に求められる温度管理を整理したものである。超低温、冷凍、冷蔵、定温の4温度帯が温度管理の大区分として存在する。超低温帯は－40℃以下を指し、マグロの冷凍保存など一部の特殊商品の保管に利用される。冷凍帯は凍結された商品を取り扱うための－18℃以下での管理を指し、冷凍食品やアイスクリーム、魚介や畜肉、パン生地など様々な商品の保管・流通に活用されている。冷蔵帯はいわゆる生の商品を取り扱うために－18℃～＋10℃の間で規定される温度であり、商品特性に応じてある程度の幅を持って設定される。主要な取り扱い品目は乳製品や練り製品、鮮魚・精肉類などであるが、これらの製品は0℃～0℃＋aの幅で設定されることが多い。定温帯は、生では流通していないが、ある程度以上の温度になってしまうと変質してしまう商品の管理に用いられる温度であり、おおよそ＋5℃～＋18℃程度の幅の間に個別に設定されることが多い。代表的なアイテムとしてはマヨネーズやチョコレートなどが挙げられる。

これらの温度管理区分はNLGが便宜的にとりまとめたものであるが、おおよその区分としては食品物流全体に適用可能と考えている。

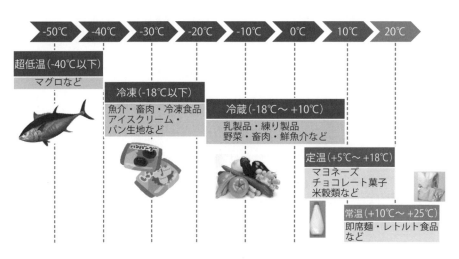

▶それぞれの温度帯に合わせた保管・配送が求められる

図-9.2　食品物流に求められる温度帯区分

(3) 冷蔵倉庫

　前述の温度管理において、超低温～冷蔵に至る温度帯の商品の保管機能の主要な担い手が冷蔵倉庫業者である。冷蔵倉庫はその用途において、大きく港湾型と内陸型に分かれる。図-9.3にその内容を示す。

	主要顧客	保管商材	提供機能
港湾型	商社 食品メーカー 水・畜産業者	畜肉（牛、豚、鶏、羊） 冷凍魚 冷凍野菜 加工食品	輸入通関（一貫元請） 名義変更 流通加工
内陸型	加工食品メーカー 冷食問屋 外食産業（中食） 宅配業者 小売・生協	冷凍食品 アイスクリーム 野菜類 冷凍パン生地・菓子 （クリスマスケーキ）	物流センター機能 共同配送 凍結・解凍 流通加工

図-9.3　冷蔵倉庫の機能の分類

　港湾型の冷蔵倉庫は主に商社、食品メーカー、水・畜産業者などが海外からの輸入原料の備蓄・保管に多く活用する。一方、内陸型は卸売業者や外食産業などが、加工された商品を最終消費者に届けるための一次保管の為に活用することが多いという特徴がある。

　冷蔵倉庫は商品の保管以外にもその流通の過程で様々な機能を果たしている。図-9.4は冷蔵倉庫が果たしている主な機能を示したものである。

　商品の入出庫、保管に加えて、仕分け・検数、輸入通関の手続き、商品の小分けやリパックなどの流通加工、チルド商品の凍結や冷凍食品の解凍、輸送・配送の手配や宅配拠点の代行など、様々な機能を果たしている。これは冷蔵倉庫という存在が、保管という単一の機能だけでなく、食品のサプライチェーン全体の中

第9章 食品物流（低温物流）

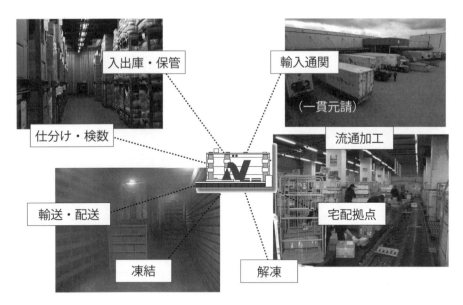

図-9.4　冷蔵倉庫の主な機能

での「結節点」の役割を果たしているからに他ならない。海外から船で輸入されてきた外国貨物（外貨）が、冷蔵倉庫で通関処理されることによって内国貨物（内貨）となり、国内の消費地へのトラック輸送が可能になる。もしくは国内の生産地から大型トラックで輸送されてきた商品が、一度冷蔵倉庫を経由し方面別に仕分けされることによって、少ないロット数かつ小型車両での細かい配送が可能になる。これらはいずれも冷蔵倉庫の結節点としての機能が果たされてこそ成り立つのである。

最後に、国内の主な冷蔵倉庫業者および要冷トラック輸送を含めた低温物流企業を取り上げる。国内の冷蔵倉庫設備能力では首位のニチレイロジグループがシェア10.1％、2位の横浜冷凍が5.6％、以下マルハニチロ物流、C&Fホールディングスと続く。上位10傑を加えても35％強程度と、中小の冷蔵倉庫業者が6割強を占める市場となっている（図-9.5）。車両も含めた低温物流企業としてみてもこの傾向は変わらず、競争の激しい業界だと言えるだろう。

第2編 収益力を高めるサプライチェーン

順位	会社名	設備能力(トン)	全国シェア
1	ニチレイロジグループ	1,446,328	10.1%
2	横浜冷凍(株)	802,892	5.6%
3	(株)マルハニチロ物流	634,183	4.4%
4	(株)C&Fロジホールディングス	494,412	3.4%
5	東洋水産(株)	483,135	3.4%
6	日水物流(株)	408,553	2.8%
7	(株)松岡	272,569	1.9%
8	鴻池運輸(株)	250,025	1.7%
9	(株)キユーソー流通システム	248,636	1.7%
10	(株)二葉	223,594	1.6%
11	五十嵐冷蔵(株)	216,590	1.5%
12	日本物流センター(株)	172,110	1.2%
13	第一倉庫冷蔵(株)	170,916	1.2%
14	(株)兵食	155,624	1.1%
15	藤林系	147,994	1.0%
16	(株)ホウスイ	137,569	1.0%
17	寶船冷蔵(株)	136,615	0.9%
18	(株)上組	107,684	0.7%
19	山手冷蔵(株)	102,697	0.7%
20	(株)ランテック	95,740	0.7%

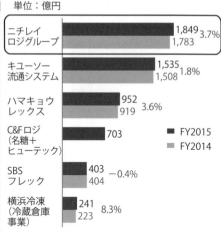

図-9.5 冷蔵倉庫設備能力と主要低温物流企業の売上高(2015年)
出典：日本冷蔵倉庫協会 2015(平成27)年度版「冷蔵倉庫の諸統計」を基に著者が作成

9.3 マクロ環境

日本の食品物流をめぐるマクロ環境について、主に、①総合食品自給率、②貨物構成の変化の二つの観点から触れておく。

(1) 総合食品自給率

日本は国土の耕作可能面積が限られているにもかかわらず人口が多いため、多くの食糧を海外からの輸入に頼っている。カロリーベースの食糧自給率を試算すると以下のようになる。

カロリーベースの食糧自給率＝国民一人一日当たりの国産熱量 [964Kcal] ／
国民一人一日当たり供給熱量 [2,436kcal] × 100 ＝ 39%(2011年度)

従って国内で生産された食料で賄われているカロリーは40%程度に過ぎず、輸入食料への依存度が非常に高い。この自給率を前提にすると、食品物流のインフラは国内だけでなく海外からの食品の輸入・通関および保管しておく設備(冷蔵倉庫)が不可欠な存在となる。

(2) 貨物構成の変化

　(1)で日本は約6割の食品を輸入に頼っていることに触れたが、それでは、具体的にどのような食品が輸入されてきているのだろうか。その傾向を示すものとして図-9.6に冷蔵倉庫業界の品種別入庫トン数の推移を示す。さらに棒グラフの中で、特に1990年と2013年の品種構成を右の円グラフに示した。ここに大きな特徴が表れている。1990年時点で水産物と畜産物を加えた入庫トン数は1,044万トン、全体の72％を占めているが、2013年にはこの数値は993万トン、全体の53％まで減っている。一方、冷凍食品は1990年には入庫トン数213万トンで全体の比率は15％に過ぎなかったが、2013年には560万トンで全体の比率は30％と約2.6倍に増加している。このことは、日本の食品産業のある傾向の変化を顕著に表している。すなわち食品メーカーの生産工場の海外移転である。1990年代以降、安価な労働コストの獲得を目的として日本の多くの食品工場が中国をはじめとするアジア各国に転出した。結果として、輸入食品として冷蔵倉庫に入庫される食品の構成が変化した。かつては日本での生産のために輸入されていた原料品に近い畜産物や水産物が減少し、海外の生産工場で既に冷凍食品として様々に加工された製品がより多く日本に輸入されてきているのである。

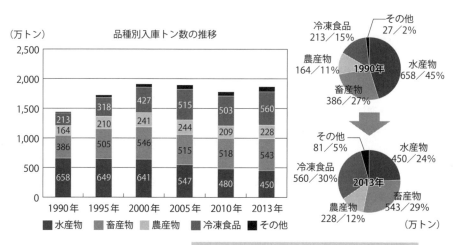

図-9.6　貨物構成の変化
出典：日本冷蔵倉庫協会 各年度版「品目別入出庫状況表」を基に著者が作成

9.4 各プレーヤーの物流フロー

本節では、9.2で示した各プレーヤーの物流についてその基本的な特徴を紹介し、食品物流にもう一歩踏み込んで理解することを試みたい。

(1) 商社の物流フロー

商社の基本的な役割は、世界各地で食品（食料品・原料品）を調達し、それを輸入して国内の食品メーカーや食品卸へ販売することである。この商社の物流フローをモデル化したものが図-9.7である。

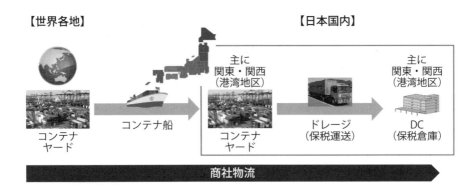

図-9.7　商社の物流フロー

海外で調達した商品は、航空便を利用する場合を除いて、まずコンテナにバンニング（コンテナ積み込み）され海外の港のコンテナヤード（コンテナ船会社の一次集積場所）まで運ばれる。その後、船会社によってコンテナ船に積み込まれて日本に運ばれ、日本の港でまたコンテナヤードに荷卸しされる。そしてここからトラックで引き取られ、主に港湾地区の冷蔵倉庫に運ばれる。引き取り運送、一次格納に利用される冷蔵倉庫は、通常まだ関税の留保されている状態を示す保

税状態なので、それぞれ保税運送（ドレージ）、保税倉庫と呼ばれる。
　その後、冷蔵倉庫の中で行われる工程について、畜肉を例に取り上げて説明したのが図-9.8である。

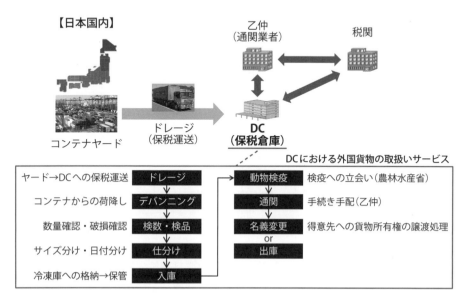

図-9.8　冷蔵倉庫内での物流工程（畜肉の例）

　コンテナで冷蔵倉庫（保税倉庫）に到着した荷物は、コンテナからまず荷卸しされ（デバンニング）、検数・検品、仕分けが行われて倉庫内に一旦格納される。その後、農林水産省の立会いで動物検疫が行われ、問題のないことが確認されれば通関手続きとともに関税が支払われ、晴れて国内で流通可能な内貨となる。この後、得意先に名義変更されたり、もしくは食品メーカーの指定の倉庫に運ばれたりして国内を流通することになる。

（2）食品メーカーの物流フロー
　食品メーカーが海外や国内産地から原料を調達し、自社あるいは委託先の工場で製品を製造・加工し、各得意先へ製品を販売している。この食品メーカーの物流フローをモデル化したものが図-9.9である。

第2編 収益力を高めるサプライチェーン

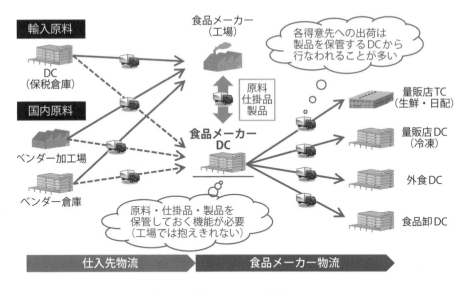

図-9.9　食品メーカーの物流フロー

　食品メーカーが工場で使用する原料には国内原料と輸入原料の両方がある。輸入品については、商社の物流の項で述べたとおり商社が商品を在庫している保税倉庫である冷蔵倉庫から工場に直接届けられるか、もしくは原料を在庫しておく工場近くの冷蔵倉庫に一旦入荷される。国内原料については、国内原料ベンダーの加工拠点か冷蔵倉庫から商品が入荷される。

　通常、食品メーカーの工場は、原料品・仕掛品・製品を全て保管しておくための大規模な冷蔵倉庫は持ちえないため、この機能を補完するために近隣の冷蔵倉庫を在庫拠点（Distribution Center：DC）として利用することが多い。このDCは食品工場に対する補完機能のみならず、量販店や外食など各得意先への出荷拠点の機能も果たしている。食品メーカーの物流フローにおいては、図-9.9には示していないが、同じDCでも得意先に直接納品するために設置されたフロントセンターと、各エリアのフロントセンターに商品を供給するためのマザーセンターの2種類に位置づけられるDCが存在することが普通である。

(3) 食品卸の物流フロー

　食品卸は、商社や食品メーカーから商品を仕入れ、品揃え、ボリュームディスカウントおよび軽加工などの付加価値を付けて得意先に販売するビジネスである。この食品卸の物流フローをモデル化したものが図-9.10である。

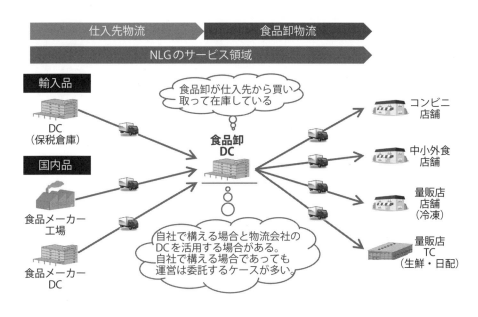

図-9.10　食品卸の物流フロー

　通常、食品卸は取引先である量販店、中小外食店舗やコンビニエンスストアの物流センターが設置されているエリアの近くにDCを設置しているケースが多い。従って全国展開している食品卸は、全国各エリアにそれぞれエリアデポを設置しており、リードタイムの短い納品にも対応している。製品のほとんどは仕入れ品であることが多いため、食品卸のDCまでは取引先である商社や食品メーカーのハンドリングによる物流であるケースが多い。

(4) 量販店の物流フロー

　量販店（スーパー・コンビニ・ボランタリーチェーン等）の物流は、日配品・

第2編 収益力を高めるサプライチェーン

冷凍食品等の加工食品に加えて、生鮮三品（鮮魚・精肉・青果）を取り扱うという特徴がある。この量販店の物流フローをモデル化したものが図-9.11である。

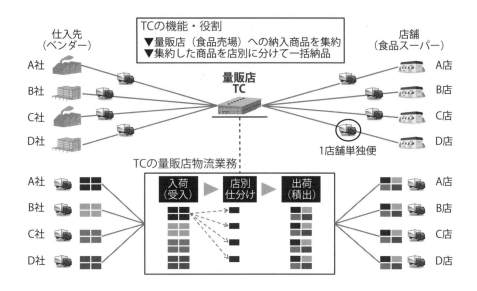

図-9.11　量販店の物流フロー

通常、量販店物流の構築においては、通過型センター（Transfer Center：TC）が設置されるのが一般的である。TCは1990年前後から各量販店が設置するようになり、現在では問屋を利用しない量販店のほとんどがこの物流システムを採用している。各納品ベンダーは翌日納品のオーダーを前日昼過ぎまでに受け取り、翌日朝までの決められた時間にTCに納品、TCではそれぞれの商品が入荷次第納品店舗別に仕分け、翌朝開店までに店舗に一括納品する。このTCは日々出荷する数量だけが納品される仕組みのため、在庫を置く前提にはなっていない。

　TC設置以前は、基本的に量販店のそれぞれの店に納品ベンダーがそれぞれ個別に納品していた。納品ベンダーには各店舗に全て納品しなければいけないという負担が、各量販店の店舗には個別のベンダーの荷受けを別々に行うという負担がそれぞれかかっていた。TCが設置されたことで、納品ベンダーは1ヶ所に当日の納品総数を納入すれば良くなり、店舗は当日納品の商品を一度に一括して受け

第9章 食品物流（低温物流）

入れられるようになった。これ以外にもTC設置のメリットは様々あり爆発的な普及の理由になっている。参考までにそのメリットをまとめたものが図-9.12である。

各プレーヤーのメリット

仕入先	量販店本部	店舗
▼ 物流コストの削減 ▼ 債権管理の軽減 ▼ 商品供給の簡素化	▼ 仕入コストの削減 ▼ 債権管理の軽減 ▼ 品質管理の向上 ▼ 物流コストの顕在化 ▼ 店舗展開の促進 ▼ 取引先の整理 ▼ 粗利の向上	▼ 納品車両の大幅削減 　（近隣環境の改善） ▼ 要員管理の計画化 ▼ バックヤード業務の軽減 　（販売業務へ専念） ▼ 顧客サービスの向上

生活者（社会）のメリット

- ▼ トータル物流コストの削減　→　**商品価格の低下**
- ▼ 運行車両の大幅削減　　　　→　**環境負荷の低減**
- ▼ 品質管理の向上　　　　　　→　**鮮度の向上**

図-9.12　TC化のメリット

(5) 大手外食の物流フロー

　外食産業における物流フローは大きく二つに分けられる。店舗規模がそれほど大きくない中小外食チェーンの場合は食品卸を活用している場合が多い。外食産業はメニューの充実を図るために取り扱い品目が多い一方で、単品ごとの取扱量は少ないという特徴がある。食品卸に商流と物流を一括して任せることで、物流費の削減や調達部門の負荷の軽減など様々なメリットがある。

　一方、店舗数や売上高が一定規模以上の大手外食になると取り扱う物量もある程度まとまったものになるため、独自に調達部門を持ち、食品メーカーや商社から直接仕入れることができるようになり、その場合には、物流も独自に組み立てることになる。大手外食の物流フローをモデル化したものが図-9.13である。

　通常、大手外食も各エリアにDCを設置する。大手外食の納入ベンダーは通常このDCに自社名義で商品を在庫しておく。店舗から日々発注が入り、出荷処理

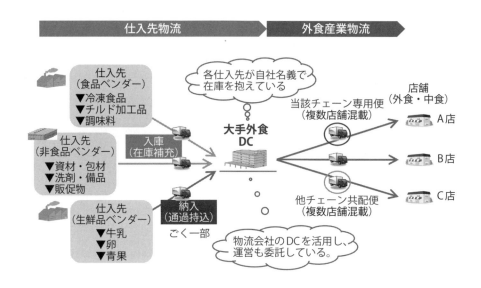

図-9.13　大手外食の物流フロー

がなされるとそのタイミングで大手外食に名義が変更されて店舗納品がなされることになる。この方式を消化仕入方式と言う。さらに、大手外食の物流フローの大きな特徴はこのDCで在庫商品と通過商品の両方を扱うことである。フライドポテト用の輸入ポテトやピザに使われる輸入チーズなどは通常大量に輸入され、このDCにストックされて必要な都度店舗に出荷されていく。一方で、サラダ用の野菜や牛乳などの乳製品は通常日々DCに持ち込まれて在庫品とあわせて店別に品揃えされて出荷されていくことになる。

　店舗配送においては、通常、各店舗別に指定時間が決められており、日々の与件に合わせて配車組みがなされて店舗納品されていくこととなる。

第3編
貿易・国際物流ネットワークの基盤

第10章 グローバルサプライチェーンの中の港湾

　本章では、本書の中で最もよく使われる用語である物流（Physical Distribution）、ロジスティクス（Logistics）およびサプライチェーン（Supply Chain :SC）について、参考文献1), 2)を基にその定義や相互関係をまず明らかにする。物流、ロジスティクスおよびサプライチェーンでは、いずれも、適量の財を適時、適確に顧客に届けるという役割は共通している。また、経済活動のグローバル化の急速な進展に伴って、物流、ロジスティクスおよびサプライチェーンは国境を越えてグローバルに展開した。そして、財の輸送や保管に加えて、通関、検疫、保安検査などの国境を越える時の手続きにも多大な時間と労力を要するようになっており、効率性と安全性の両立が大きな課題となっている。さらに、グローバルに展開したサプライチェーンの中に組み込まれている港湾では、陸上輸送と海上輸送の結節点として国境を越える手続きが行われ、適量の財を適時、適確に顧客に届けるための調整（保管）機能や付加価値を付けるための流通・加工機能も港湾で一体的に果たされることが多い。このように、貨物到着の定時性と確実性に加えて流通・加工機能までが強く求められるグローバルサプライチェーンの中での港湾の位置づけを改めて整理する。

10.1 物流、ロジスティクスおよびサプライチェーンの定義

　本書のタイトルは「グローバルロジスティクスと貿易」である。貿易とは、もとより国境を越えて商品や物資を売買し、売買条件に沿って売り手から買い手の手元に届けることである。一方、物流、ロジスティクスおよびサプライチェーンは、従来、国内で完結していたが、経済活動のグローバル化の進展に伴って、製品の企画・設計、調達、生産、販売、消費、廃棄・リサイクルまでの流れが国境を越えて多国間に跨ることが一般的になってきた。このため、物流、ロジスティクスおよびサプライチェーンが国境を跨いでいる場合には、グローバルという接頭語を付けて、グローバル物流、グローバルロジスティクスおよびグローバルサプライチェーンと言うことがある。

(1) 物流

1962年の米国物流管理協議会（The National Council of Physical Distribution Management：NCPDM）の定義や1965年の産業構造審議会の答申を参考にすると、物流とは「財（原材料、部品などの中間財、完成品および関連情報）の起点から終点に至るまでの効率的かつ効果的な輸送と保管を計画、遂行および統制する過程」とされている（図-10.1参照）。具体的には、包装（Packaging）、荷役（Loading and Unloading）、輸送（Transport）、保管（Storage）および情報（Information）通信の諸活動を指すが、あくまで一つの段階の起点から終点までの輸送と保管で完結する。また、近年では、財に付加価値を付けるため、生産機能に付随する流通・加工（Processing and Assembling）を物流の中で行うことが多くなってきている。

(2) ロジスティクス

一方、ロジスティクスとは「顧客の要求に合うように、原材料の調達（Procurement）から製品の生産（Production）、販売（Sales）、消費（Consumption）に至るまでの多段階に渡る財の効率的かつ効果的な輸送と保管を計画、遂行および統制する一連の過程」である（図-10.1参照）。すなわち、ロジスティクスとは、

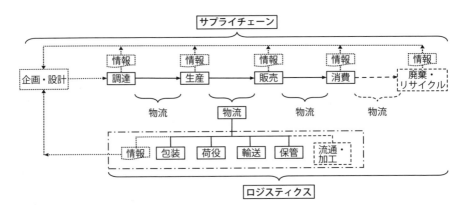

図-10.1　物流、ロジスティクスおよびサプライチェーンの定義と相互関係
出典：参考文献2）を参考に著者が作成。

この連鎖を俯瞰して顧客（すなわち個別企業）の立場で費用や利潤など何らかの意味で最適化するものであり、ロジスティクスの個別段階に焦点を当てている物流とはこの点が異なる。さらに、近年のロジスティクスは、消費を終えた後の廃棄・リサイクル（Waste and Recycle）までを含めるようになってきている点にも留意が必要である。

(3) サプライチェーン

サプライチェーンとは、ロジスティクスをさらに拡大した概念であり、特にロジスティクスの多段階の過程で得られた各種情報を活かした製品の企画・設計（Planning and Design）をその初期段階に組み込むことが多く、調達、生産、販売、消費、廃棄・リサイクルの各段階に関わる複数の主体（ステークホルダー）が、共通目的に沿って統合した連鎖である（図-10.1参照）。最上流に位置する製品の企画・設計段階から下流へと、また逆に最下流に位置する廃棄・リサイクル段階から上流へと繋がった連鎖がサプライチェーンネットワーク（Supply Chain Network：SCN）と呼ばれる。

従って、ロジスティクスの連鎖を俯瞰して顧客（個別企業）が自らの目的に沿って最適化を追求することは必ずしも関連する他の主体（他の企業）の最適化に資するとは限らないものの、連鎖全体に渡って複数の主体の共通目的を最適化するサプライチェーンマネジメント（Supply Chain Management：SCM）では全体最適の達成が可能となる。しかしながら、その実現には、複数のステークホルダー間の共通目的に沿った継続的かつ密なコミュニケーションが不可欠であり、また、サプライチェーンの各段階で生成される情報を有効に活用して製品の企画・設計を行い、新たな付加価値を創出することがその実現を後押しすることになる。

10.2 貨物の時間価値

適量の財を適時、適確に顧客に届けることを実現するためには、貨物の時間価値を考慮したサプライチェーンネットワークの最適化が必要となる。貨物の時間価値とは「貨物の荷受人が貨物の輸送時間を短縮することに対して支払ってもよいと考える金額」と定義することができ、貨物の輸送時間短縮価値（Value of

第10章 グローバルサプライチェーンの中の港湾

Freight Travel Time Savings：VFTTS）とされることが多い。そして、貨物の輸送時間短縮価値は、ドライバー等の人、トラックや船舶等の輸送機器、そして貨物の三つの要素の資本費用をすべて含む包括的な価値として、式（1）で表すことができる[3]。

貨物の輸送時間短縮価値＝（ドライバー＋輸送機器＋貨物）の資本費用 ……（1）

(1) 貨物の輸送時間短縮価値の計測方法

この貨物の輸送時間短縮価値の計測方法としては、①要素費用を積み上げて推定する方法と②支払意思額を推定する方法の二つの方法がある。要素費用の推定にあたっては、ドライバーの賃金率、トラック等輸送機器の資本費用、そして貨物の資本費用など輸送時間に依存する費用を様々なデータから直接積み上げることが多いが、これらの実際のデータを集めることは非常に難しい。一方、支払意思額については、物流企業の実際の経路選択行動結果などの顕示選好（Revealed Preference：RP）データから推定する方法と、仮想的な状況下での表明選好（Stated Preference：SP）を物流企業に尋ねる調査によって推定する方法がある。しかし、これについても、実際の経路選択時に選択しなかったものの候補とした選択肢の情報を用意することが困難であること、さらには企業の担当者に仮想の質問に答えてもらう時の回答のバイアスなど課題も多い。

(2) 要素費用法によって計測した貨物の輸送時間短縮価値の例

例えば、トラック1台分の貨物の価値を100万円と仮定すると、その貨物を今日売却して得られる100万円の価値と、同じ貨物を一年後に売って得られる100万円の価値は異なる。今日の貨物価値に相当する100万円を例えば金利1.0％で投資して一年後に得られるのは金利分を加えた101万円であり、この一年間の金利分の収益1万円がこの貨物の資本費用となる。具体的に、国土交通省の資料[4]によると、トラックで輸送するトラック1台分の貨物（平均4.2トン）の価値は約51万円であり、これを金利1.875％で投資したときの一年間の金利分の収益約9,500円がこの貨物の資本費用である。これを一時間当たりに換算するとトラック1台分の貨物の資本費用は1.09円／時間と推定される。また、これにドライバーの賃

金率(約3,000円/時間)とトラックの資本費用(約500円/時間)と合せた約3,500円/時がトラック1台分の貨物をトラックで輸送する時の輸送時間短縮価値である。この要素費用法で計測された例では、貨物の資本費用(1.09円/時間)が輸送時間短縮価値の中に占める割合は無視できる程度に小さいと考えられる。

(3) 支払意思額によって計測した貨物の輸送時間短縮価値の例

一方で、ヨーロッパ(オーストリア、ベルギー、チェコ、デンマーク、フィンランド、フランス、ドイツ、ハンガリー、アイルランド、イタリア、リトアニア、マルタ、オランダ、ノルウェー、ポルトガル、スロバキア、スペイン、スウェーデン、スイス、英国)および北米(カナダ、米国)における22か国41事例のトラック輸送の実証分析(支払意思額による推定)結果を総括すると[4]、トラック1台分の積載(残念ながら積載量は不明)貨物の輸送時間短縮価値は215〜5,901円/時(1.72〜47.21USD/時:125円/USD(2002年))と非常に大きなばらつきを示しているものの、平均では2,680円/時(21.44USD/時:125円/USD(2002年))と要素費用法で推定された日本の例の約3,500円/時に近い値を示している。ただし、このような支払意思額による推定結果から、貨物の輸送時間短縮価値を構成している要素費用(ドライバーの賃金率、トラックの資本費用および貨物の資本費用)の内訳を知ることはできない。

(4) 在庫管理モデルに基づく貨物の時間価値

しかしながら、式(1)で示される貨物の輸送時間短縮価値(ドライバーの賃金率、トラックの資本費用および貨物の資本費用)に占める貨物の資本費用は、常識的には無視し得ない程度に大きいと考えられる。その理由としては次のようなものが考えられる。例えば、小売店で商品の在庫切れを起こすとその商品の販売機会を失うという損失が発生する。また、メーカーの工場で部品の在庫切れによって生産ラインを止めてしまうと巨大な損失が発生する。このような場合、式(1)で表される貨物の輸送時間短縮価値に加えて、「必要な財を必要な時に必要なだけ」顧客に届けるための在庫費用を考慮する必要がある。さらに、この在庫量が在庫切れリスクに対して不十分であると上述の損失が発生する確率が高くなることから、損失額の期待値であるペナルティ費用を考慮する必要がある。これら

の費用を含めて考えることによって、我々の常識に近い貨物の時間価値を理解することができるようになる。

瀬木[5]によれば、物流、ロジスティクスおよびサプライチェーンの基本である「適量の財を適時、適確に顧客に届ける」ことを前提条件として貨物の時間価値を考えると、在庫費用に加えて、在庫切れが生じた場合のペナルティ費用を考慮できる在庫管理モデルを適用することで、これらの各費用間の関係も明らかにできるとしている。

在庫管理モデル[6]によると、貨物の時間価値には、式 (1) で示される貨物の輸送時間短縮価値に加えて保管費用（例えば、倉庫の賃料）と広義の減耗費用（例えば、生鮮食品の劣化に伴う商品価値の低下分）で構成される在庫費用がさらに含まれると考えられる。そして、この在庫費用は、「必要な財を必要な時に必要なだけ」顧客に届けるのが難しくなるほど高くなるため、荷主は貨物の輸送時間短縮に対して支払意思を持つことになる。さらに、在庫切れが顧客にもたらす損失額の期待値であるペナルティ費用も、貨物の時間価値に含まれると考えるべきである。従って、貨物の時間価値は、貨物の輸送時間短縮価値にこれらの費用を加えたものとして式 (2) で表すことができる。

貨物の時間価値＝（ドライバー＋輸送機器＋貨物）の資本費用
　　　　　　　＋在庫費用＋ペナルティ費用　　　　　……………(2)

例えば、消費者の嗜好が多様化したことから、アパレルのように消費者の嗜好に合った多品種少量の在庫を用意しなければならない小売店で在庫切れを起こすと、その商品の販売機会を失うという損失が発生する。一方で、多くのサプライヤーが提供する多品種の部品を集約して製品を組み立てる自動車工場の生産ラインにおいて、一つの部品でも在庫切れを起こせば生産ラインを停止させることになり、その時の損失は膨大なものになると考えられる。このように、在庫切れによる損失額が貨物の資本費用と在庫費用の合計額に比べて桁違いに大きい場合には、在庫切れを起こした場合の損失額の期待値であるペナルティ費用を一定程度まで下げるために、顧客の近辺に倉庫などを確保して一定量のベース在庫を持つことになる。こうすれば、貨物の資本費用と在庫費用の若干の増加によって、膨

大なペナルティ費用の発生を回避することができる[5), 6)]。

10.3 サプライチェーンの在庫リスク調整機能を果たす港湾

　10.1で紹介したように、上流から下流に向かってサプライチェーンに組み込まれている製品の企画・設計、調達、生産、販売、消費、廃棄・リサイクルの諸活動は必ずしも一ヶ国の中で完結するわけではない。逆に、経済活動のグローバル化の進展に伴ってサプライチェーンも国境を越える方が一般的になってきている。さらに、国境を越える最も長い距離の輸送には、海運が利用されることが多い。

　そして、在庫管理モデルが示すように、現実の貨物の時間価値には、ドライバー、輸送機器および貨物の資本費用に加えて、在庫費用とペナルティ費用が含まれると考えるべきであろう。このような在庫リスクの調整機能は顧客近辺に立地する倉庫が担っていると考えられるが、これらの倉庫の立地場所と港湾地域の関係を考えてみよう。

(1) サプライチェーン下流での在庫リスク調整機能

　まず、サプライチェーン最下流の販売と消費の場である小売店の視点でこのサプライチェーンを見ると、例えば、製品の企画・設計、調達、生産、販売、消費の一連の流れを国際展開しているアパレルの場合では、小売店かその近くの倉庫に多品種少量の在庫を用意しなければならない。しかしながら、そこで在庫切れを起こすとその商品の販売機会を失うという損失が発生することになる。

　このように国境を越えたサプライチェーンに組み込まれた小売店の場合、その保管の場（倉庫）および値札付けや検針などの流通・加工の場（倉庫）はいずれも大都市に近接する港湾地域に立地する傾向を強めている。特に、販売と消費の場は地価が高い大都市中心部に位置することが多く、近隣に在庫管理用の倉庫を立地させることは難しいことから、大都市背後の地価が相対的に安い港湾地域は、在庫リスク調整機能を果たす倉庫の立地に適している。さらに、流通・加工の労働力を集め易い大都市背後の港湾地域は、付加価値創出機能を果たす場としても期待されている（図-10.2参照）。

第10章 グローバルサプライチェーンの中の港湾

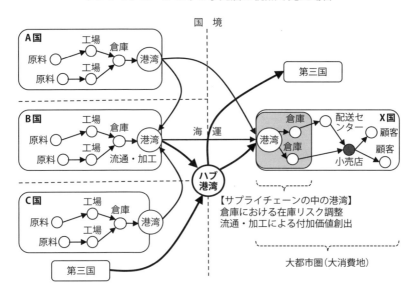

図-10.2　サプライチェーン下流での在庫リスク調整機能
出典：参考文献7）のFigure 5.3を参考に著者が作成。

(2) サプライチェーン上流での在庫リスク調整機能

　次に、逆にサプライチェーンの比較的上流に位置し、中間財である多品種の部品を集約して製品を組み立てる自動車メーカーの工場の生産ラインの視点でこのサプライチェーンを見てみよう。例えば、主要な自動車メーカーでは、製品の企画・設計、調達、生産、販売、消費の一連の流れを国際展開しており、その中でできる限り自社の在庫を減らしつつ、必要な部品を必要な時に必要な量だけ供給してくれる巨大なサプライチェーンが成立しなければ、在庫切れの損失が極めて大きなものにならざるを得ない。

　そこで、在庫切れによってラインを止めてしまった場合の損失額の期待値であるペナルティ費用を一定程度まで下げるため、サプライチェーンのプレーヤーは在庫切れの発生確率に基づくベース在庫水準を算定し、顧客（自動車メーカーの工場）の近辺に倉庫を用意することで在庫切れの発生リスクを下げることになる

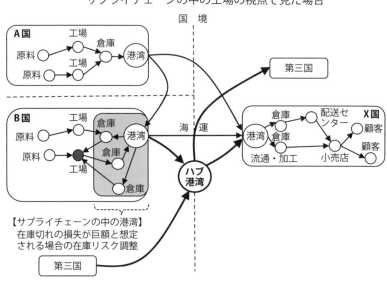

図-10.3　サプライチェーン上流での在庫リスク調整機能
出典：参考文献7）のFigure 5.3を参考に著者が作成。

（図-10.3参照）。あるいは、在庫切れリスク管理の究極の姿としては、自動車工場の周辺に多数の部品工場が立地して巨大な自動車産業コンプレックスを形成することとなる。

　さらに、このような在庫切れによる膨大な損失の発生を防ぐ別の方法として実際に見られる現象としては、相当程度の時間的余裕をもって（すなわち到着遅れのリスクを最小化して）顧客（自動車メーカーの工場）の周辺にトラックを到着させることによって周辺道路がトラックで占有されてしまうという例がある。この場合は、顧客の近くに倉庫などを用意していないので貨物の資本費用と在庫費用は輸送時間の余裕分程度の追加費用しか発生しないが、その代わりに顧客周辺道路で深刻な渋滞を引き起こし、社会的外部費用が発生することになる。

（3）サプライチェーンの様々な過程で在庫調整機能以上の期待を受ける港湾

　高度な定時性が求められるサプライチェーンが国境を越えて発達した結果、サ

プライチェーンが高度化・複雑化すればするほど部品などの中間財の在庫切れによる損失が巨大化し、サプライチェーンのプレーヤーは顧客の近辺に倉庫などを確保して一定量のベース在庫を持つことになる。そして、究極の姿としては顧客周辺に巨大なコンプレックスを形成することになる。このような機能に相応しい場は、港湾の背後地域に求められることが多く、例えば、タイのレムチャバン港の背後圏を含む臨海部に広がった自動車産業コンプレックスの形成はこのような事情を考えれば必然の姿であるとも言える。

このように、製造業の国際水平分業が進み、高度化・複雑化したサプライチェーンが発達すると予想されるASEAN地域および南アジア地域などでは、港湾およびその背後地域においてこれら製造業と倉庫業が複合的に融合したコンプレックスの空間を提供することが求められるようになると考えられる。

10.4 サプライチェーンに負の影響を及ぼしたコンテナ船の大型化

グローバルサプライチェーンの中で長距離海上輸送を担うコンテナ船は、1950年代に初めて誕生し、その後の約半世紀の間に急激な大型化を遂げたことは第18章で詳述するが、その最大船型は1970年代末で3,000TEU、1990年代で4,000TEU、そして1997年に8,000TEU、2006年に15,000TEU、2013年〜2015年には18,000〜20,000TEUにまで到達した。このように急速に大型化を遂げたコンテナ船による海上輸送は、規模の経済効果による低コスト輸送を実現したものの、一方で、サプライチェーンに様々な負の影響を及ぼしていることが最近指摘されるようになってきた[8]。

(1) コンテナ船の大型化によるピークの顕在化

定期コンテナ航路では、例えば、アジア〜欧州間をループに沿って同じ組合せの港湾にウィークリーで寄港しながらコンテナを集配するサービスを、航海日数8週間（56日間）の場合であれば8隻の船団で年間スケジュールに基づいて提供することを基本としている。

OECDレポート[8]では、コンテナ船の大型化が進んだ結果、超大型コンテナ船の寄港前後にコンテナターミナルに集散する一日当たりのトレーラー台数のピー

クが立ち上がったことが指摘されている（図-10.4参照）。また、大規模港湾では、長距離航路に就航する超大型船、中距離航路に就航する中型船、短距離航路に就航する小型船というように様々なサイズのコンテナ船が週間スケジュールに従って同一ターミナルを定期的に利用することから、その週内のピークが立ち上がり、ターミナル陸側から出入りするトレーラーの著しい混雑が発生している。その結果、予約済みの輸出コンテナの到着が遅れた場合にはコンテナ船の出発にも遅れが発生し、定期コンテナ輸送の定時性にも大きな影響を及ぼしている。

さらに、このピーク問題は、従来のコンテナターミナルのピーク時容量の不足を招き、またターミナル陸側の混雑によって顧客への配送遅れを招く事態ともなっている。そして、この問題はコンテナターミナルだけに止まらず、港湾地域内に立地する倉庫群にも伝播し、ひいてはサプライチェーン全体の定時性にも大きな負の影響を及ぼしている。

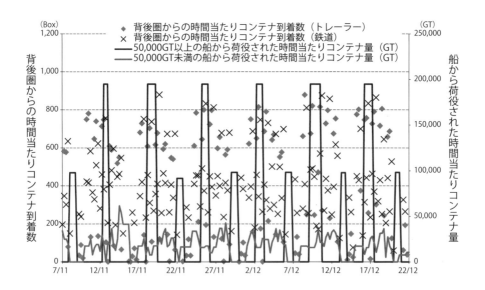

図-10.4　コンテナ船の寄港とコンテナ集散のピークの関係
出典：参考文献8) OECD/ITF, The Impact of Mega-Ships, 2015.

(2) コンテナ船の大型化による到着遅れの伝搬

　コンテナ船の大型化に伴って、コンテナ需要をできるだけ多く取り込んで船の積載効率を向上させるよう一回の航海での寄港数を増加させた結果、ループ一周の航海日数が長期化している。例えば、アジア〜欧州航路の場合、5,000TEU級のコンテナ船の場合、航海日数8週間（56日間）で12港に寄港していたが、6,500TEU級では、航海日数9〜10週間（63〜70日間）で13〜15港に寄港し、12,000TEU級では、航海日数11週間（77日間）で14港に寄港し、さらに18,000TEU級では、航海日数12週間（84日間）で19港に寄港している。

　このように、航海日数が長期化し、ループ一周の間に寄港する港湾数が増加したことから、前述したような混雑が発生した港湾での遅れがコンテナ船のその後の寄港地にも伝播して定期航路のスケジュールが乱れ易くなっている。そして、ループ全体でコンテナ船の到着遅れが発生し易くなっている。国境を越えて発達し、高度な定時性が求められるようになったグローバルサプライチェーンの全体最適を達成するためには、コンテナ船の大型化を進めてきた船社を含む全てのプレーヤーが協力して何らかの対応策を見出していく必要に迫られていると言える。

(3) コンテナ船の大型化によって長期化した輸送日数

　コンテナ船の大型化に伴って、規模の経済効果による低コスト輸送は実現したものの、コンテナ船のループ一周の寄港数が増加した結果、ループ一周の航海日数が長期化していることは上述したとおりである。コンテナの海上輸送日数について見ると、例えば、アジア〜欧州間の輸送日数（片道）は、コンテナ船の大型化に伴って4週間（28日間）、5週間（35日間）、5.5週間（38.5日間）さらには6週間（42日間）へと長期化している。そして、この傾向は、近海・中距離航路である日本〜東南アジア航路や日本〜南アジア航路でも同様に見られる。

　しかしながら、一般的に貨物価値の低いバルク貨物を除いて、あらゆる貨物が輸送されるコンテナ貨物の中には、高い時間価値を持つ貨物も一定程度含まれている。これらの貨物の中には、規模の経済効果による低コストで長期間を要する輸送サービスよりもリーズナブルなコストでの速達輸送サービスを求めるものもある。今後、製造業の国際水平分業がますます進み、高度化・複雑化したサプライチェーンが発達すると予想されるASEAN地域および南アジア地域と日本とを

繋ぐ定期コンテナ航路では、このように多様化した要請に応える輸送サービスの提供が求められると考えられる。

10.5 サプライチェーンの中でプロフィットセンターとして期待される港湾

サプライチェーンの発達とは別の意味で、経済地理学分野の既存研究[9]によれば、港湾や空港などの国際交通インフラの役割として「交通インフラ整備の度合いが高ければ高いほど、企業の生産性上昇、物流コスト低減、さらには海外市場へのアクセス強化を通じて、その国の経済活動が促進される」と言われている。

(1) プロフィットセンターとして期待される港湾

Fujimura M.は、海岸線を有していない内陸国においては、貿易に不可欠なクロスボーダーインフラ（Cross-border Infrastructure）の充実によって貿易の輸送コスト低減が可能であり、その輸送コスト低減を通じてその国や地域が国際競争力を持つようになるというコンセプトを提示している[10]。著者はこのコンセプトを、第三国間の中継貨物であるトランシップ貨物の取り扱いを含む範囲に拡張し、さらに港湾背後地域で付加価値ロジスティクス（Value Added Logistics：VAL）機能を併せ持ったトランシップサービスを提供することがトランシップ需要の他港への移転を防ぎ、港湾をプロフィットセンターとして機能させ、ひいては港湾経営の安定に繋がるという概念をモデル化した（図-10.5参照）。

港湾背後地域でVAL機能を併せ持ったトランシップサービスを提供すれば、VAL機能による雇用創出も期待できる。すなわち、コンテナ輸送に関しては「量は質である」と言われるようにその港湾のコンテナ取扱量を増やすことによって規模の経済効果が働き、輸送コストの低下を通じて取扱量をさらに増やす。それにも増して、その港のコンテナ取扱量が増えることにより航路ネットワークのカバーエリアと運航頻度が増加しサービス水準が向上するので、トランシップ貨物を含めてその港の利用がさらに増えるという正のフィードバック効果が働く。具体的には、日本発着の輸出入コンテナ貨物流動データをもとに、荷主のコンテナ輸送の経路選択行動をロジット分析した結果、海上輸送コスト、陸上輸送コスト、総輸送時間、運航頻度、トランシップリスクの5項目で表現でき、特に海上輸送

第10章 グローバルサプライチェーンの中の港湾

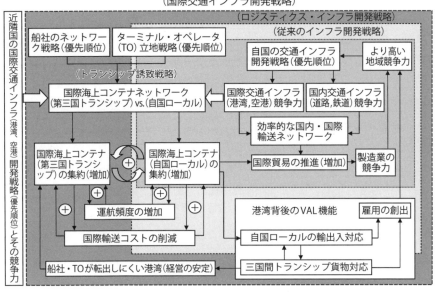

図-10.5 海上コンテナの集約、国際輸送費用の低減および地域の競争力
出典：参考文献10)を基に著者が大幅に加筆・修正したもの。

コスト低減と運航頻度増加がその経路選択に正の強い影響を与えることが明らかになっている[11]。

(2) 港湾をプロフィットセンターにするために

一方、日本のような島嶼国においては、国際交通インフラの持つ重要度が格段に大きいことは容易に理解できる。しかしながら、日本における従来の国際交通インフラ政策は、国内需要（貿易の場合は日本ローカルの輸出入貨物）を対象に港湾インフラの必要量を算定し、それに基づいて整備され貿易相手国とのネットワーク化が進められてきた。対照的に、近隣に急成長する中国が存在する東アジアでは、旺盛な中国の需要をトランシップ貨物として取り込むよう韓国や台湾が戦略的に港湾インフラや空港インフラを充実させてきた。これには、国家戦略としての国の方向性が明確に感じられる。

そのような情勢のなか、貿易に海上輸送あるいは航空輸送が不可欠な島嶼国で

は、その輸送コスト低減のため近隣諸国市場を対象に第三国間のトランシップ需要をできる限り取り込むことが重要である。しかしながら、トランシップ需要はライバル港との競争条件次第で他港へシフトし易い需要であり、ひとたび供給過剰になれば過当競争に陥り易いという大きなリスクがあるため、港湾背後地域にVAL機能を持たせることでそのリスクを大幅に低下させることが肝要である。

　我が国においても、最近の国際コンテナ戦略港湾政策の推進によって、国内からの集荷戦略に加えて、東南アジア～北米間の第三国間のトランシップ貨物もターゲットにした集荷戦略を展開し始めている[12]。今後は、単に第三国からのトランシップ貨物の集約に止まらず、港湾背後地域での付加価値ロジスティクス（VAL）機能まで視野に入れて、港湾を真のプロフィットセンターに育成する政策の展開に期待したい。

【参考文献】
1) 日本物流学会ロジスティクス研究会，物流・ロジスティクス・SCM概念について，(access: 14/10/2016, http://www.logistics-society.jp/01L-concept.pdf).
2) コロナ社，土木計画学ハンドブック，第16章「ロジスティクス」，2017（発刊予定）.
3) Zamparini, L. and Reggiani, A., Freight Transport and the Value of Travel Time Savings: A Meta-analysis of Empirical Studies, Transport Reviews, Vol. 27, No. 5, pp. 621-636, 2007.
4) 国土交通省，時間価値原単位および走行経費原単位（平成20年価格）の算出方法，2008.
5) 瀬木俊輔，在庫管理モデルを応用した貨物の時間価値に対する理論的アプローチ，土木学会論文集D3（土木計画学），Vol. 72, No. 2, pp. 113-127, 2016.
6) Song, J.-S., The effect of leadtime uncertainty in a simple stochastic inventory model, Management Science, Vol. 40, No. 5, pp. 603-613, 1994.
7) Rodrigue, J-P, Comtois, C. and Slack, B., The Geography of Transport Systems -Third edition-, Routledge, 2013.
8) OECD/ITF, The Impact of Mega-Ships, 2015.
9) Limao N. and Venables A. J., Infrastructure, Geographical Disadvantage and Transport Costs, The World Bank Working Paper Series No. 2257, 1999.
10) Fujimura M., Cross-Border Transport Infrastructure, Regional Integration and Development, ADB Institute Discussion Paper No.16, 2004.
11) Furuichi M., Evolving Short-Sea Container Networks in the East Asian Region, Journal of the Eastern Asia Society for Transportation Studies, Vol. 6, pp.814-824, 2005.
12) 坂下大輝，新たなステージを迎えた国際コンテナ戦略港湾政策について，港湾 2016年6月号，Vol. 93, pp.30-31, 2016.

第11章 コンテナターミナルオペレーターの役割と事業環境

　2017年は1956年に米国のシーランド社（現在は買収によりマースクライン社）の創業者であるMalcom Mclean氏が海上コンテナを発明し初のコンテナ専用船を就航させてから60年となる。

　この60年間に海上コンテナ物流がもたらした、港湾荷役の変化とコンテナターミナルオペレーターの役割と周辺環境の変化、今後予測される港湾運送業を取り巻く事業環境について解説する。

11.1 コンテナ船黎明期以前の港湾荷役

　ガントリークレーンで行うコンテナ専用船の荷役、RORO（Roll-On Roll-Off）船のランプウェイを利用した自走荷役を「革新荷役」と呼び、バラ貨物他様々な貨物を本船デリックあるいは陸上クレーンで多目的船（在来船）に積み込む荷役を「在来荷役」と呼んだ。

　コンテナ専用船の出現以前はRORO船を除いてすべて在来荷役で行っており、艀（はしけ）を利用した荷役が一般的であり、多くの作業員を要する、いわゆる人海戦術による典型的な労働集約型の業態であった。

　コンテナ専用船の登場により、船舶の荷役作業は大規模な装置産業に変貌していくことになる。

　ガントリークレーン（Quay-side Gantry Crane：QGC）、トランスファークレーン（Rubber Tired Gantry Crane：RTG）、ストラドルキャリア、空コンテナ専用サイドリフト式フォークリフト、トラクターヘッドと専用シャーシなど、大型の荷役機器の導入、広大な敷地の借り受けによりコンテナターミナル群が形成されていった。

　当初はコンテナ専用船にも本船デリックが装備されているものがあり、公共岸壁を利用して在来船同様のスタイルで荷役するケースや、本船デリックを有さない船舶の場合はトラッククレーンやクローラークレーンを岸壁に用意して荷役を行うケースもあった。

11.2 コンテナターミナルの役割とその機能

(1) 海陸一貫輸送の結節点としての役割

　日本では海上貨物輸送が貿易の99％（重量ベース）以上を占めている。その中で海上コンテナ輸送におけるコンテナターミナルはゲートウェイや海陸一貫輸送の結節点としての重要な役割を担う。コンテナターミナルには、非常に多数の専用シャーシをけん引するトレーラーがコンテナの搬入、引き取りに訪れ、内航コンテナ船も着岸する。日本にはないが海外では鉄道の引き込み線が敷設される例が多い。

　また、コンテナターミナルは、関税法上の指定保税地域として、輸出入貨物の外貨での一時保管機能（輸出入貨物を通関前に関税を留保したままの一時保管）や通関場所としての機能を持ち、通関審査、サンプルや見本の持ち出し、動植物検疫なども行われる。税関にとってもまさに水際のチェックポイント、結節点となっている。

(2) 船会社の船舶寄港基地としての役割

　船社が直接コンテナターミナルを経営している場合は、自社の設備として自社運航船舶の寄港基地となる。一方、自営ターミナルを有さない船社は、港湾運送事業者等が経営するコンテナターミナルと使用契約を結び船舶の寄港基地としてサービスの提供を受けることになる。

(3) 大規模装置産業、社会インフラとしての機能

　海上コンテナは、国際的に同一の規格で設計されており、全長では20FT（全長約6m）と40FT（全長約12m）の二つのサイズに大別される。高さは8'6"（2.58m）と9'6"（2.88m）に大別され、9'6"のコンテナは背高コンテナ（High Cube）と呼ばれる。幅についてはすべてのコンテナが8'（2.44m）に統一されている。

　機能面から見ると、通常のドライコンテナ（Dry Container）のほかに冷凍・冷蔵機能を有するリーファーコンテナ（Reefer Container）、規格外の貨物を積載するため天井の開閉が可能なオープントップコンテナ（Open Top Container）、天井と左右の壁の無いフラットラックコンテナ（Flat Rack Container）や液体を積

第11章 コンテナターミナルオペレーターの役割と事業環境

載するタンクコンテナ（Tank Container）等が存在する。

コンテナターミナルでは、これらの統一規格で規格化されたコンテナを専用の大型荷役機械によって船舶への積み卸しを行い、保管、トレーラーへの搬入・搬出に対応する。ガントリークレーンやRTGといった専用の大型荷役機械は非常に高額であり、コンテナを保管する敷地もたいへん広大である。

また、日本ではコンテナターミナルは、年間を通じて1月1日を除く364日間稼働しており、その機能が失われると企業の生産活動、流通、消費、社会生活にも大きな支障をきたす重要な社会インフラである。

ガントリークレーンによるコンテナ荷役

コンテナターミナルとRTG

図11.1　コンテナターミナルにおけるコンテナ船、ガントリークレーン、RTG

11.3 日本の港湾におけるコンテナターミナルの経営

1967年、京浜外貿埠頭公団と阪神外貿埠頭公団が設立されコンテナ埠頭およびライナー埠頭の建設、貸付、維持管理を行う組織が発足した。同年マトソン社のフルコンテナ船が東京港に初めて入港することでコンテナ荷役、革新荷役の時代がスタートすることになった。

1969年、コンテナターミナルの借受者について、いわゆる「若狭裁定」に基づく船社と港湾運送事業者間の協議が成立した。それは、コンテナターミナルは船社が借受者となり、その作業を港湾運送事業者に委託するという内容であり、港湾運送事業者はコンテナターミナルの借受者となる道が閉ざされた（ただしライナー埠頭および外貿貨物定期船埠頭は港湾運送事業者が借受者となった）。

その後、2002年のスーパー中枢港湾政策により現在に至るまで、港湾運送事業者が、主体的にターミナルオペレーターとして埠頭公団から転じた埠頭公社と借受契約を結び、コンテナターミナルの借受者となることができたのである。
　船社借受のターミナルは当該船社のみの拠点基地であり、コストセンターとしての位置づけである。それに対して、港湾運送事業者借受ターミナルは多数の得意先船社を誘致することが可能であり事業として利益を出すことのできるプロフィットセンターと位置づけられている。
　一方、船社および港湾運送事業者が共同で運営する共同借受ターミナルも存在し、そのスケールメリットから取扱貨物が増加し、利益を積み上げる体制を構築している例もある。
　また、海外では船社の関連子会社であるAPMT社、COSCO Pacific等の船社系メガオペレーターや各国のPort Authority出身のPSAやDubai Ports World（DPW）等のメガオペレーターがワールドワイドに事業展開し、スケールメリットを生かしたコストセーブを行い、顧客船社争奪戦を繰り広げている。
　外資系メガオペレーターが日本に進出することは港湾運送業界や労働組合など多くの参入障壁があり、非常に困難な状況にある。また、日本国内の5大港を見ても貨物量に比較してターミナルの数が多く、ターミナルオペレーター1社当たりの取扱量が伸び悩む傾向にある。
　例えば、東京港、神戸港を例に挙げると
東京港：9ターミナル（船社ターミナル：6、港運ターミナル：3）
神戸港：8ターミナル（船社ターミナル：5、港運ターミナル：3）
となっておりスケールメリットを生かしにくい状況になっている。
　これは、それぞれのターミナルが各々で労働者を抱え、高額な大型荷役機器を購入、維持管理し、ITシステムを開発、電力燃料を調達し、舗装などの維持管理を行うため高コスト体質になっているのである。
　また、若狭裁定による「船社が借受しその作業を港湾運送事業者が請け負う」論理により、港湾運送事業者は船社に紐付く権利を主張するうえ、労働組合は職域確保を主張するために、ターミナルの統合や共同運営など船社が合理的なターミナル利用を検討することの障壁となっている。
　2014年以降、コンテナ埠頭およびライナー埠頭の建設、貸付、維持管理を一元

的に行う組織として阪神国際港湾株式会社（2014年設立）、横浜川崎国際港湾株式会社（2016年設立）が国出資の港湾運営会社となったことから、今後のインフラ整備や貸付料の減額など港湾コストの低減がなされるものと期待されている。

11.4 港湾労働者について

港湾労働者とは公共職業安定所（通称：職安、ハローワーク）が交付する港湾労働者証を保持する労働者のことである。そして、コンテナターミナルをはじめ、日本の港湾地域に存在する公共岸壁、倉庫や上屋等の港湾施設は、港湾労働者の職域として確保されている。

前述したが、コンテナ荷役、革新荷役以前の港湾労働は、非常に多くの作業員を必要とし、また肉体的にも過酷な労働であった。零細な港湾運送事業者は作業員の雇用確保が維持できず、手配師と呼ばれるコーディネーターが人集めを担う形態が常態化していた。港湾労働現場は過酷な労働条件ということもあり、荒くれ者が多く、暴力団の介入やその資金源になることもあったことから、反社会的なイメージを持たれることが多かった。

港湾運送事業者が正常な常用雇用を行うにあたり、港湾労働法が制定され、港湾労働者の職域確保と労働条件の向上が図られることとなった。港湾労働法の趣旨は「港湾労働者の雇用の改善、能力開発及び向上等に関する措置を講ずることにより、港湾運送に必要な労働力の確保に資するとともに、港湾労働者の雇用の安定その他、港湾労働者の福祉の増進を図ることを目的とする」である。

現在ではコンテナ荷役の著しい増加によって労働環境の改善が進み、過去のネガティブなイメージはほぼ払しょくされている。しかしながら、港湾運送を生業とする事業者は一部の大手企業を除いてほとんどが中小企業である。港湾労働者は各企業の労働組合に加入するが、雇用確保や労働条件向上のために企業を超えて組織化された業界の労働組合が春闘の形で団体交渉を行っている。

特に大規模化したコンテナターミナルの現場では、新規航路開設、船社の合併統合、アライアンス結成や再編に伴うターミナルの集約などの要因によって取扱コンテナ数量が大きく変動し、投入される作業員の規模に大きな影響が出るため労務バランスの均衡を維持していくことが非常に困難である。

11.5 コンテナターミナルのIT化進展状況

　大規模装置産業となったコンテナターミナルのビジネスはIT（Information Technology）を駆使したシステム化なくしては語れない。当初からターミナルオペレーター各社はITに投資しターミナル運営の迅速化、効率化に努めてきた。

　船会社は世界共通のグローバルシステムを運用しており、ターミナルオペレーターは自らの保有するデータベースと船社が保有するデータをEDI（Electronic Data Interchange）によってタイムリーに共有せねばならない。現在では、船舶の動静、積み付けプラン、ブッキング情報、コンテナの在庫管理、コンテナの修繕、料金の請求支払い他、多岐にわたる情報がEDIでデータ交換されている。

　中でも、近年大きく状況を変化させたのは1999年のSea-NACCS 海上貨物通関情報処理システム（Nippon Automated Cargo Clearance System：NACCS）の大幅更改であろう。通関情報、搬入出情報がEDIによりタイムリーに処理されることとなり、ターミナルでの事務処理が大幅に改善されることとなった。

　現在も、船荷証券（Bill of Lading：BL）情報、ブッキング情報やコンテナピックの予約情報など荷主、船社、官庁を跨ぐ形で拡張しており、まさに日本の港湾システムのプラットフォームとして機能している。

11.6 コンテナターミナル周辺インフラと背後圏輸送モード

(1) 自動車輸送

　言うまでもなく、背後圏に網目のように張り巡らされた高速道路網によって、港湾から内陸のいかなる場所にも自動車で迅速にコンテナ貨物を輸送することができる。日本では、人口減少によるトラック運転手不足の懸念が議論されているが、タイムリーな輸送モードとしての地位は絶対である。

　トラック運転手不足対策としてのインランドコンテナデポ（Inland Container Depot：ICD）やコンテナラウンドユース（Container Round Use：CRU）が検討されているが、東京〜神戸間の約600Kmにメインポート5港を内包する狭い国土の中でICDが有効なインフラとして機能することは困難である。また、CRUは荷主同士のマッチング、要は「お見合い」であるが、タイミングや物量が確保で

きない状況での利用者の掘り起こしは非常に困難である。

　また、道路交通法上の問題も存在する。現行法制ではコンテナ貨物の最大積載重量は20FTで24,000Kgs、40FTで30,480Kgsが上限となっている。しかしながら国際海上コンテナの最大重量は20FTで30,480Kgs、40FTで32,500Kgsとなっており国内では陸送できないケースも発生する。

　もちろん、特殊トレーラーを使用すれば陸送可能であるが一般的に保有台数が少なくコストアップに繋がっている。

(2) 内航海上輸送について

　現在、日本には港湾法上の港湾として、国際戦略港湾5港（東京、横浜、川崎、大阪、神戸）、国際拠点港湾18港（名古屋、博多、北九州、苫小牧、室蘭、仙台塩釜、新潟、千葉、清水、四日市、堺泉北、和歌山下津、姫路、水島、広島、岩国、徳山下松、下関）、重要港湾102港の合計125港が存在する。西日本、九州、日本海側の港湾は、地理的な優位性により多数の日韓フィーダー航路が開設され、国際ハブポートである釜山港のスポークに繋がっている。一方、我が国は国際戦略港湾の育成、欧米基幹航路の維持・拡大のために国内の内航海運を国際フィーダー航路として育成を進めている。具体的には多数の拠点を生かして国際フィーダー航路が内航コンテナ船によって張り巡らされ、釜山港経由に流れていた国際コンテナ貨物を国内の国際戦略港湾経由に取り戻すため、国、地方自治体を挙げての取り組みが行われている。

　この内航コンテナ船を活用した国際フィーダー航路では、一般的に499総トン型（120TEU積）、749総トン型（200TEU積）が主な船型であったが、近年、2,400総トン（400TEU積）や7,300総トン（540TEU積）の大型内航コンテナ船が就航している。

　今後のトラック運転手不足により、国際コンテナ貨物の陸上輸送部分が内航海上輸送にシフトすることが期待されている。現状でトラック輸送されている国内流通貨物、産業廃棄物等をコンテナ化し内航海上輸送に転換し、国際海上コンテナと積み合わせて大型内航コンテナ船を活用することにより双方がコストメリットを享受することができるのである。加えて、CO_2削減効果により環境への負荷も大幅に低減することができる。

　ただ、内航コンテナ船の使用する燃料油が日本で課税されることなど、日韓フィーダー航路に対抗するにはコスト面での課題も多いが今後最も成長する輸送

モードであると考える。

(3) 鉄道輸送について

　我が国の鉄道貨物輸送には海上コンテナの輸送にとって多くの障壁が存在する。
①鉄道輸送で使用するコンテナはJR貨物が保有する12FT型が中心であり、海上コンテナの積載のスペースが取りづらい。
②貨車の最大積載荷重が40.7トンしかない。
③貨物ターミナル駅に海上コンテナ荷役に適した荷役機器が十分に配備されていない。
④40FTの海上コンテナはHigh Cube（9' 6"）が中心だが鉄道輸送が対応できていない。
⑤海外ではダブルスタックトレイン（2段積）もあるが我が国はトンネルが多く不可能。

　このような事情もあり、日本では国際海上コンテナの背後圏輸送において鉄道輸送シェアは非常に少量であり、従ってコンテナターミナルに鉄道線路が引き込まれている例は皆無である。

11.7　テロ対策（SOLAS条約のターミナルへの適用）およびコンテナ重量検査

　米国での2001年9月11日同時多発テロ発生後、我が国の港湾におけるテロ対策も強化された。具体的には2004年にSOLAS条約（海上人命安全条約）が改正され国際貿易を担うコンテナターミナルは制限区域となり、保安要員、監視カメラ、センサー付きフェンス等を置いてのセキュリティ強化が必要となった。その後、2010年にコンテナターミナル立ち入り者の3点確認（本人確認、所属確認、目的確認）が義務付けられ、PSC（Port Security Card）を利用した出入管理情報システムが導入された。現状では保安設備の整備、維持管理に要する費用は港湾管理者の負担となっておりコンテナターミナルの経営を圧迫することなく、本人確認に伴う渋滞問題なども発生していない。

　また、コンテナ船の大型化が進み、過積載のコンテナ重量に起因する船体破断事故、転覆事故が増加し、2016年、国際海事機関（International Maritime Organization：IMO）は正確なコンテナ重量を確定しVGM（Verified Gross

Mass）として船長に報告する義務を荷送人（Shipper）に課する内容を盛り込み SOLAS条約を改正した。従来も荷送人は船積書類にコンテナ重量を記載して、ターミナルオペレーター、船社を通じて船長に伝達していたが、日本でも今回定められたルールに基づいて確定したコンテナ重量を報告することが義務付けられた。2016年に施行された改正であり各国、各船社で対応が定まっておらず今後注視すべき事案である。

11.8 船社の合併、統合、アライアンス再編について

　コンテナ船を運航する船社は過去から合併、買収を繰り返しその経営規模を巨大化させてきた。また運航の合理化、コストセーブのためにアライアンスを結成してきた。

　2016年現在、海運とりわけコンテナ船の市況は海上運賃が史上最悪のレベルに落ち込み船会社の収益を圧迫している。2016年から2017年にかけて各船社は合理化、収益向上を目指して買収、合併、アライアンスの組み換えなど過去最大級の変革の年になることがすでに発表されている（表-11.1参照）。

①中国国営船社COSCO（業界5位）がChina Shipping（業界7位）と合併統合し、業界4位に浮上した。

②フランス船社CMA CGM（業界3位）がシンガポールのNOL（APL）（業界10位）を買収して業界3位に浮上し、2位のMSCに肉薄した。

③ドイツ船社Hapag Lloyd（業界6位）が中東船社のUASC（業界19位）を買収し、業界5位に浮上した。

④2Mアライアンス（Maersk、MSC）に現代商船（韓国）が参加し、アライアンスのシェアが29.7％に上昇した。

⑤CMA CGM、EVERGREEN、COSCO、OOCLが参加してOA（Ocean Alliance）を結成し、シェアが26.1％となった。

⑥商船三井、川崎汽船、日本郵船、Hapag Lloyd、韓進海運、陽明海運が参加してTA（The Alliance）を結成し、シェアが19.5％となった。

⑦韓進海運（韓国）の経営が破綻、法定管理となり精算する方向に進んでいる。

⑧日本郵船、商船三井、川崎汽船の邦船社大手3社は定期コンテナ船事業を統合

表-11.1 世界の主要コンテナ船社の船腹量ランキング（2016年11月11日現在）

順位	運航船会社	船腹量（TEU）
1	APM-Maersk（Denmark）	3,251,485
2	MSC-Mediterranean Shipping CO（Switzerland）	2,771,569
3	CMA CGM Group（France）	2,128,462
4	COSCO Container Lines（China）	1,578,205
5	Hapag Lloyd + UASC（Germany）	1,498,835
6	MOL 商船三井＋NYK 日本郵船＋K Line 川崎汽船（Japan）	1,363,500
7	Evergreen Line（Taiwan）	995,354
8	Hamburg Sud（Germany）	599,048
9	OOCL（Hong Kong）	570,987
10	Yang Ming Marine Transport Corp（Taiwan）	570,772

出典：Alphaliner-TOP100：operated fleets

し、2017年7月を目途に新会社を設立することを発表。統合新会社の規模は業界6位に浮上する見通し。

巨大船社のアライアンスは、2017年4月以降、2M、OA（Ocean Alliance）、TA（The Alliance）の3巨大アライアンスに再編・集約される。この結果、近い将来のコンテナ船社の再編により我が国のターミナルオペレーターもまた大きな影響を受けることとなる。

合併、買収に伴う使用ターミナルの一元化等により関係するコンテナターミナルの取扱個数に大きな増減の変化が生じる。特に近年の合併、買収は大型船社同士の統合が増加しており、影響は非常に大きく、港湾労働者の職域問題はもちろんのこと、コンテナターミナルの運営、借受そのものが危機に瀕する状況も発生する可能性がある。

11.9 船舶の大型化について

2000年以降、船舶燃料油高騰他のコスト増加をスケールメリットで解消するためコンテナ船は大型化の一途をたどっている。以前は5,000TEU〜6,000TEU積の50,000総トンクラスの船舶を大型船と呼んでいたが、現在では19,000TEU積

第11章 コンテナターミナルオペレーターの役割と事業環境

といった超大型コンテナ船が多数就航し、発注残も相当数残っている。このような超大型コンテナ船は主に貨物量の膨大な中国から欧州や北米への距離の長い基幹航路に配船されている。

　また、2016年6月にパナマ運河の拡張工事が完了し、商業通行が開始した。これまで海運業界で一つの指標とされてきたパナマックス（パナマ運河を通行できる最大船型）もまた大型化することとなる。従来のパナマックスは全長294.1m、全幅32.3m（コンテナの列数で13列）、喫水12mに制限されていたが、拡張後は全長366m、全幅49m（コンテナの列数で20列）、喫水15.2mに拡大された。過去、日本のコンテナターミナルではパナマックスを意識したガントリークレーンの配置が行われており、アウトリーチが本船の幅で13列～16列対応のクレーンが主流であった。5大港の東京、横浜、神戸、大阪、名古屋では一部18列～24列対応のクレーンにリプレースされているが、超大型コンテナ船の就航による玉突き（カスケード）で日本と東南アジアや中国を結ぶ近海航路のコンテナ船大型化も予測され、日本の港湾におけるガントリークレーンの大型化は避けられないだろう。

　コンテナ船の大型化は、もちろんターミナル運営にも大きな影響を及ぼすこととなる。例えば、コンテナターミナルの岸壁長が400mの場合、船長が200m以下のコンテナ船であれば2隻同時に着岸させて荷役することが可能であるが、今後は1隻しか着岸できずバース（岸壁）を確保できないための船混みが発生するであろう。

　また、超大型コンテナ船の寄港は当然のことながら非常に多くのコンテナ荷役作業を伴う。コンテナ荷役は1基のガントリークレーンごとに紐付く、約16名の作業員で構成されるユニット（通称でギャングと呼ぶ）で行われ、1ギャング当りの1時間の作業効率はコンテナ28～30本程度である。超大型コンテナ船の1寄港当りの取扱コンテナ数が3,000本とすれば、ガントリークレーンを5基投入した場合、5ギャングで20時間要することになる。

　20時間労働したこの16名×5ギャング＝80名は、翌日労働できないため、大型コンテナ船が2日連続で入港するコンテナターミナルは本船荷役に関わる作業員が最低でも160名必要となる。極論を言えば、週2日のみ、しかも連続で大型コンテナ船が着岸するターミナルで残りの5日間着岸船がなければこの160名は徹夜明けの休暇と土日を除いて丸2日間、作業が全くない状態になるのである。こういった労働の波動性をはらんでいることもコンテナ船大型化で危惧される点である。

11.10 荷役機器の高度化、自動化

　近年のIT技術の進化、技術革新および労働人口減少への危惧から産業用ロボットによる自動化、ビッグデータの活用、人工知能やGPS（Global Positioning System）を活用した、人的労働を伴わない生産活動が様々な産業で導入されている。

　港湾運送事業の現場でも、産業用ロボットである大型港湾荷役機械（ガントリークレーンやRTG）の自動運転、遠隔操作の技術はすでに日本メーカーの技術革新によって確立されており、海外のコンテナターミナルでは導入検討、開発中も含め全世界で実に25%程度が自動化されるとの報告もある。日本においては2005年に港湾運送事業の業界団体である日本港運協会と労働組合の協議において名古屋港でのみコンテナターミナルの自動化が認められたが1ターミナル限定での運用となっている。

　どの業界、業種においても、労働組合は自動化に対し職域縮小を危惧して反対姿勢をとるものである。港湾運送業界においても名古屋港の事例は特例だとして、他港への拡大に断固反対の姿勢をとっている。すでに10年以上前に確立された自動化の技術を凍結した結果、他国のコンテナターミナルに大きく後れを取る結果となった。

　特にガントリークレーンやRTGは港湾労働の中でも作業の生産性を左右する高度な操作技術が求められる荷役機器であり、労働組合の自動化への抵抗は理解できなくはない。しかしながら、今後の労働人口減少やコンテナ船大型化による労働の波動性の顕在化により、荷役機械のオペレーションを行う高度技術を有する作業員が不足することで日本のコンテナターミナルの生産性や地位が低下するような事態は避けなければならない。また、前述した港湾労働の波動性を和らげる意味でも荷役機器の自動化は議論されるべきであろう。日本で進化を遂げた自動化技術が、国内で使用できない現状は皮肉な結果である。

　また、IT関連でも港湾においては各国に後れを取っている。コンテナターミナルを訪れるトレーラーは入場時、退場時に、「ゲート」と呼ばれる関所を通過するシステムになっている。過去、IT化が進む以前は、ゲートに配置されたクラークと呼ばれる事務員が輸出貨物の搬入手続き、輸入貨物の引き取り手続きや書類の受け渡しを対面応対でコンピュータ入力して行っていた。

近年では無人ゲートシステムが登場し、カメラ画像を利用しての遠隔入力や事前予約時に発番されるIDコードをタッチパネルに入力する方式などの自動化、省力化による手続き時間の短縮が進んでいる。しかしながら、ターミナルを訪れるトレーラーを運行する陸運事業者の数はけた違いに多く、手続き不備などでうまく無人ゲートを利用できない例も散見される。陸運事業者を巻き込んだ形でIT化を推し進める障壁は高い。

そのような中、2011年、国土交通省の実証実験の形で、こちらも名古屋港において集中管理ゲートの運用が始まった。飛島埠頭に展開する、コンテナターミナル（飛島公共埠頭、NCB、TCB）を利用するトレーラーの搬入出手続きを一か所に集約して省力化したことが、各ターミナルゲートでの混雑緩和にも一役買っている。

このような取り組みも含めて、ゲートでのデータ収集、EDIによるデータ共有において日本のコンテナターミナルは全体的に立ち遅れている。高速道路のETCが90％近い普及率であることや、鉄道のICカードの普及例もあることから、各コンテナターミナルが独自のIT開発を行うよりも国土交通省の指導の下に業界共通プラットフォームが構築されることが望ましい。

11.11 日本のコンテナターミナルの今後

現在、我が国では国際コンテナ戦略港湾政策のもと、欧米基幹航路の維持・拡大を目的として官民を挙げて「集荷」、「創貨」、「競争力強化」に取り組んでいる。

① 「集荷」とは、現在釜山港等を経由して欧米等に輸送されている国際コンテナ貨物を我が国の国際コンテナ戦略港湾（京浜港、阪神港）経由に転換させるために国際フィーダー航路（国内の内航コンテナ船）を育成、活性化し、取り扱いコンテナ個数を増加させることで、欧米基幹航路の維持・拡大に繋げる取り組み。

② 「創貨」とは、貨物創出を表す造語であるが、国際コンテナ戦略港湾内に、貿易貨物に付加価値を付ける機能を持たせ、港湾周辺の貨物を創り出す施策。例えば部品を輸入し組み立てて輸出する、輸入貨物を加工して国内流通網に乗せる、輸出貨物を相手国仕様に加工、梱包する、といった施設の建設に補助金を交付することにより企業を誘致し、国際コンテナ戦略港湾の取り扱いコンテナ

数を増加させる取り組み。
③「競争力強化」は、海外のコンテナターミナルに劣らない、コンテナバースの建設、岸壁や航路、泊地の大水深化、荷役機器の増強等を行うことで、寄港地として選択される港に育成する取り組み。

　国家として欧米基幹航路の維持・拡大、国際競争力の強化を目指す取り組みには、官民を挙げての協力が不可欠であるが、世界各国を取り巻く海運業界の再編、各国コンテナターミナルの船社誘致の手法などにも、より感度を高めて調査研究を進める必要がある。

　前述のとおり、コンテナ船を運航する船社は、規模の経済を生かすために超大型コンテナ船の運航、巨大アライアンスの再編を推し進めている。受け皿であるコンテナターミナル側においても協業によるスケールメリットを考えていく必要があるだろう。

　船社の統合やアライアンスの再編は、港湾運送事業者にとって取り扱いコンテナ貨物減少の危機ではあるが、これを港湾運送業界、コンテナターミナル業界を改革する千載一遇のチャンスと捉えて、共同運営の道を探っていくべきである。岸壁、荷役機器、作業員、ITシステムを共同化し、施設や荷役機器の維持管理等を共同化することによってコストセーブが実現する。実際に名古屋港では飛島公共埠頭、NCB、TCB、鍋田埠頭の4か所で共同運営ターミナルが運営されており共同ゲートの構想も定着しつつある。

　また、国もしくは港湾運営会社により国際コンテナ戦略港湾に共同ゲートや共同プラットフォームを構築すること、入出港に関わる諸港費の減額などによりさらなるコストセーブを行えば、他国のコンテナターミナルに対する競争力の強化に繋がるはずである。

　日本国内において、荷役機器の自動化も含めて未経験の領域ではないので、官民ならびに労働組合が日本の将来の港湾とコンテナターミナルの姿を思い描きながら現在の危機に対応していくべきだと考える。

【参考文献】
1) www.alphaliner.com/top100/

第12章 倉庫業の役割と事業環境

12.1 倉庫業者の設立・沿革

「倉庫」という言葉を歴史上で辿ってみると、高床式倉庫のように人類が貯蔵という技術を産み出した古代にまで遡ることができる。以来、文明の発展とともに常に倉庫は存在した。無論、歴史上の言葉としての倉庫と現代の倉庫業とは定義も役割も異なったものである。前者は自己または限られた所有者の貨物を保管することを目的としている倉庫であり、後者は他人のモノを他人の依頼によって保管することを目的とする倉庫であることが一番の大きな違いである。

現代の倉庫に繋がる、産業としての倉庫業の始まりの一例としては、明治初期の民間銀行をルーツに持つ企業が挙げられる（表-12.1参照）。当時、銀行は動産を担保に融資を行う事業を行っていたことから、その動産を預かり、保管料を収受するサービスが付随しており、このサービスが倉庫部門設立当初の役割であった。業務が拡大するにつれて銀行の一部門から倉庫会社として独立し、大正以降、貿易の発展とともに、国内での運送および海外と国内の結節点である港湾運送へとその業域を拡大していった。第二次世界大戦の終結後、日本企業の海外進出に合わせて、倉庫業者も海外に進出し、主に日本企業向けに物流サービスを提供するようになった。このように倉庫業者は、倉庫での保管業務が原点ではあるが、それに付随する様々な事業にも進出しており、現在では倉庫業者の全体の収益構成に占める倉庫業の割合は2割から3割程度であり、倉庫業以外の事業でも収益を上げている（図-12.1参照）。

表-12.1　主要倉庫業者の沿革

住友倉庫	1895年　住友銀行倉庫部門設立	1899年　住友倉庫設立
三菱倉庫	1880年　三菱為替店設立	1887年　東京倉庫設立
三井倉庫	1892年　三井銀行倉庫部設立	1909年　東神倉庫設立

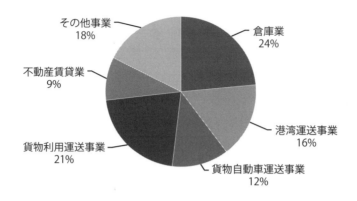

図-12.1　倉庫業者の収益内訳（平成26年度）引用1)

12.2 倉庫業の法的構造

(1) 法律で定義される倉庫業

　倉庫業に関する規定として、民法657条にて「寄託」という行為を、「当事者の一方が相手方のために保管することを約して、ある物を受け取ることによってその効力を生ずる」と定義している。従って、モノを預ける「寄託者」=「顧客（荷主）」であり、受け取る「受寄者」=「倉庫業者」となる。また、倉庫業者の行為等は商法にも、倉庫営業者の定義（商法597条）、受寄者の善管注意義務（同593条）、倉庫業者が発行する証券（同627条）等の規定がある。

(2) 特別法としての「倉庫業法」

　倉庫業法は「倉庫業の適切な運営を確保し、倉庫の利用者の利益を保護するとともに、倉庫証券の円滑な流通を確保することを目的とする」（第1条）法律であり、倉庫及び倉庫業の定義（第2条）、国土交通大臣への登録申請（第3条〜第7条）のほか倉庫証券の発行（第13条）等が定められている。

12.3 倉庫業者の基本業務──保管・入出庫・運送──

　前述のとおり、倉庫業者の主たる業務として、寄託者の貨物を保管することが

挙げられる。受寄物の内容は、企業の製品や製品の原材料に加えて、製品と関係のない会計書類のような、保存が義務付けられる文書類まであらゆるものが対象となる。一般消費者が寄託者となり、普段使用しない家財や毛皮等の保管を依頼する場合も保管業務の対象となる。

　寄託者は、業として保管行為を行う倉庫業者が適切な保管を行うことを期待して貨物を寄託している。倉庫業者にはそれに応じた善管注意義務が発生し、性質が異なる多種多様な貨物それぞれに対応できるよう、細心の注意を払って保管管理を行わなければならない。しかしながら、企業として利益を追求するにあたり、同時に保管効率を考える必要があるため、倉庫の構造、保管器具の利用、貨物の性質等を総合的に考慮して保管体制を構築していくことが必要となる。

　また、貨物を保管するにあたっては保管業務単体で存在するのではなく、様々な業務が一連の流れとなって存在する（図-12.2参照）。

　当然のことながら、何の手段も用いず貨物が倉庫に保管されている状態にはならないため、まず、貨物を顧客のもとより引き取り、倉庫に移さなければならない。そのための運送の手配も保管に付随して倉庫業者に依頼される場合がある。

　貨物が倉庫に到着した後、倉庫の戸口から実際の保管場所へと移動しなければならない。そのため、フォークリフト等によって移動させ、保管に適した状態で蔵置するための入庫作業が発生する。

　売却が決まったため客先に送りたい等の理由により、寄託者から保管中の貨物を引き取る指示があった時、入庫作業とは逆に、保管場所から貨物を移動させる出庫作業が発生する。

　出庫先までの運送についても、引き取り時と同様に倉庫業者が手配することがある。

　貨物を海外に輸出するといった場合には通関業務、コンテナ詰作業、海上輸送の手配等が付随して発生する。

　このように貨物を動かす様々な場面で倉庫業者は保管のみならず、多様な業務を行う。これらすべてを自社で行う倉庫業者もあるが、多くの場合は、運送はトラックを保有している運送会社へ、入出庫作業は荷役作業を業とする会社へと委託することでこれらの業務を行う。こうした協力会社とのパートナーシップを構築することで、倉庫業者は業務範囲を拡大し、顧客からの要望に応えることを可能としている。

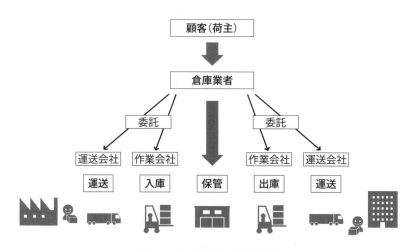

図-12.2 倉庫業者の主な業務

12.4 倉荷証券

倉荷証券は、保管している受寄物の返還を約して、倉庫業者が発行する証券である。倉荷証券を所持することで、証券の所持者は、倉庫に保管されている物品に対する返還請求権を持つ。証券の裏書きまたは引渡しによって当該債権も移転するため、実際の物品の引渡しをすることなく、法的に物品の引渡しと同様の効力を生じさせることが可能である（商法575条、604条、627条）。

12.1にて、倉庫業者が銀行の担保品預りから派生してきた経緯に触れたが、倉荷証券はかつてその性質を利用して、融資の担保としての役割を果たした。しかし、現在では資金調達方法の多様化と、不動産担保が一般的になったことから、倉荷証券を担保として利用する機会は殆ど存在しない。

一方で、倉荷証券は、商品市場の取引における現物の受渡しの手段の一つとしても利用される。大豆等の農産物や、金、アルミ地金等の非鉄金属等が倉荷証券の発券対象として挙げられる。こうした市場で用いられる倉荷証券は、例えば非鉄金属であれば、ロンドン金属取引所（London Metal Exchange：LME）で現物の代わりとして証券が売買され、貨物に対する債権が移転される。現物の引き渡しを以て占有権等が移転される場合と比べて、倉荷証券を用いる場合は、権利移

転を迅速に行うことができ、商品市場での円滑な取引に寄与している。LMEのみならず、世界各国の商品取引所が、取引対象となる貨物を保管する倉庫に対して、倉荷証券を発行する倉庫として指定し、倉荷証券を流通させることにより、商品市場の流動性を確保している。

12.5 倉庫の種類・設備基準

　倉庫業者が使用する倉庫施設は、倉庫業法に基づいて国土交通省の登録を受けている。この登録を受けた倉庫を営業倉庫と呼び、営業倉庫の登録を受けずに倉庫業を営むことはできない。倉庫業法および倉庫業法施行規則によって営業倉庫は種類が区分されており、その区分によって保管できる貨物に制限がある（表-12.2参照）。また、営業倉庫はその種類ごとに、防火、防水、防犯、防鼠等、様々な設備基準を満たしていることが条件となる。これらの基準は、建物の構造設備等を規制する一般法である建築基準法および消防用設備等の基準を示す消防法等と比較しても、特に高いものとなっている。

　こうした法による規制は、倉庫業の業としての公平性の確保と、貨物を適切に保管することを求める利用者を保護する目的からなされている。

表-12.2　営業倉庫の種類

倉庫の種類	特徴	保管貨物例
1類・2類・3類倉庫	一般的な建物形式の倉庫	農産物、食料品、製品等屋内に保管すべき貨物
野積倉庫	屋外の敷地を囲った倉庫	原材料、鉱物等、風雨に強い貨物
水面倉庫	海面、川面を区切った倉庫	原木等
貯蔵槽倉庫	タンク・サイロなど容器として使用する倉庫	穀物類、糖蜜などの液状物
危険品倉庫	防火上、建物が特別な構造の倉庫	石油、化学薬品等、消防法等により規制がある貨物
冷蔵倉庫	建物が冷蔵庫となっている倉庫	生鮮食品、冷凍食肉等

12.6 倉庫の役割

倉庫業者が営業倉庫を用いて行う保管業務は、次に掲げるような機能を有しており、社会全体の経済活動に欠かすことができない重要な役割を果たしている。

(1) 貯蔵機能

倉庫は大量の物資を安全に保管する機能を有する。小売店ベース、または消費者ベースのみで貯蔵を行うと仮定すると、直ぐに在庫が不足し、必要な時に必要なものが無いという状況に陥る。倉庫が大量の物資を保管し、消費者の需要に応じて適宜出庫することにより、安定供給に寄与している。

(2) 価格調整機能

荷主は、需給のバランスを考えながら倉庫からの出荷をコントロールすることにより、価格の暴落や高騰を防止または緩和することができるようになる。

特に農作物では、出盛期や端境期が存在することから価格の変動が大きく、これらを緩和することにより、一般消費者の経済生活の安定に寄与している。

(3) 物流結節点機能

船舶または航空機で一度に大量に貨物が到着した場合は、当該貨物をその場でトラック等の陸上輸送機関に積み替えることは物理的に困難な場合が多い。倉庫を経由することによって、他の輸送手段に適した物量を、複数回に分割して出庫することが可能となる。また、複数回にわたって少量の貨物が到着する場合は、倉庫に集約することによって一度に全量を出庫することを可能にする。このように倉庫は異なる輸送手段に切り替えるための結節点としての役割を果たし、効率的な輸送に寄与している。

(4) 販売促進機能

荷主が、販売先から受けた注文に応じて出庫指示を倉庫業者に与えることでタイムリーに貨物を届けることが可能となる。また、入庫時点での状態では消費者に貨物を届けることができない場合には、倉庫内で出荷前の検品および値札付け

等の流通加工を行う。これにより、貨物を倉庫から直接消費者のもとに届けることとなり、物流全体の効率化に寄与している。

12.7 現在の主要業務

(1) 保税業務

　12.6で述べた倉庫の役割の一つに物流結節点としての機能があることに触れたが、倉庫には海外と国内を結ぶ役割がある。輸出入貨物（＝保税貨物）を取り扱う倉庫業務がどのようなものか、次のとおり紹介する。

a. 保税地域としての倉庫

　税関は、輸入する貨物、輸出しようとする貨物がある時、輸入貨物の関税の徴収を行う業務や、当該貨物が輸入、輸出してもよい貨物かどうかの判断を行っている。税関がこうした一連の作業を行うまでの間、輸出入貨物を信頼のおける場所に保管する必要が生じる。このため、財務大臣による指定または税関長の許可を与えることによって、輸出入貨物の蔵置場所が限定されており、その指定または許可を受けた場所のことを「保税地域」と呼ぶ。外国からの輸入貨物、外国への輸出貨物は、漏れなく税関が管理するため、一定の例外を除けば必ずこうした保税地域を通過しなければならない。従って保税地域は、日本と外国とのゲートウェイの役割を果たすこととなる。

　倉庫業者は、税関から保税地域の一形態である保税蔵置場の許可を受け、一時的な輸出入貨物の保管に限らず、輸出貨物を輸送に耐えうるよう梱包を行うほか、海上輸送で使用されるコンテナに輸出入貨物を入れ出しする業務等を展開している。こうした保税地域として活用される倉庫は、輸出入貨物をスムーズに国内外に送付するために、船舶に貨物を積卸しするバース（岸壁）の背後地等に建てられることが多い。

b. 保税機能を活かした業務

　通常、海外からの輸入貨物に対しては、国内で消費されることを目的として、保税蔵置場に搬入後、3ヶ月以内に輸入通関（Import for Consumption：IC）を行

い、関税等を支払わなければならない。

これに対して、蔵入承認（Import for Storage：IS）を活用することで、保税蔵置場内の蔵置貨物は、2年間は外国貨物の状態で当該保税蔵置場に蔵置することが可能となる。

関税の高い物品を大量に輸入した場合には通関時に多額の関税等を支払わなければならず、荷主の資金繰りを圧迫することが懸念される。しかしながら蔵入承認の仕組みを利用することで、売却の目途が立った時点で当該数量をその都度通関することができ、一度に支払う関税等は当該通関の対象となる貨物に対応した額に抑えられる。また、市況によって取引価格が大きく変動する貨物の場合であれば、相場を見ながら、国内販売のタイミングを見計らって通関することも可能である。国内相場の状況が悪ければ、外国貨物のまま関税等を支払うことなく海外に再輸出するということも選択肢の一つとして増加することとなる。

(2) 配送センター業務

日本経済全体の発展の大きな流れとして、かつての大量生産・大量消費型の社会から、消費者のニーズの多様化に対応するため小ロット・多品種生産型の社会にシフトしている。現在では当然となっているが、消費者は必要なモノを、必要な時に、必要な量だけ手に入れることができる社会が実現している。

また、コスト削減を目的に調達・製造・配送・販売までの一連の流れを、モノの流れの連鎖（チェーン）として捉え、管理を行うサプライチェーンマネジメント（Supply Chain Management：SCM）と呼ばれる経営手法を導入する企業が増加している。必要な時に必要な数量だけを供給することによって、余分な在庫を抱えなくて済むためサプライチェーン全体のコストを下げることが可能となる。

このような消費者および企業の双方からの要望を成立させるための手段の一つとして、配送センターという存在が挙げられる。多品目の商品を需要に応じて小口でかつ頻繁に、短い納期で納品できる機能が、配送センターに期待されている。

消費者が必要なモノをいつでも出庫可能とするために、多品目小ロットの貨物を常に揃えていることが配送センターの特色の一つである。1品目で大量の貨物を預かるような倉庫であれば、その貨物をまとめて一か所に保管することが可能である。しかしながら配送センターでは、1品目あたりが少量でかつ種類が膨大

となる貨物を取り扱うこととなるため、種類およびロットごとに丁寧に分類して保管する必要がある。また、種類およびロットの多さに比例して貨物に対する情報量は非常に大きなものとなるため、情報システムの構築は不可避である。必要なモノ（＝出庫すべき貨物）を特定するためには、その貨物の特性にもよるが商品名、入庫日、製造日、入数、個数等、様々な情報が必要となり、かつその情報が膨大な種類ごとに必要となるため、洗練された情報システムを備えている必要がある。

消費者が必要な時に商品を届けるために、その情報システムは、荷主がアクセスできるよう構築する必要がある。倉庫業者は、荷主からの出庫指図に基づいて、貨物をピッキングし出庫作業を行うが、荷主が書類等によって倉庫業者に指示する従来の方法では、1日の出庫件数が膨大な量となるため、タイムロスが発生し、非効率である。このため、荷主が得意先から受けた発注データをそのまま出庫指図として送付できるよう荷主と倉庫業者の間のネットワークを構築し、荷主が迅速に出庫指図できるような体制を確立する必要がある。

また、情報面だけでなく、貨物を消費地に速やかに配送するためには配送セン

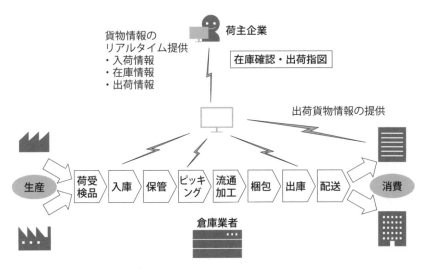

図-12.3　配送センター業務

ターの立地にも優位性が必要となる。高速道路のインターチェンジ付近等の運送への利便性を考慮することによって、貨物到着までのリードタイムの短縮に寄与することとなる。

　立地面については、運送のみならず、人員の供給面についても考慮する必要がある。配送センターでは、多品種の貨物を広範なエリアに迅速に届けるという目的を達成するために、通常の倉庫と比べて、ピッキング作業に多くの人手が必要となるため、拠点の設置にあたっては、労働力の確保も不可欠な要素である。

　消費者の必要な量だけ商品を届けるためには、倉庫で流通加工してから出庫することが求められる。例えば倉庫に入庫してきた時点では、1箱あたりの入数が10個である貨物を、5個ずつに仕分けのうえ梱包するといった流通加工を行うことによって、必要な量だけ届けることを可能とする。

　また、配送センターによっては、システムを通して、実際にいつ出荷したか、いつ配送先に到着したかといった情報を荷主にフィードバックし、これをもとに荷主の売上計上に必要不可欠なデータを提供する等、双方向の情報システムを構築することによって倉庫業者と荷主を強固に結び付けている（図-12.3参照）。

(3) トランクルーム業務

　これまで主に、企業が荷主となる場合を想定して述べてきたが、トランクルームサービスは企業以外にも、一般消費者が利用することが多い倉庫業務である。トランクルームサービスとは、一般消費者の所有する家財および企業の書類、オフィス什器等の非商品を保管するサービスである。一般消費者、企業ともに、収納スペースの不足や、海外引越時の残置貨物の保管といった場面で利用されることが多い。

　通常の商品の保管業務との大きな違いとして、トランクルーム貨物はその貨物の特性上、代替品が存在しないという特徴がある。通常の商品であれば、万が一破損または亡失したとしても、代替品の供給は可能である。しかしながらトランクルーム貨物の場合、貨物の価値に荷主の主観的な要素が含まれるため価格に換算できない重要性を持ち、代替品が存在しない。従って、万が一の破損、亡失が許されず、特に慎重に扱わなければならない貨物である。

　そのため、一般的な貨物の保管条件と比較して免震設備や温湿度管理のための

空調設備のほか、盗難防止等のためのセキュリティ設備等を高水準で備えていることが求められる。

文書保管サービスは、トランクルームサービスの一つであるが、近年特に需要が拡大している分野である。文書の電子化によりペーパーレス化が進展している一面は否定できないが、一方で法律により一定期間の保存が義務付けられている書類は増加している傾向にある。賃料の高いオフィススペースの無駄をなくし、効率化を図るために、こうした書類を外部保管する企業が増加していることが需要増加の理由として挙げられる。また、文書保管を外部に委託するメリットとして、倉庫業者側がセキュリティ設備や免震設備等を強化していることから、書類の確実な保管環境が確保できることも挙げられる。需要の伸びに対して、倉庫業者側も新規参入が多い分野であるため、各社が他社との差別化を行い顧客の獲得に乗り出している。

12.8 これからの倉庫業

(1) グローバル物流

日本企業が、コスト削減または海外市場への参入のために、海外に生産拠点を設ける動きは、もはや一般的な事象となっている。加えて現在では世界規模でのサプライチェーンの最適化や、災害への対応力強化のために生産拠点を海外に分散させる等、企業の海外進出の動きは活発に行われている。これに伴って、モノの動きも海外へ広がっているため、物流業者にとっては大きなビジネスチャンスが存在している。倉庫業者に絞ってこの状況を説明すると、以下のチャンスおよび課題が生じる。

a. 海外での倉庫施設の建設

日本企業が海外に生産拠点を移すとともに倉庫業者も現地に拠点を設けることで、これまで受託してきた貨物を継続して保管することに加えて、荷主が海外で新たに取り扱いを開始した貨物の保管を受託する等、その業容を拡大することが期待できる。日本国内で荷主企業の貨物をこれまで取り扱ってきたノウハウを保有していることは、海外現地の物流企業と競合となった場合に大きな訴求力を持

つ。また、海外に拠点を築くことにより、業容の拡大とともに、倉庫業者としての海外での業務の経験を蓄積することができる。現在、多数の日本の倉庫業者が、蓄積した経験を活かして、海外現地企業からの受託や、さらなる海外拠点の設立をターゲットに行動している。

b. 物流ネットワークのグローバル化

日本企業の海外への進出に伴う産業空洞化により、国内での物流業も減退することが想定されるため、その対応が必要となる。一方で、生産・販売の拠点が海外に移ることに伴って輸出入の機会が増える可能性があるため、保税地域としての倉庫の活用といった新たな商機が生まれることも考えられる。また、日本企業が海外で在庫を抱える場合には、日本国内と海外双方をカバーする在庫管理を行うことがサプライチェーン最適化の際に強く求められることから、倉庫業者は経験を活用して最適解を提供することで新規業務の受託または既存業務の拡大の可能性がある。

このように、グローバル物流へと移る潮流の中で、倉庫業者には従来と比較して世界規模の物流ネットワークへの対応が求められるようになっており、倉庫業者への期待および役割は拡大している。

(2) 物流不動産業

物流不動産業とは、倉庫等の物流施設を建設し、その建物の一棟全体またはフロア等の単位で利用者に賃貸する事業である。顧客とは貨物の受寄託の関係ではなく、スペースの賃貸借の関係であるため、倉庫業ではなく、不動産賃貸業に分類される。倉庫業者は荷主にスペースを割り当てて保管料を収受しているが、倉庫業者として貨物の管理を行っている。物流不動産業者の場合は、スペースを賃貸するのみであり、その後の貨物の管理は借り手となった企業が行う。

このように倉庫業と物流不動産業は違いがあるものの、物流不動産業者は倉庫等の物流施設を大量に供給することから、倉庫業者にとっては大きな脅威となり得る。一方で、荷主の需要がある場所に倉庫業者が倉庫を保有していない場合には、倉庫業者が物流不動産施設を貸借して、荷主の要望に沿った立地で倉庫業務を行うといったビジネスモデルも考えられることから、一概に対立する関係とは

断定できない。

物流不動産業はここ数年で倉庫等の施設の建設を急速に進め、より一層存在感を増している。倉庫業者がこれまで物流ニーズを把握できなかった企業からの需要を引き出している一方、急速な倉庫施設の増加によって供給過多となると、賃料の値下がりと同時に倉庫業者が荷主から収受する保管料にも影響を及ぼすことが想定される。

現在のところ、直接の影響が明確に表れてはいないが、倉庫業者を取り巻く環境として、物流不動産業には今後も注視する必要がある。

(3) 社会的役割
a. 環境対応

倉庫業に限らず他の産業においても環境との調和が求められているが、その中で倉庫業者として貢献できるキーワードとして、以下の四つが挙げられる。

①モーダルシフト

現在、国内・海外を問わず、陸上での主な輸送手段はトラックによる運送であるが、1トンの貨物を1キロメートル輸送する際のCO_2排出量はトラックと比較して、鉄道による運送は約8分の1、船舶による運送は約4分の1程度に抑えることができる。このような環境に配慮した輸送手段に切り替えることがモーダルシフトである。倉庫業者は前述のとおり倉庫業のみならず運送の手配等も行うことが多いため、そのような輸送手段の利用を推進することで、環境との調和を図ることができる。

②共同配送

これまで複数の企業が各々個別に配送を行っていたものを、互いに貨物を積み合わせて、輸送車両を共同運行することによって効率的な配送を行い、CO_2排出量の削減等に寄与することが可能となる。しかし、共同配送を荷主間で能動的に連携して行うことは未だ一般的とは言い難い状況にある。これに対して、倉庫業者は多数の荷主と取引を行い、倉庫には物理的に保管貨物が集積しているため、共同配送の仲介として高いポテンシャルを持っていると言える。

③物流拠点再編

複数の拠点から各消費地へ配送を行う荷主の場合、拠点を統合し、複数消費地

への配送をまとめて実施することによって、運送の効率化に繋がるケースもある。また、海外からの貨物を国内一か所で輸入するよりも、東日本向けを関東、西日本向けを関西で各々陸揚げすることで、陸上輸送距離の短縮を図ることができる。こうした物流拠点の再編は、倉庫施設を豊富に持つ倉庫業者によって提案することができる環境対策である。

④倉庫施設の環境対応

　倉庫業を営む中で、倉庫業者もまたCO_2を排出し、エネルギーを消費している。倉庫施設の建設時に断熱効果を高くすることによって、庫内をより省エネルギーで冷蔵、定温状態に保つことができるほか、倉庫施設の屋上部分に太陽光パネルを設置する等、倉庫業者単体で環境に配慮した対応を行うことができる。

b. 災害時の役割

　平成23年3月に発生した東日本大震災以降、企業は事業継続計画（Business Continuity Planning：BCP）[注1]に大きな関心を寄せることとなった。倉庫業者は災害等の場合においても荷主の資産である保管貨物を安全な状態に保つことが求められる。これは、荷主からの要望としても当然のことであるが、災害時に適切な管理ができていなければ、物流が機能不全に陥り、物資の不足といった影響を社会全体に及ぼすこととなる。このため倉庫施設が被災したとしても、被害を最小限に抑える必要があり、荷崩れ防止対策、被災時に作業を行うための非常用電源設備、免震構造の導入等、倉庫業者自らBCP対策を行っている。

　また、倉庫施設自体が、救援物資の保管場所としての役割、被災地への物資の配送拠点としての役割を果たす。倉庫業者としては、運送会社の協力を得て物資の輸送の手配を行うほか、被災地内の救援物資の集積場所に人員を派遣して、物資の管理や仕分け作業等が円滑に進むよう培ったノウハウを提供する等、倉庫業者に期待される災害時の役割は大きい。このような役割を果たすため、現在、自治体と倉庫業者の間で、災害時の協力協定を結ぶ動きが広がっている。

第12章 倉庫業の役割と事業環境

【注】
注1) 事業継続計画 (Business Continuity Plan：BCP) とは、企業が自然災害、大火災、テロ攻撃等の緊急事態に遭遇した場合において、事業資産の損害を最小限にとどめつつ、中核となる事業の継続あるいは早期復旧を可能とするために、平常時に行うべき活動や緊急時における事業継続のための方法、手段等を取り決めておく計画を言う[引用2]。

【引用元】
1) 国土交通省「平成26年度 倉庫事業経営指標（概況）」
2) 中小企業庁ウェブサイト「中小企業BCP策定運用指針」用語集 http://www.chusho.meti.go.jp/bcp/index.html

【参考文献】
1) 株式会社住友倉庫 編，住友倉庫百年史，株式会社住友倉庫，2000.
2) 三菱倉庫株式会社 編，三菱倉庫百年史，三菱倉庫株式会社，1988.
3) 三井倉庫株式会社社史編纂委員会 編，三井倉庫八十年史，三井倉庫株式会社，1989.
4) 市来清也，倉庫概論，成山堂書店，1985.
5) 有田喜十郎，倉荷証券法の実証的研究，法律文化社，1962.
6) 倉庫法令研究会 編，八訂 倉庫業実務必携，ぎょうせい，2016.
7) 日本関税協会，保税ハンドブック，日本関税協会，2015.
8) 運輸省貨物流通局貨物流通施設課 監修，トランクルーム読本，第一法規出版，1991.
9) 国土交通省，総合物流政策大綱 (2013-2017)，2013.
10) 経済産業省・国土交通省，ロジスティクス分野におけるCO_2排出量算定方法共同ガイドライン Ver.3.1，2016.
11) 国土交通省物流審議官部門物流政策課，「災害に強い物流システムの構築」に向けた主な取組の進捗状況の公表について，2016.

第13章 航空貨物のグローバルネットワーク戦略

　グローバルな航空輸送サービス市場では、ハブアンドスポーク型ネットワークが形成されてきたが、近年では、ポイントトゥポイント型ネットワークを形成する多頻度・低運賃の直行便を運航するローコストキャリアの参入が進んでいる。グローバルな航空ネットワーク全体として見れば、ハブアンドスポーク型ネットワークが依然として主流であるが、北米や欧州における域内航空サービス市場では、ポイントトゥポイント型ネットワークに進化するという現象も見られる。このような航空ネットワークの構造は、時間を越えて決して安定的ではなく、それを利用する航空会社の経営戦略によって容易に変化するという特性を持っている。本章では、ANA Cargoを中心とした全日本空輸株式会社（All Nippon Airways Co., Ltd：ANA）のグローバルネットワーク戦略に関して沖縄貨物ハブの詳細と、成田空港・羽田空港を中心としたグローバルネットワーク戦略について解説する。

13.1 ANAとは

　ANAとは定期航空運送事業を中心に旅客・貨物の輸送を行う航空会社である。1952年（昭和27年）に第二次世界大戦によって壊滅した我が国の定期航空事業を再興することを目的に、日本ヘリコプター輸送株式会社を設立したことがそのスタートとなっている。ここで注目されるのは民間の手で日本の空に飛行機を飛ばそうとしたことである。また、現在も使われている航空会社のツーレターコード（便名の前につくアルファベット二文字）はNHであるが、これは日本ヘリコプターの名残である。

　その後1953年には東京～大阪間の貨物輸送を開始、1986年に東京～グアム線の就航により国際定期便の運航を開始、さらに1999年には航空連合スターアライアンスに加盟した。貨物部門としては2002年にボーイング767フレイター（貨物専用機）を導入し、2014年にはANAグループ内の貨物事業を行う部門を統合して株式会社ANA Cargoを設立した。

それ以前の貨物輸送の戦略策定や営業はANAグループの中でANA貨物事業部が行い、空港オペレーションについてはANA Logistics Service株式会社が行うなど貨物に携わる組織が分断されていたが、計画から実務まで一気通貫で行えるようANA Cargoに統合したのである。

13.2 沖縄貨物ハブ設立の経緯

　従来ANAグループの国際貨物事業は、日本貨物航空株式会社（Nippon Cargo Airlines Co., Ltd：NCA）と協業で事業を展開していた。かつては航空憲法と呼ばれる航空会社の棲み分けが旧運輸省によってなされ、国際線の運航は日本航空に限られ、ANAは国内線と国際チャーター便の運航に制限されていた。この棲み分けに風穴を開けるために船会社各社と組んで国際貨物航空会社としてNCAを立ち上げたのである。NCAを設立することで、国際線就航航空会社を事実上複数社にすることを実現し、ANAグループ内に国際線運航のノウハウを蓄積して来る日に備える狙いがあった。

　その後、紆余曲折を経て航空政策は変更となり、ANAは1986年に国際定期便に進出を果たした。暫くはANAの旅客便の貨物事業とNCAの貨物便の貨物事業をそれぞれ並列で行っていたが、次第にNCAの一方の株主である船会社との経営方針の違いが明確になってきたため、将来的な貨物事業を抜本的に考え直すこととなった。

　2005年時点でNCAの主要株主であった日本郵船との交渉の結果、ANAはNCAの経営から撤退し、独自で貨物事業を展開する道を選んだ。そこで、ANA独自で貨物事業戦略を策定することになり2007年度に中期計画を策定した。その内容には3つの柱があり、それは、①大型貨物専用機の導入、②沖縄貨物ハブの構築、③エクスプレス事業への進出であった。中期計画に基づいて3つの柱の準備を進めていたが2008年秋にリーマンショックが発生し、国際航空貨物市場は大きく影響を受けることとなった。極端な市場の低迷のため大型貨物専用機の導入は見送り、沖縄貨物ハブの構築とエクスプレス事業に絞って進出することとなった。

　そもそもなぜ沖縄貨物ハブを設立することになったかと言えば、当時の国際航

空貨物市場の予測によると、世界全体の中でアジア域内の成長見込みが高位であったことが挙げられる。また、一般貨物とエクスプレス貨物の比較ではエクスプレス貨物市場の伸びが大きく、さらに成長が見込まれるアジア域内においてもエクスプレス貨物市場の伸びが大きいと予想されていた。

政府（第一次安倍内閣）は2007年に「アジアゲートウェイ構想」を打ち出しており、これに加えて「国際物流拠点形成」構想を推進する沖縄県と、上述の沖縄貨物ハブによってアジア主要都市を繋ぐ国際航空貨物ネットワークの構築を目指すANAの戦略が一致したため、沖縄貨物ハブ構想が具体化し、2009年10月に高品質・ハイスピード輸送をコンセプトとした沖縄貨物ハブがスタートした。

また、沖縄貨物ハブの特徴としては、①地理的優位性、②24時間運用可能な高機能空港、③運航権益、④物流インフラ、⑤豊富な国内旅客便ネットワークとの接続が挙げられる。

地理的優位性については、沖縄を中心に飛行時間4時間の同心円を描くとソウル、上海、台北、香港等のアジアの主要都市がすっぽり入る位置にあるなど沖縄は航空貨物ハブとして地理的に理想的な場所に位置している。加えて、那覇空港は成田空港や他の多くの日本の空港のように運用時間制限がなく24時間運用可能である。さらに、那覇空港は日本国内にあるため日本の航空会社が運航するに当たっての権益を行使できる。また、沖縄県が空港周辺に整備している物流インフラが充実しているばかりか、豊富な国内旅客便ネットワークを使える等ネットワーク展開の可能性が高いことも沖縄貨物ハブのメリットである。

沖縄と言えば台風を思い浮かべ、そんなところをハブ空港にすると運航が乱れるのではないかと心配する声も多いと思われるが、那覇空港の実際の就航率は全国平均を上回っており、日本国内の主要空港と同等の就航率となっている。台風の襲来はあっても短時間で通り過ぎるので沖縄貨物ハブの運用時間帯に大きな影響を及ぼすケースは思いのほか少ない。

13.3 沖縄貨物ハブの概要

沖縄貨物ハブのネットワークはいわゆるハブアンドスポーク型モデルである。那覇空港をハブとして各就航空港との間を結ぶ路線がスポークとなってネット

第13章 航空貨物のグローバルネットワーク戦略

ワークを形成している。その特徴は、①貨物専用機（B767-F）を那覇空港からアジア主要都市および羽田・成田・中部・関西の国内各空港に向けて深夜・早朝に発着させ、②羽田空港の豊富な国内旅客便ネットワークに接続するとともに、③那覇空港から国内21都市への直行旅客便ネットワークにも接続可能であり、④これらを活用することで国内主要都市からアジア主要都市への急送ニーズにも対応可能なことである。

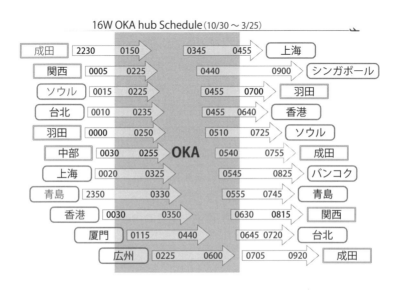

図-13.1　沖縄貨物ハブ便の発着時間

　実際のオペレーションとしては、沖縄貨物ハブ便（貨物専用機）が夜中の24時前後に一斉にアジア主要都市の空港および羽田・成田・中部・関西の各空港から那覇空港に向けて出発し、深夜1時30分から3時くらいまでに那覇空港に到着する（図-13.1）。そして、那覇空港で貨物を載せ替えてから早朝5～6時までに再びアジア主要都市の空港および羽田・成田・関西の各空港に向けて出発し、概ね7～9時に到着するというものである。これによって、これらのどの空港からどの空港にでも夜中に出発した貨物を翌朝には届けることができ、均一でハイスピードの輸送サービスを提供することが可能となっている。

ANAは、那覇空港に27,700㎡の専用上屋を擁し、そのうち19,381㎡を国際貨物のハンドリングに使用している。貨物専用機はこの上屋の前に駐機するので効率的なハンドリングが実現できている。また、ハンドリングに際しては80パーセント以上の貨物は那覇空港でコンテナや航空パレットからブレイクダウンせずに、直接次便に搭載しているので迅速な積み替えができるばかりか、紛失やダメージなどのイレギュラーの可能性も極めて低い。通関や積み直しを行う必要がある一部の貨物のみコンテナ等を上屋に引き込んでブレイクダウン作業を行っている。

航空機の稼働率の面でも沖縄貨物ハブは効率的である。その理由としては、沖縄貨物ハブ便（貨物専用機）は夜中から翌朝にかけて稼働しており日中は別のフライトとしてアジア主要都市への直行便（貨物専用機）として往復運航している。これによって日中は通常の航空貨物を取り扱い、夜間は沖縄貨物ハブ便として急送貨物を取り扱うといったツープラトンの輸送サービスを提供している。

さらに、沖縄貨物ハブが採用しているハブアンドスポーク型システムでは航空機の資本費の大幅な削減が可能である。具体的には、直行便で12都市を結ぶと83路線となり42機の航空機が必要となるが、ハブアンドスポーク型システムを導入すれば10機で同規模の12都市をカバーすることができる（図-13.2）。これに

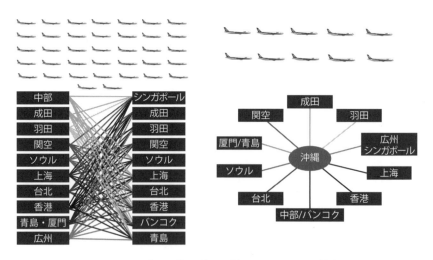

図-13.2　ハブアンドスポーク型システムによる効率化

よって、航空機の資本費のみでなく乗務員の人件費、燃料費、着陸料等の費用も大幅に削減可能となる。

那覇空港の国際貨物取扱量は2008年にはほぼゼロであったが、このような沖縄貨物ハブの稼働によって2004年には成田空港、関西国際空港、羽田空港に続いて全国第4位の実績を誇るまでに拡大した。

13.4 沖縄貨物ハブの具体的な運用

(1) 地方空港の発着時間帯

沖縄貨物ハブ便(貨物専用機)と国内旅客便を組み合わせることによって国内の地方都市とアジア主要都市が驚くほど近くなる。ANAは、国内の強大な旅客便ネットワークを沖縄貨物ハブでアジア主要都市への沖縄貨物ハブ便(貨物専用機)のネットワークと融合させることによって国内の地方都市でも大都市圏と変わらない集荷、配達時間でアジア主要都市への輸送サービスを提供することを可能としている。

例えば、日本から輸出する場合、地方空港を夕方に出発する旅客便に載せて羽田空港に輸送すれば、羽田空港を24時に出発する沖縄貨物ハブ便(貨物専用機)

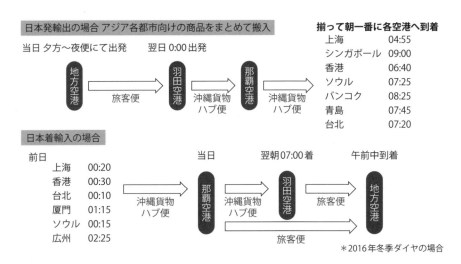

図-13.3　沖縄貨物ハブ便と国内旅客便ネットワークの接続

に搭載することによって那覇空港経由でアジア主要都市に翌朝一番には到着させることができる。逆に、輸入の場合もアジア主要都市の各空港を夜中に出発する沖縄貨物ハブ便（貨物専用機）に載せると、那覇空港で羽田空港行きの沖縄貨物ハブ便（貨物専用機）に載せ替えることで羽田空港には翌朝7時には到着し、そのまま羽田空港発の地方空港への旅客便に接続することで午前中には地方空港に到着させることができるのである（図-13.3）。

これを実際に活用して、ヤマト運輸とANAが日本各地の農水産品をアジアに急速輸送で輸出する物流プラットフォームを構築している例を紹介しよう。これまでは、地方都市発の貨物は一度大都市へ輸送しそこで仕立て直しを行ってアジア主要都市へ輸送していたため、大都市発の貨物と比べて1日余分に時間が掛かっていた。しかし、沖縄貨物ハブを利用することで受注日当日に貨物を輸出することができ、配達時間を1日短縮することができるのである。

(2) 物流拠点化

那覇空港に隣接する地域には、沖縄フリートレードゾーンがあり、そこには沖縄県が設置したロジスティクスセンターが整備されている。2016年11月現在、1号棟から4号棟まであり、物流拠点としてのインフラが整っている。この施設を活用して沖縄をパーツセンターやストックポイントとして活用する動きが既に出てきている。

成田空港では、運用時間の制限によって夜間の離着陸ができないので、東京近郊の倉庫に在庫を保管している場合には海外からの受注のカット時間は16時くらいになる。しかし、那覇空港周辺の倉庫に在庫を保管していれば海外からの受注を深夜まで受けることができ、アジア主要都市であれば翌日朝の配達が可能となる。

また、那覇空港周辺の倉庫では、那覇空港から沖縄貨物ハブ便（貨物専用機）を利用して成田空港・羽田空港に早朝に到着させれば、その後の欧米向け旅客便にスムーズに接続することができるため、那覇空港周辺地域では首都圏に引けを取らないカバー範囲の配送体制を実現できる。

(3) 役割の進化

ここまで述べたように沖縄貨物ハブの活用に関しては段階を経て進化している

と言える。これはANAの戦略だけではなく、ANAに呼応して沖縄県や民間企業が取り組んできた事柄が有効に結合した結果である。

第1ステージ【ホップ】（開始当初）
　①ANA国際貨物ハブ開始
　②沖縄県産品の輸出拡大
　③国際物流拠点産業集積地域（国際物流特区）の創設
第2ステージ【ステップ】（現時点）
　④航空路線の拡充
　⑤国際物流特区の拡大
　⑥全国特産品流通拠点化推進
　⑦フォワーダーの物流拠点
　⑧緊急パーツセンター
第3ステージ【ジャンプ】（これから）
　⑨那覇空港滑走路増設
　⑩食品流通加工拠点の確立
　⑪流通・保管・展示・3PL等の拠点形成
　⑫世界的メーカーの物流拠点
　⑬航空・海運企業の進出

13.5 グローバルネットワーク

(1) コンビネーションキャリアとして

　ANAは、アジアで展開する物流雑誌Payload Asiaが主催するPayload Asia Awards 2015においてX Factor賞を獲得した。この賞は航空貨物業界において斬新なサービスや商品を提供するとともに、業界に変革を起こした企業に贈られる賞である。ANAは2013年にCombination Carrier of the Yearを獲得し、翌2014年には同賞と併せてMain Deck Carrier of the Yearも獲得した。これはANAが貨物専用機と旅客機の両方を所有する航空会社（コンビネーションキャリア）として沖縄貨物ハブを始めとして様々な挑戦を続けてきたことが、アジアの航空貨物

業界をリードする存在として評価されたことを意味している。

それでは、ANAはコンビネーションキャリアとしてどのようにグローバルネットワークを展開しているのであろうか。ANAは日本を拠点とする航空会社として地理的優位性と背後圏需要を有している。今後もアジア発着の航空貨物市場は大きな成長が見込まれる中、特にアジア域内とアジアから欧米向けの伸びが大きく期待されている。アジアの北東部に位置する日本はこのような域外物流に対しても地政学的に要衝となるポテンシャルを有している。

一方で、ANAのグローバルネットワークではアジア域内においては貨物専用便と旅客便の双方のサービスを提供しているが、欧米路線は旅客便のみのネットワークとなっている。このため、ANAのグローバルネットワークは地政学的に理想的な日本をハブとしているものの、そのままではこのネットワークを十分に活用できない。なぜならば旅客の接続と貨物の接続では必要な乗り継ぎ（載せ替え）時間が異なるからである。

図-13.4はANAの2014年の成田空港の発着便の時間帯を表したものである。上段には出発便、下段には到着便が記されている。15～16時に集中して到着し、17時に出発便のピークがあることが分かる。乗り継ぎ旅客にとっては非常に便利な時間設定となっているが、貨物の接続には旅客よりも時間が掛かるため、こ

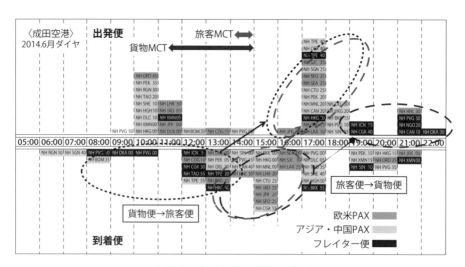

図-13.4　成田空港の発着便ダイヤ

第13章 航空貨物のグローバルネットワーク戦略

の時間では次便に搭載することができない。従って、このままでは同日便に接続できずに翌日便利用となりサービスレベルが大きく低下してしまう。

そこで、ANAでは旅客便との貨物の載せ替えが可能な時間帯に貨物便を設定することで、効果的なダイヤを作成し利便性を向上させているのである。

ANAでは、世界を日本・中国・アジア・北米・欧州の5極に分けたうえで、グローバルネットワークを活用してこの5極間で航空貨物を効率的に輸送している。図-13.5は5極間でどのくらいの貨物量が輸送されているかのイメージを示している。ANAでは、日本発着の貨物だけでなく、多極間で相当量の貨物輸送を行っていることが分かる。ANAは日本の航空会社でありながら、そのネットワークを日本の市場だけではなくグローバルな市場をも効率良く支える構造に変化させているのである。

しかし、日本～中国・アジア間は貨物専用便と併せて旅客便もきめ細かく飛んでいるので十分な供給力があるが、日本～欧州・北米路線は旅客便のみのネットワークであるためボトルネックになってしまう。そこで供給力を増やすために様々な取り組みを行っている。欧州向けについては自社の旅客便に加えてルフトハンザカーゴとジョイントベンチャーによって供給力を確保し、北米向けについてもユナイテッドカーゴとのジョイントベンチャーを始めとして他航空会社のコードシェア便を設定したり、中期的には大型貨物専用機の導入も検討している。

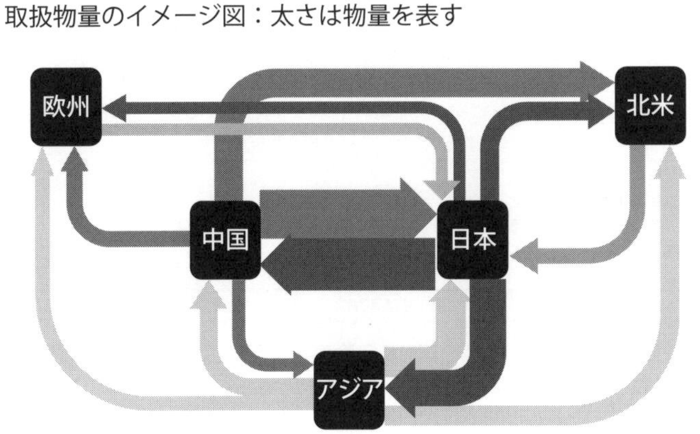

取扱物量のイメージ図：太さは物量を表す

図-13.5　グローバルな取扱い貨物量のイメージ

（2）ジョイントベンチャーの開始

　ANAでは独占禁止法適用除外認可（Antitrust Immunity：ATI）の取得により、航空貨物業界初のジョイントベンチャー（Joint Venture：JV）を2014年にルフトハンザカーゴと、2016年にはユナイテッド航空との間で開始した。これにより、指定範囲内であるJVスコープ内での共同事業が可能となった。

　共同事業とは異なる会社が定められた範囲内であたかも一つの会社であるように、お互いのネットワークを活用しシームレスな予約販売サービスを顧客に提供するものである。ルフトハンザカーゴとは日本発欧州向けおよび欧州発日本向け市場において事業を展開し、ユナイテッド航空とは日本発米国・カナダ向け市場に展開し、米国・カナダ発日本向け市場は開始に向けて調整中である。

　JVのメリットは、顧客にとって利用する便の選択肢が広がることや、今までは複数の窓口に問い合わせしていたことが一つの窓口で済むことなどによって利便性が大きく向上することである。また、両社のネットワークを組み合わせることで今までにないサービスも提供できている。例えば、福岡からサンフランシスコに貨物を輸送する場合の例であるが、図-13.6の上段は従来の輸送方法で下段はJVを活用したものである。従来のANAのネットワークのみを利用した場合は、

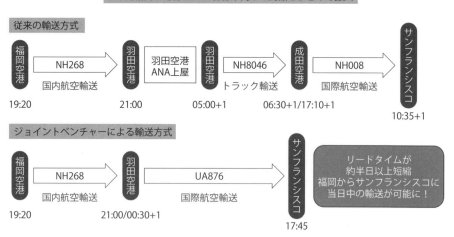

図-13.6　ジョイントベンチャーによるメリット

福岡を19時20分出発の268便に搭載し、羽田空港到着後成田空港にトラック転送し翌日の夕方のANAのサンフランシスコ行きに搭載して（時差の関係上）出発日翌日の10時35分に到着していた。一方、JVを活用すると同じ便で福岡を出発した貨物は羽田空港で深夜のユナイテッド航空のサンフランシスコ行きに繋げることができ、時差の関係で当日の17時45分に現地に到着しリードタイムを半日以上短縮できるのである。

(3) ネットワークの特徴

　ANAの就航都市は年々拡大を続けており、国際旅客便は週当たり74路線1,166便、国際貨物便は同44路線245便（2016年6月現在）となっている。2016年度中にも武漢、プノンペンへの新規就航を果たし、さらにグローバルネットワークは充実している。

　また、最近の傾向として羽田空港発着の国際線が急速に拡大していることが注目されている。ANAは2009年の沖縄貨物ハブ開設時から羽田空港の活用を図っているが、その後2010年に羽田空港の再国際化が実施され、アジア主要都市やヨーロッパ向けの国際線が開設された。そして2016年冬季ダイヤからは北米路線の羽田空港の昼間発着便利用が解禁された。

　図-13.7は、ANAの2016年冬季ダイヤにおける日本国内の主要空港での国際線就航状況である。もちろん成田空港が36空港と一番多くの海外の空港と結んでいるが、羽田空港も23空港と遜色のない水準にまで増加してきている。また、羽田空港からしか飛んでいない国際線もロンドン・パリを始めとして9路線もある。

　東京オリンピックが開催される2020年に向けて羽田空港の処理能力は増強される見込みで、その大きな割合は国際線に割り当てられ、今後のグローバルネットワーク形成にとって羽田空港の占める比重はますます上がってくると思われる。

　ところが順風満帆に思われる羽田空港の利用拡大も大きな問題を孕んでいる。我が国におけるグローバルなハブ空港はこれまで基本的に成田空港だけであったので、成田空港では、輸入貨物と輸出貨物を効率的に捌いていればよかった。従来は、日本は貿易立国でありハイテク製品の輸出と生鮮食料品等の輸入が航空貨物輸送による輸出入の大宗を占めていた。従って、航空貨物輸送としては日本発着の単純なものだけで供給力を使い切っており、成田空港の施設は三国間転送を

第3編 貿易・国際物流ネットワークの基盤

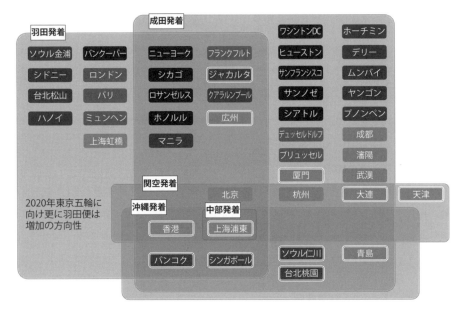

図-13.7　日本国内の主要空港での国際線就航状況

想定する必要がなかった。

　しかしながら、リーマンショック後の為替変動等により輸出競争力が落ちてきたため日本からの完成品の輸出が減少し、日本から中国を始めとするアジア諸国に部品などの中間財を供給し、完成品をそこから欧米に輸出する貿易構造に変化してきた。そのため、単純な輸出入は減り三国間貨物と呼ばれる日本を経由する国際中継貨物が増大していった。

　前述したように、成田空港では三国間転送を想定しなかったため、輸入施設と輸出施設は別々に存在し、その施設間の転送に相当の時間とエネルギーを要することになっていた。さらに、三国間貨物が増加していく中で羽田空港の利用が拡大したことが、成田空港〜羽田空港間のトラック転送を余儀なくすることになった。図-13.8はANAのグローバルネットワークの供給力のイメージ図である。従来、成田空港が担っていた役割を羽田空港と分担しているのが分かる。今までどおりの輸送を行うと利用便によっては成田空港〜羽田空港間のトラック転送に莫大な費用と時間が掛かることになってしまう。

第13章 航空貨物のグローバルネットワーク戦略

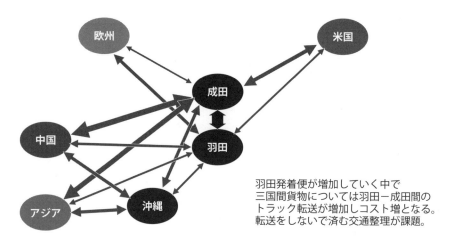

図-13.8 成田空港・羽田空港を取り巻くANAグローバルネットワークの供給力イメージ

　そのため、成田空港到着便の貨物は成田空港からの接続便に、羽田空港到着便の貨物は羽田空港からの接続便に搭載するように交通整理をし、スケジュールやキャパシティの関係上止むを得ないものだけ成田空港〜羽田空港間のトラック転送を行うように調整している。

(4) 中期的なネットワーク戦略

　ANAの中期的なネットワーク戦略としては前述のとおり北米路線への貨物専用機の導入による供給力の拡大と、アジア域内ネットワークの拡充が挙げられる。これは沖縄貨物ハブから距離のある南アジアや東南アジアのネットワークを増強するものであり、以遠権を行使するものである。

　通常、国際線の運航権益は当事国の二国間交渉によって付与され、当事国間の輸送に限られた権利となるが、場合によっては当事国間を超えて第三国への輸送権益を認めることもある。これが以遠権と呼ばれるもので、日本とタイなどはお互いに権益を認めている。実際の輸送にあたってはさらに第三国への運航権益も必要であるが、ANAはこの以遠権を活用したネットワークの増強を検討している。

　構想としては成長の著しいインドやインドネシア等の国々とのネットワークに

以遠権を活用しバンコクを中継地点として効率的な輸送を行うというものである。この先駆けとしてバンコク～ジャカルタ間に貨物専用機を就航させている。

(5) 機材計画

ANAグループでは、2020年までの需要増に対応するために長期的な機材計画を策定している。今回の機材選定においては、①航続距離、②燃費性能の特徴、③大容量の貨物スペースを考慮して、貨物スペースの充実した機材を旅客便に揃えていることがポイントである。

B777-300ER	6機	2018～19年度
B777-9X	20機	2021～27年度
B787-9	14機	2017～21年度
A320neo	7機	2016～18年度
A321neo	23機	2017～23年度

また、上記の旅客便以外に貨物専用機についても大型機材を導入すべく検討を行っている。前述のとおり日本から北米向けの供給力はアジア域内の供給力に追い付いておらずボトルネックになっていることから、大型の貨物専用機を導入し、より充実したネットワークの構築を目指している。

第14章 高付加価値航空貨物輸送

14.1 高付加価値航空貨物輸送の必要性

　国際航空貨物における、国際航空運賃は国際航空運送協会（International Air Transport Association：IATA）や国土交通省での許認可制度[注1]を採用している。それぞれの航空会社、また混載会社（※混載会社とは単独混載会社、グループ混載会社、コ・ロード混載会社＝共同積載をいうが全て含まれる）が運賃を申請し許可を得ている。しかしながら、これらの公示運賃と市場での実勢運賃は大きく異なる。国際航空貨物輸送サービスは航空機の貨物スペースを利用して貨物を空港～空港間で輸送するが、そのスペースは有限である。そのため実勢運賃は需給バランスによって大きく左右される。2014年に米国西海岸港湾労使交渉が長期化した北米路線を例外と考えれば、近年は特にローコストキャリア（Low Cost Carrier：LCC）が多く就航したTC-3（第3タリフカンファレンスエリア[注2]）や新興中東キャリア参入によるTC-2が貨物スペース供給過剰に至り、実勢運賃の大幅下落が発生している。図-14.1は関西国際空港の国際線発着回数を示しており、

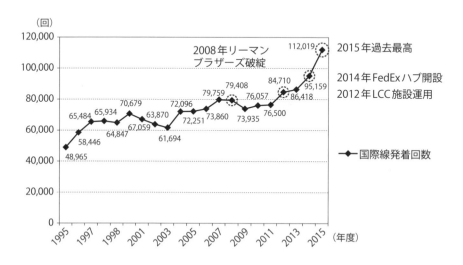

図-14.1　関西国際空港の国際線発着回数

図-14.2はそれに関西国際空港の国際航空貨物取扱量を重ねて示している。1996年からリーマンブラザーズ破綻の2008年頃までは旺盛な国際航空貨物需要に支えられ、国際航空貨物輸送サービスの供給の伸びと合せて需給バランスも動的平衡（Dynamic Equilibrium）状態となり、国際航空貨物輸送は価格弾力的であったと言える（図-14.2参照）。そして、実勢運賃は適正な水準を維持することができた。しかしながら、2008年以降においては、国際航空貨物輸送サービスの供給は増加したものの、国際航空貨物需要は低迷し、実勢運賃は供給過剰による需給ギャップによって大きく下落した。また、航空貨物業界には海運業界のような海上運賃一括値上げ（General Rate Increase：GRI）という手法もないため下落した実勢運賃の回復には時間を要することが一般的である。

　需給ギャップのある環境の中で健全かつ安全な定時運行を目指す航空各社および荷主との直接契約者であるフレートフォワーダー[注3]は適正運賃享受のため様々な商品開発を行っている。その相関例を示したものが図-14.3である。国際航空貨物輸送サービスの原点は郵便であるが、その後、IATA代理店として代理

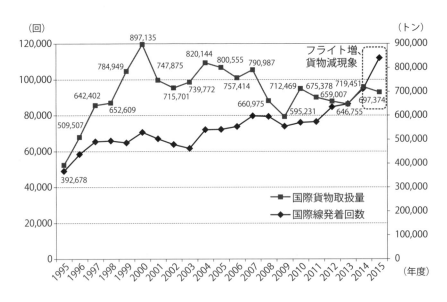

図-14.2　関西国際空港の国際線発着回数と国際航空貨物取扱量

第14章 高付加価値航空貨物輸送

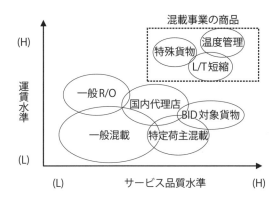

図-14.3　運賃水準とサービス品質水準の相関例

店手数料を享受する空港から空港までのポイントトゥポイント輸送が主流になった。それと同時に、複数荷主の貨物を集約し大口貨物に仕立て、実運送事業者である航空会社から大幅な割引運賃を仕入れることが可能な混載事業（利用運送事業）も始まった。このような混載事業は、それぞれの荷主に大口貨物並みの割引運賃を提供できるようになったことから、その取扱物量は大幅に増加するとともに日本の高度経済成長期の輸送需要を支えた。近年はインテグレーター（Integrator）が台頭し、戸口から戸口までのドアツードア輸送サービスも市場に定着している。

　混載事業の中で空港から空港までのポイントトゥポイント輸送サービスは継続して高需要ではあるものの、商品の差別化ができないため、絶えず運賃競争に翻弄されている。特定荷主（ヘビーユーザー）に位置づけられた混載貨物は、低水準の運賃にも関わらず優先搭載など高水準のサービスを提供されることが多い。図-14.3の右上に位置する混載事業の商品（温度管理サービス、特殊貨物サービスなど）は航空旅客輸送のファーストクラスやビジネスクラスに相当するサービスである。これら特別なサービスの混載事業（高付加価値航空貨物輸送サービス）を一般混載事業と差別化することによって、航空会社や混載事業者はハイクオリティに相応しい適正運賃を安定的に享受することが可能となる。

14.2 高付加価値航空貨物輸送の例

(1) 定温輸送（温度管理輸送）

航空機の貨物室内ではおおまかな温度設定はあるが、一般的な国際航空貨物サービスで輸送中の厳格かつ正確な温度管理はない。従って温度管理を要する定温輸送サービスは、大きく二つに分類される手法で輸送される（表-14.1）。

表-14.1　定温輸送サービスの分類

アクティブ型	パッシブ型
エンバイロティナー社（スウェーデン） シーセーフ社（米国）など	ポーラサーマル社（英国） バイオケア社（英国）など

アクティブ型とは、航空機に搭載するULD (Unit Load Device)[注4] に温度を一定に保つための機器が装備されている。ドライアイスを使用しその冷気をアルカリ乾電池で駆動する電動ファンでULD内に循環させるタイプと、ニッケル蓄電池を使用し全電動式で熱交換を行うタイプがある。図-14.4は後者の全電動式タイプの例である。これらULDはリース形式で航空会社、またはフォワーダー（Forwarder）に供給される場合が多い。

図-14.4　アクティブ型の例

パッシブ型とは、事前に冷やされた商品そのものを外気から断熱材を用いて遮断することで急激な温度変化による商品の劣化を防ぐ方法である。蓄冷剤・保冷剤と発泡スチロールなどの組み合わせが代表的である。さらにサーマルブラン

ケットでULD全体を覆う方法もある。図-14.5の右側は小型容器に蓄冷剤などを組み合わせたタイプ、左側はサーマルブランケットで包むタイプである。

図-14.5　パッシブ型の例

(2) リードタイム短縮型輸送
a. 航空会社の例

リードタイムを最大限に短縮することで時間的価値を料金に転嫁するものである。公共交通機関であれば特別急行によるサービスなどと似ている。しかしながら航空機の巡航速度は同一の航空機に搭載される貨物の場合は同じであるため差別化は困難であったが、より遅い受託や最速での引渡しなど優先的な設定時間をもって航空会社各社がリードタイム短縮型輸送サービスを商品化した（表-14.2）。旅客ビジネスにおける空港でのファストレーンと同じ発想である。

表-14.2　リードタイム短縮型輸送の商品例

航空会社名	商品名
全日空	PRIO EXPRESS
日本航空	J-SPEED
ルフトハンザ	Td.Flash
キャセイパシフィック航空	Priority LIFT, Courier LIFT

b. 運送会社の例

インテグレーター（Integrator）[注5]、フォワーダー（Forwarder）や日本郵便で

は従来型の空港〜空港間での輸送サービスではなく、輸送範囲をドアツードアに拡大して輸送時間（トータルリードタイム）を短縮した商品も販売している。しかし国際輸送の場合、国境通過には到着各国の通関制度順守が必須であり、積荷の種類が千差万別であればトータルリードタイムを平準化したサービスは難易度が高いため、積荷の商品管理が可能である法人対法人取引（B2B）の輸送に適している。貿易知識に乏しい個人対個人取引（C2C）の輸送では通関地点での積荷説明や納税手続きなどで余分な時間を要する場合も多い。

日本郵便のEMSは万国郵便条約で運営される万国郵便連合（Universal Postal Union：UPU）ネットワークであり、近年サービスを開始した国際宅配便（U-Global Express：UGX）は国土交通省認可の利用運送事業である。海外のパートナーも各国郵便局ではなく民間の事業者である（表-14.3）。

表-14.3 トータルリードタイム短縮型輸送の商品例

会社名	商品名
フェデラルエクスプレス	IP、IPFなど
OCS	IEXなど
日本郵便	UGXなど

（3）特殊貨物輸送

特殊貨物とは温度管理輸送やリードタイム短縮型輸送も含まれるが、この項ではそれら以外の輸送を取り上げる。

a. 貨物の形状がいびつなものの輸送

商品そのものの形状がいびつなものや、航空機のドアのサイズに制限があり搭載上の問題で輸出梱包ができないものが挙げられる。一般的に航空運賃の計算は積荷の重量が重くなると運賃単価が安価になる重量逓減制を採用しているが、当該機における貨物スペースは有限で、ULDの効率的な積み付けができない形状のものは貨物スペースの占有率が高くなるため全てのスペースを買取ることになる。このような場合、航空運賃は割高になる傾向が強い。航空運賃は0.5kgずつ容積重量に応じて課金されるシステム[注6]だが、ULDを独占的に利用する場合は

そのスペースに見合う運賃と比して精算されることが一般的である。図-14.6は航空機用エンジンやプロペラの例である。

図-14.6　形状がいびつな貨物による独占的なULDの使用例

b. ご遺体の輸送

　故人も航空貨物により輸送される場合が多い。特殊貨物の位置付けであり、尊厳を守るためULDでは一般貨物と積み合わせをしない。従って貨物スペース占有率が高いため公示料金（認可運賃）が適用される。近年は腐食防止のためエンバーミング方式[注7]で輸送される。専門の葬儀会社では宗教別の輸送用棺を数種類用意しており、その中から選択できる。また政府要人や軍人の場合には故人の母国国旗で輸送用棺を被うこともある。図-14.7はULD内に固定された輸送用の棺の例である。

図-14.7　ご遺体の搬送例

c. 生体動物の輸送

　生体動物輸送も同様に特殊貨物の位置付けであり、ULDで一般貨物と積み合わせをしない場合が多い。その結果、同様に貨物スペース占有率が高いため公示料金[注8]（認可運賃）が適用される。機内で生体の生存に適切な温度設定や酸素消費量を計算するなど、特殊貨物輸送の中で取り扱い難易度は最も高い。またワシントン条約[注9]で規制される種も含まれるため、輸出入における各国の通関作業も注意が必要である。図-14.8の左側がジャイアントパンダ、右側は獣医とともに搬送中のバンドウイルカの例である。

図-14.8　生体動物輸送の例

d. 活魚の輸送

　熱帯魚や鯉など観賞魚の輸送は、発泡スチロールと紙製包装資材を組み合わせ、内部に複数枚のビニール袋に一定の酸素と水を満たして輸送するため他の貨

図-14.9　活魚輸送の例

物とULDでの積み合わせが可能である。方面別に割引運賃が適用される場合が多い。最近ではフィッシュパック方式[注10]という酸素シリンダーを積載した機器を用いて常時酸素を供給しながら活魚やアワビを輸送することができる手段がある。ULDの占有率が高くなることに加え、積載される酸素シリンダーが航空輸送する際に危険品扱いとなる場合もあり、一般混載運賃と比して運賃は高額になる傾向である。図-14.9はフィッシュパック方式の例を示している。

(4) チャーター機による輸送

時間的（納期や輸送時間）制約、物理的（積荷の形状や特質）制約があり、定期航空便での輸送が困難な場合は貨物専用機をチャーターして運航し輸送する場合がある。チャーター機（便）では柔軟なフライトプランを作成できるため利便性は高い。その反面、スプリットチャーター方式を除き全ての貨物スペース（一機）を原則買取るため、高額になりやすい。過去には、我が国における国際航空貨物のチャーター機運航には多くの規制があったが、他国のオープンスカイ政策にならい近年の規制緩和で運航が容易になった。特殊貨物輸送におけるチャーター機契約は、オウンユース方式あるいはフォワーダー方式が一般的である。図-14.10は左側がツポレフ、右側がアントノフの貨物専用機の例である。

図-14.10　貨物専用機をチャーターした輸送の例

(5) イベント輸送

開催期間など時間的制約によって大きく影響を受けるのがイベント輸送である。交響楽団で使用する楽器や衣装一式、音楽コンサートの舞台装置や博覧会・

見本市で使用する展示物、国際的なスポーツ大会で競技する選手をサポートする機器、アミューズメント施設に設営される大型遊戯機器などがある。恒久的に設営される機器を除き、通常イベント終了後に発地国や次の開催国に向けて全量出荷される場合がほとんどである。これら複雑な積荷の通関手続きにはATAカルネ[注11)]を用いる場合が一般的である。一般混載運賃と比して高額で優先的な運賃を適用し予定された航空便へ確実な搭載を行う場合が多い。直行便がなくやむなく第三国で経由する場合、また到着空港で迅速なULDの解体作業を要する場合には一般貨物との積み合わせはしない。そのためULDでの貨物スペース占有率が高くなり、航空運賃はさらに高額になることが多い。図-14.11は交響楽団の衣装ケース、図-14.12は交響楽団の楽器のULD組上げ例である。図-14.13は米国デトロイトより空輸され愛知万博[注12)]・アメリカ館で展示された「未来の車」である。

図-14.11　交響楽団の衣装ケース輸送の例

図-14.12　交響楽団楽器輸送の例

第14章 高付加価値航空貨物輸送

図-14.13 万国博覧会で展示された車の輸送例

14.3 まとめ

　高付加価値航空貨物輸送サービスは、適正運賃を享受しながら、安定的に、健全かつ安全な定時運行を目指す航空会社の重要な販売商品のメニューであると考えられる。また、航空旅客輸送の予約システムと異なり、航空貨物輸送の予約システムでは一般的にキャンセルチャージの設定がなく、また観光・レジャー需要のように計画的に先々の搭乗日を設定することで安価な運賃が適用されるという手法もない。一方で、航空機の貨物搭載率（輸送量／供給量）いわゆるロードファクターが重要業績評価指標（Key Performance Indicator：KPI）であるならば、キャンセルによる空きスペースを埋めるため、あるいはロードファクターを上げるため、通常の市場価格を下回る実勢運賃で貨物を集めることになる。このように局所的ではあるものの市場価格を下回る実勢運賃が存在することによる価格の自動調節機能[注13]が作用すれば、均衡価格が安価に推移する。さらに、エアバスA330やボーイングB777あるいはB787などULD搭載可能な中型機による旅客便を運航するLCC航空会社では、潤沢な下部貨物室（ベリー）のスペースをロードファクター向上のため安価に提供する場合が多い。この場合にも同様の現象が発生し価格の自動調節機能が作用することで均衡価格は安価となる。

　これらの例は航空会社によるものだが、これ以外に混載事業者を起源とする価格の自動調整機能も存在する。混載事業者（利用運送事業者）は航空会社（実運送事業者）との契約において実重量と容積重量を比較して最大値を課金重量（チャージアブルウェイト）とするため、混載貨物の組み合わせ方の工夫によっ

て実重量と容積重量のギャップをうまく埋めることで利益を最大化することができる。それをKPIとするならば、混載投入率を上げるために市場価格を下回る実勢運賃でサービスを提供することになる。このように、非日常的ではあるものの市場価格を下回る実勢運賃をULF運賃（Unusual Low Freight）と名付けるならばULF運賃は時として破壊的な負のスパイラルを招く危険性があり、最悪のシナリオとして不採算路線の減便、運休または撤退に繋がっていく。

一方で、航空会社が健全に定期運航を継続することができるような運賃体系を設定するためには、ハイクオリティに相応しい適正運賃による高付加価値航空貨物輸送の商品開発が重要な役割を果たす。本章では、ULF運賃によって混乱する市場においても、輸送技術の高度化によって実現可能となった定温輸送や鮮魚輸送などによる航空貨物輸送サービスの高付加価値化によって健全で安定的な適正運賃を享受することが可能であることを示した。

【注】
注1）許認可制度とは貨物利用運送事業法第3条、第20条を言う。
注2）IATAは世界を3地区に分割、タリフカンファレンスエリアと呼び、それぞれTC-1,2,3と略す。
注3）貨物利用運送事業法で認可された利用運送事業者を言う。
注4）ユニットロードディバイスの略。航空貨物輸送に使われる箱型コンテナやパレットを指す。
注5）インテグレーターとは航空機を保有している総合的な物流会社を言う。
注6）運賃単価に容積重量を乗じて航空運賃が決定されるが最低運賃も存在する。
注7）死体防腐処理を言う。
注8）割り増し運賃の設定が一般的である。
注9）「絶滅のおそれのある野生動植物の種の国際取引に関する条約」を指す。略称CITES。
注10）フロートパックグループフィッシュパック社製造の機器（本社：オーストラリア）。
注11）物品の一時輸入のための通関手帳を指す。世界主要国で結ばれている「物品の一時輸入のための通関手帳に関する通関条約」に基づく国際的制度による通関書類のこと。
注12）2005年日本国際博覧会のこと。
注13）英国の経済学者 Adam Smith（1723-1790）によると自動調節機能とは何らかの理由で需要と供給のバランスが崩れても価格の変化によって自動的に調節されるという機能。

【参考文献】
1) 新関西国際空港株式会社HP，数字で見る関西空港
2) Michael J. Sandel, What Money Can't Buy, 2014.
3) FishPack Website（アクセス：2016年7月，http://www.fishpac.com/fishpac-news/article/FishPac_Numbers）
4) 財務省関税局HP（アクセス：2016年7月，http://www.customs.go.jp/kaigairyoko/atacarnet.htm）

第4編
世界経済の潮流と
将来のグローバルロジスティクス

第15章 経済学の視点から見た海運・航空サービス市場戦略

15.1 ネットワークの進化

　道路ネットワークや鉄道ネットワークは、ネットワークのリンクの形成に多額の投資が必要となる。これらのネットワークは、国や地方、あるいはインフラ企業の長期間にわたる投資行動によって形成される。これらのネットワークの構造が一度形成されてしまえば、ネットワーク構造は長期間にわたって安定的に推移する。これに反して、海運ネットワークや航空ネットワークは、港湾や空港などのネットワーク上のノードに施設投資を行うことがあっても、ネットワークのリンクへの投資をほとんど必要としない。ネットワーク構造は、それを利用する船社や航空会社の経営イニシアティブによって決定される。これらの企業による意思決定により、リンクの新規開設や既存リンクの廃止を行うことが可能である。海運ネットワークや航空ネットワークの構造は、時間を通じて決して安定的ではなく、それを利用する船社や航空会社の経営イニシアティブにより容易にネットワーク構造が変化するという特性を持っている。

　1970年代に航空サービス市場の規制緩和が進展した結果、北米を中心としてハブアンドスポーク型ネットワーク（以下、HSネットワークと表す）が形成された。近年では、多頻度・低運賃の直行フライトによるポイントトゥポイント型ネットワーク（以下、PPネットワークと表す）を提供するローコストキャリア（以下、LCCと略す）の市場参入が進展している。国際航空ネットワーク全体として見れば、HSネットワークが依然として主流であるが、北米や欧州における地域内航空サービス市場では、HSネットワークがPPネットワークに進化するというデハブ（De-hub）現象が見出せる。このように航空ネットワークの構造は、新規航空会社の市場参入や既存航空会社の市場からの撤退、さらには航空会社の経営戦略の変更により著しく変化する[1), 2)]。一方、海運ネットワークも、コンテナ船などの船舶の大型化が相次いで進展し、欧州航路や北米航路などの基幹航路に就航する大型船舶が、国際的に少数の限られたハブ港湾に寄港するとともに、それ以外の港湾がフィーダーネットワークにより連結されるというHSネットワーク

が形成されている。その中で、基幹航路に就航する大型コンテナ船が、日本の港湾に寄港しないで素通りするという抜港現象が顕在化している。その一方で、RORO（Roll-On Roll-Off）船やフェリーなど、港湾と港湾を直行で結ぶ航路が発展している。近い将来、東南アジア諸国の経済発展により、東南アジア諸国と日本の港湾が直結されるようなPPネットワークが形成される可能性もある。さらには、東南アジアから北米向けの貨物が日本の港湾でトランシップされるようなハブ機能が生まれることも期待される。しかし、航空ネットワークと比較して、海運ネットワークのデハブ化の動きは非常に遅い。海運ネットワークや航空ネットワークは、機材や船舶の大型化と旅客数や貨物量の増加の相乗効果により発展したにも関わらず、両者のネットワーク形態には大きな相違点が存在する。その原因はどこにあるのだろうか？

　航空サービス市場、海運サービス市場には、様々な規模の経済性が機能する。航空企業がHSネットワークにおけるハブ空港間の輸送に大型機材を投入する。その結果、顧客1人当たりの輸送費用が低下する。同様に、海運サービス市場においても、ハブ港湾間の輸送に大型コンテナ船を投入することにより、コンテナ1個当たりの輸送費用が低下する[3]。このような大型機材や大型船舶の投入により、輸送費用の低減が図られる効果を密度の経済性[4]と呼ぶ。密度の経済性は、航空サービス市場や海運サービス市場のネットワーク構造に影響を及ぼす強力な規模の経済性である。しかし、これらの市場では、密度の経済性以外にも多様な規模の経済性が働いている。また、ハブ空港での航空機の発着量が多くなると混雑が激しくなる。ハブ港湾においても、取り扱い貨物量が多くなると混雑費用が大きくなる。さらに、トランシップ貨物量が多くなると、貨物を最終目的地別に仕分けるための取引費用が大きくなる。航空サービス市場や海運サービス市場では、このような規模の経済性と混雑現象が複雑に作用する結果として現実のネットワーク構造が形成されている。ここでやっかいなことは、このような均衡状態として形成されるネットワーク構造が1つとは限らないことである。むしろ、極めて多くの均衡状態があると考えた方がよい。歴史的な偶然やネットワーク形成に関与している多くのステークホルダーたちの政策イニシアティブにより、現在のネットワーク構造が実現している。このようにして形成された国際的ネットワーク構造が、世界経済にとって最適である保証はど

こにもない。また、市場関係者の利益に対して最適である保証もない。その結果、多くの国や地域、ステークホルダーたちが、自分たちの関心や利益を改善することを目的として、ネットワーク構造を改編しようとするようなゲーム的な状況が現れることになる。

15.2 市場外部性と規模の経済性

　航空サービス市場、海運サービス市場では、航空会社や船社が提供する輸送サービスを不特定多数の旅客や荷主が集合的に利用している。たとえば、ある特定路線のフライトサービスを利用する旅客数が少なければ、航空会社はその路線を廃止するかもしれない。一方、旅客数が増加すれば、航空会社が大型機を投入したり、フライト数を増加し、サービスがより便利になる。このように、ある旅客が利用するフライトの価格や内容は、他の旅客がそのフライトをどの程度利用するかにより影響を受ける。このように航空サービス市場では、旅客が利用可能なフライトの内容に、他の旅客の行動の結果が影響を及ぼす。海運サービス市場においても、同じような現象が現れる。

　このように経済主体の意思決定の内容に他人の意思決定の結果が直接的、あるいは間接的に影響を及ぼす場合、経済主体の自由な意思決定により実現する市場均衡が、効率的になるとは限らない。すなわち、市場の失敗が生じうる。市場の失敗とは、①完全競争、②市場の普遍性、③凸環境、のうち少なくとも1つが満足されないときに生じる[5]。これら3つの条件は互いに排他的ではない。本章では、これら市場の失敗が生じる要因として、外部性と規模の経済という2つの概念に着目する。外部性とは、「市場機構に参加する経済活動が、市場機構の枠組をはみ出す効果を他の経済主体に対して付随的に及ぼしてしまう現象」[5]を意味する。市場機構とは需要と供給の関係で決定される価格という情報のみを通じて、需要量と供給量を調整するメカニズムを意味する。市場に参加する経済主体の行動が、このような価格による調整メカニズム以外のチャネルを通じて、他の経済主体の行動に影響を及ぼす場合に外部性が存在することになる。ある経済主体の選択が、他の経済主体が利用しようとしているサービスの技術条件や内容を変えることによって生じる外部性を技術的外部性（Technical Externalities）と

呼ぶ。一方、ある経済主体が市場で取引することにより、市場で取引される財やサービスの内容を変えることによって生じる外部性を金銭的外部性（Pecuniary Externalities）と呼ぶ[6]。すなわち前者はある経済主体の行動が市場を通じないで他の経済主体に影響を与える外部性、後者はある経済主体の行動が市場を通じて波及する外部性を指す。一方、規模の経済性とは、生産の平均費用が産出量の拡大につれて減少する効果を意味する。サービスの生産に固定費用が存在する場合、サービス生産量が増加するにつれて、サービス1単位当たりが負担する固定費用の割合は減少することになる。あるいは、輸送ネットワークが拡大していくことにより、様々な起終点（Origin and Destination：OD）を持つ輸送サービスをより安価に生産することが可能になる。

表-15.1　海運・航空サービス市場に顕著な外部性

	外部性	規模の経済性	利用者サイド	企業サイド
金銭的外部性	密度の経済性	○	○	○
	市場厚の経済性	○	○	○
技術的外部性	ネットワークの経済性	○	×	○
	手段補完の経済性	○	○	×
	固定費用	○	×	○
外部不経済性	混雑	×	○	○
	トランシップ取引費用	×	○	×

注）○印は該当することを示す。利用者サイド、企業サイドの欄は外部性の原因者であるかどうかを表す。

海運・航空ネットワークには、表-15.1に示すような様々な外部性が働く。まず、①ネットワークに投入される船舶や機材が大型化することにより貨物1単位当たりの輸送費用や旅客1人当たりの輸送費用が節約されるという密度の経済性が機能する[4], [7]。また、②ある港湾や空港を利用する貨物量や旅客数が多くなるほど、また就航する船舶数やフライト数が多くなればなるほど、その港湾や空港の利便性が高くなり、ますます多くの貨物や旅客が集中する。その結果、就航する船舶数やフライト数が増加するという市場厚の外部性[8]が働く。これらの密度の経済性と市場厚の経済性は、いずれも需要サイドと供給サイドの相互作用によ

り発生する外部経済性であり金銭的外部性と呼ばれる。さらに、また、ハブ港湾に多くの基幹航路やフィーダー航路が就航することにより、より多くの目的地へ貨物を輸送することが可能となる。また、ハブ空港に多くの国内線や国際線が就航するほど、旅客は空港で乗り換えることにより数多くの目的地にフライトすることが可能になる。このように、③特定の港湾や空港により多くの航路や路線が連結され、移動可能なODパターンの数が増加するというネットワークの経済性[9]が働く。さらに、航空サービス市場では、旅客の多くがある特定の空港を出発点として、同一の航空会社のフライトを利用し、出発空港に戻ってくるという再帰的なトリップを形成する。従って、④目的地に向かう旅客数が増加すれば、出発地に戻る旅客も自動的に増加するという手段補完の経済性[10]という性質を持っている。ネットワークの経済性と手段補完の経済性は、ネットワーク技術、利用者の消費技術に起因する技術的外部性であり、これらの技術的外部性が存在することにより規模の経済性が発生する。一方、海運・航空ネットワークにおいては、⑤ターミナルを整備するための投資や航路・路線を維持するための固定費用が発生する。交通サービスの可変費用が一定であれば、サービスの利用者の増加により利用者1人当たりが負担する固定費用は減少するという規模の経済性が発生する。しかし、港湾や空港の利用者が多くなれば、⑥混雑費用や⑦取引費用が増加し、規模の経済性による輸送費用削減の効果は大きく相殺されることになる。

スエズ運河やパナマ運河のようにリンクの隘路区間で混雑が発生することもあるが、通常、港湾や空港などネットワークのノードで混雑が発生する。港湾や空港の利用主体が多くなれば、ターミナルを利用するために待ち時間が発生する。また、例えば、航空サービス市場においては、HSネットワークの進展や需要の急激な伸びの結果、世界各国のハブ空港で、混雑と遅延が発生するとともに、新規参入あるいは既存航空会社の増便が困難となっている。これに対して、各国で滑走路の建設等の容量拡大が進められつつあるものの、完成にはかなりの時間がかかると予想される。海運ネットワークにおいても、ハブ港湾で混雑と遅延が発生している。ハブターミナルに多くの方面別の路線が連結されることにより、トランシップ貨物やトランジット客を方面別に仕分けするための取引費用[11]も発生する。このような混雑費用や取引費用は、ハブ港湾やハブ空港に利用者が集中

第15章 経済学の視点から見た海運・航空サービス市場戦略

することにより発生する現象である。ハブターミナルの混雑が激しくなると、利用者の中にはハブターミナルの利用を諦めて、他のターミナルの利用を考える者も出てくる。このように、混雑はハブターミナルへの集中を抑制するような働きをする。このように海運・航空ネットワークには、様々な外部経済性や規模の経済性が機能するため、海運・航空サービス市場は、極めて複雑な市場構造を有している。

以上で示した外部経済の中で、①密度の経済性、②市場厚の外部性、③ネットワークの経済性、④手段補完の経済性が、いずれも戦略的補完性という性質を持っている。このうち、密度の経済性、市場厚の経済性は、輸送市場での取引を通じて発生する金銭的外部性であり、ネットワーク経済性と手段補完の経済性は、それぞれネットワーク技術や消費技術に起因して発生する技術的外部性である。複数の経済主体が存在する際に、ある主体の戦略的な行動が他方の主体が獲得する利得に影響を及ぼす場合、戦略的な外部性が生じると言う。一方の行動が他方の限界利潤を増加させる場合を戦略的に補完的な関係、また、減少させる場合を戦略的に代替的な関係にあると言う。いま、航空サービス市場を取り上げ戦略的補完性について説明してみよう。ある路線の旅客数が増加したとしよう。その時、航空会社は大型機を投入し、輸送費用の削減を図る。輸送費用の減少により、フライト料金を低減することができる。その結果、旅客数を増やすことができるというポジティブフィードバックが働く。このように、多くの主体が市場に参加することにより、供給者も需要者も互いに利潤や利便性を増加することができるとき、市場参加者の戦略に戦略的補完性が存在していると言う。このような戦略的補完性が働く市場では、一般に数多くの市場均衡解が存在する。どの市場均衡解に到達するかは、過去に偶然に起こった出来事など、歴史的経緯に依存する。市場均衡解は局所的に安定的であるので、一度、複数個ある市場均衡解の中の1つに到達してしまうと、その市場均衡解にロックインされてしまい、そこから抜け出すことは非常に困難になる。歴史的偶然により辿り着いた市場均衡が、市場参加者にとって効率的であるという保証はない[12]。海運・航空サービス市場の場合、新しい輸送サービスに関するビジネスモデルが生まれたり、新しい企業が新規参入することにより、市場は絶えず進化している。このような市場環境の変化により、市場均衡が絶えず変化していると考えることができる。そこで、

以下では航空サービス市場、海運サービス市場を取り上げ、このような市場構造の変化について考察してみよう。

15.3 航空ネットワーク構造

　都市にある空港をノード、路線をリンクとみなすことによって、航空路線網をネットワークと解釈することができる。いま、A（大阪）、B（東京）、C（札幌）という3つの都市だけで構成されるような簡単なネットワークを考えよう。もし企業がすべての都市間に直行便を運航させた場合には、大阪～東京、東京～札幌、大阪～札幌という3つの路線が必要となる。一方、東京をハブ空港に設定し、スポーク路線として東京～大阪、東京～札幌を設定した場合、企業は2つの路線のみを運営すればよい。大阪～札幌を移動する客は、東京で航空機を乗り継ぐことが必要となる。乗り継ぎが必要となるため、大阪～札幌を移動する客は不便になる。しかし、大阪～札幌を移動する客は、大阪～東京、東京～札幌の便も利用するため、これらの路線に大型化の機材を投入することにより、旅客1人当たりの輸送費用を減少させることができる。その結果、すべての都市を直行便で連絡した場合よりも、より安価に航空サービスを提供できる。このように、大型機材の投入により、単位旅客当たりの輸送費用が減少する効果を密度の経済性と呼ぶ。

　HSネットワークの形成メカニズムに関しては、ヘンドリクス等[4]の研究が有名である。ヘンドリクス等は、1つの企業が航空サービス市場を独占している状況を想定し、大型機材を投入することにより顧客1人当たりの輸送費用が減少するという密度の経済性と、路線を維持するための固定費用が十分大きい場合に、HSネットワークが形成されることを明らかにした。さらに、HSネットワークのハブ空港で多くの路線を結合することにより、ハブ空港を経由して、より多くの都市と都市の間をフライトで結ぶことが可能になる。これにより、ネットワーク全体を維持するための固定費用を削減できるというネットワークの経済性が現れる。ある企業がHSネットワークを形成すると強い競争力を発揮することが知られている。一度、HSネットワークを完成させると、密度の経済による効果が非常に大きく働くため、競合企業を費用面で不利な状況に追い込むことができるのである。

　HSネットワークの問題は、フライトがハブ空港に集中するために混雑が発生

することである。HSネットワークの経済性を発揮させるためには、乗り継ぎの利便性を高める必要がある。乗り継ぎ時間が大きくなれば、HSネットワークの魅力は低下する。このため、限られた時間帯に多くのフライトがハブ空港に集中するため混雑が激しくなる。その結果、ハブ空港におけるフライトの遅延が常態化することになった。このような状況の中で、サウスウェスト航空やライアン航空に代表されるように、多頻度・低運賃の直行便によるPPネットワークを運航するLCCが参入してきた[13),14)]。LCCの1つの特徴は投入する機材を標準化することにより運航・機材管理費用を節約し、路線を維持するための固定費用を削減している点にある。ヘンドリクス等が示したように、航空企業がHSネットワークとPPネットワークのいずれを採用するかは、密度の経済性と固定費用の相対的な関係により決定される。路線を維持するための固定費用が小さくなれば、HSネットワークよりもPPネットワークの方が有利になる。さらに、フライトの料金を低価格化することに成功したLCCは市場競争力を持つこととなる。

　さらに、航空サービス市場には、頻度の経済という規模の経済性が働くことが知られている。頻度の経済性とは、フライト数の増加による待ち時間の減少が、旅客数の増加をもたらすという規模の経済性を意味する。ある路線のフライト数が増加すれば、フライトサービスの魅力が増加し、旅客数の増加を期待することができる。Yetiskul, E.らは、航空サービス市場では、旅客が往路と復路の双方で航空サービスを利用するという手段補完の経済性が存在することにより頻度の経済性が現れることを明らかにした[15)]。頻度の経済性は、PPネットワークだけではなく、HSネットワークにも存在するが、PPネットワークの方が頻度の経済性がより強く表れる。貨物輸送の場合には、もちろん輸送頻度が多くなれば輸送サービスが向上し、輸送サービスの需要は多くなる。しかし、貨物輸送の場合、貨物が出発地へ戻ってくるという特性がないため、手段補完の経済性は発生しない。このように航空ネットワークには、密度の経済性、固定費用、ネットワークの経済性、頻度の経済性、手段補完性、混雑という多様な規模の経済性や外部経済性が機能する。このため、航空企業や空港運営者の経営努力や各国の政策イニシアティブの影響を受け、航空ネットワーク構造は安定的ではない。とりわけ、LCCが出現したように、航空サービスの新しいビジネスモデルを持つ航空会社が市場参入することにより、航空ネットワーク構造が大きく変貌する可能性がある。

15.4 海運ネットワーク構造

　近年、定期コンテナ船社間の競争が激化し、海運ネットワークにおいてもHSネットワークが現れるようになった。政府間交渉によって定期航空路が開設される航空ネットワークと対照的に、「海運自由の原則」[16]により各船社が自由に定期コンテナ航路を開設できるのが海運ネットワークの特徴である。定期コンテナ船社は、船舶の大型化によるコストダウンを強力に推進している。その結果、ハブ港湾間を結ぶ基幹航路とハブ港湾とそれ以外の港湾を結ぶフィーダー航路によるHSネットワーク化が進展している。基幹航路では、船舶の大型化による密度の経済性を追求することにより、定期コンテナ船社は基幹航路の寄港するハブ港湾を集約し、ハブ港湾とフィーダー港湾の分化がより明確になりつつある。

　海運ネットワークの進化は、世界経済における生産分業の展開と、それに伴う貿易パターンの変化と密接に関係している。1980年代から、世界貿易が急激的に拡大した。貿易量の増加率の方が経済成長率より大きく、貿易量の増加を単純に経済成長に求めることはできない。多国籍企業による直接投資と技術転移およびフラグメンテーションを通じて、産業工程の世界的展開が進展した。製品のモジュール化の進展により、製品の生産に必要な中間財や製品パーツが、先進国や途上国を含めて国際的に最適な生産拠点において生産される。その垂直的な生産工程分業を通じて、モジュール化された中間財や部品を組み立て加工（アセンブリ）することにより最終製品を完成させる。世界経済の分業体制は、北米を中心とする金融経済やIT産業・サービス産業の国際的集中と、東アジア地域における製造業の国際的集中として把握できる[17]。ヨーロッパ地域は経済統合を通じて1つの巨大市場を実現させた。その巨大な消費市場を背景として、金融・サービス産業や製造業の集積を実現し、生産した製品を北米・アジア地域に輸出している。製造業の世界分業を実現させた大きな原因は、製品のモジュール化の実現である。図-15.1に示すように、パソコンやデジタルカメラのようにモジュール化が高度に進展した製品では、東アジア地域の生産シェアが世界経済を独占するようになった。一方、自動車のように複雑な製品は世界各国で生産されている。さらに、東アジア地域では、地域内における生産工程の国際分業が著しく進展した。事実、図-15.2に示すように、アジア地域内貿易においては、中間財の占める

第15章 経済学の視点から見た海運・航空サービス市場戦略

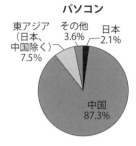

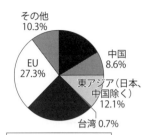

図-15.1　各国別生産シェア

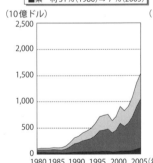

(備考) 東アジアはベトナム、ミャンマーは含まない。
(資料) 独立行政法人経済産業研究所「RIETI-TID2006」から作成。

図-15.2　域内貿易の財別内訳

シェアが大きいことが特徴的である。すなわち、中国をアセンブリ基地とする水平的な生産工程分業が進展した[18], [19], [20], [21]。生産された最終完成品は、欧州航路・北米航路を通じて、ヨーロッパ諸国や北米諸国に輸出される。このような国際貿易の急速な増加により、これらの基幹航路では次々に大型船舶が投入され、増加する貨物量の輸送に貢献してきた。それと同時に、船舶の大型化による輸送費用の削減は、アジア地域で生産される製品の価格競争力を増加させ、アジア地域における生産拠点の国際集中化を進める。すなわち、基幹航路における船舶の大型化とアジア地域における生産の集中化は、互いにポジティブフィードバックを通じて共進化してきたと考えてよい。さらに、中国をアセンブリ基地とする生産工程の国際分業の進展とアジア地域内のフィーダー航路の発展も不可分の関係にある。このようなアジア地域における製造業の集中とそれを支える海運ネットワークの発展が、アジア地域全体の経済成長を支えてきたと言っても過言ではない。

アジア経済ショックやリーマンショックのように、世界経済が大きなリスク要因をはらんでおり、その動向を予測することは容易ではない。しかし、国際分業パターンの観点から見れば、モジュール化が簡単な製品に関しては、一部の製品では東アジア地域への生産集中が今後も続くだろうが、東アジア地域における生産集中化はほぼ飽和状態に到達していると言えるだろう。北米、ヨーロッパ諸国の持続的な経済発展を考えれば、基幹航路を利用する貨物輸送の重要性は否定すべくもない。しかし、ASEANやインドも含めたアジア諸国の経済成長による消費量の増加を考えれば、アジア地域内における海運ネットワークの発展がより重要な課題になると考える。

海運ネットワークは、航空ネットワークと異なる特徴をいくつか有している。まず、基幹航路における大型船舶投入による密度の経済効果が、航空ネットワークよりはるかに強大である点である。また、航空機と異なり、港湾間の輸送距離が海運ネットワークの形成に影響を及ぼす。現在の欧州航路、北米航路という基幹航路は、海運に対する港湾取り扱い貨物量と国際ネットワーク上の港湾の空間的配置という自然条件により進化してきたものである。従って、若干の航路の変更はある可能性があるものの、少なくとも中短期的視野において基幹航路のネットワーク構造が大きく変化するとは考えにくい。さらに、航空旅客が往復トリップを行うのに対して、貨物流動は片道トリップである。目的地に到着した中間

製品が、加工・組み立てされ、付加価値をつけて、出発地に戻ってくることもあるが、同一企業の船舶が利用されるわけではない。このように貨物流動が片道トリップであるために、航空ネットワークで議論したような頻度の経済性が働かないためPPネットワークが形成されにくい。日本とASEAN諸国の間にPPネットワークが形成されるかは、アジア地域における、国際的生産工程の分業化の進展パターンに依存する。日本とASEAN諸国の間におけるPPネットワークの形成は、日本企業による現地直接投資の動向と同時に、ASEAN諸国の経済発展が、中国を中心とするグローバルサプライチェーンにより組み込まれる形で進化するのか、ASEAN諸国内での分業体制を確立し、ASEAN経済としての最終消費製品を生産できるように自立できるかに依存しているように思える。

ハブ港湾の1つの役割は、充実した航路ネットワークを活用した積み替え機能にある。かつて、1970年代後半には神戸港のトランシップ率は50％近くに達していた。その後、日本の港湾は取り扱いの絶対量こそ増加しているものの、ハブ港湾としてのトランシップ機能には相対的な低下がみられ、アジア発着の基幹航路の中にも我が国の港湾に寄港しないものが増加している。ハブ港湾においては、寄港する船舶による混雑や陸上側の貨物車による混雑が発生する。さらに、貨物を方面別に仕分するためのトランシップ費用が発生する。このように、ハブ港湾においては、膨大な混雑費用やトランシップ費用が発生する。航空ネットワークの場合、ハブ空港で発生する外部不経済が非常に大きくなれば、ネットワーク構造がPP構造に移行する大きな原動力となる。しかし、海運ネットワークの場合、船舶の大型化によるコストダウンの効果が、混雑費用や取引費用を卓越している場合が少なくない。また、ハブ港湾の背後地を発着地とする貨物も少なくないだろう。さらに、ハブ港湾では、政府や港湾管理者が、混雑費用やトランシップ費用の発生を抑制するための施設投資を精力的に行っている。このため、ハブ港湾の混雑やトランシップ費用の発生が、直ちに海運ネットワークのPPネットワーク化の動きにはつながりにくい構造を持っている。

基幹航路に就航する大型コンテナ船が日本の国際コンテナ戦略港湾に寄港しなくなると、国際貨物の輸送時間の長期化や輸送費用の増加を招くことになる。国は京浜港、阪神港という2つの国際コンテナ戦略港湾のハブ機能を強化しようとしている。先述したように、日本から米国、欧州諸国への貨物輸送は、今後も継

続的に増加していくことが予測されるため、基幹航路へのアクセスの維持は重要な政策的戦略課題である。地方港湾には特定のバルク貨物を取り扱う専用岸壁が多いため、国際戦略港湾とは異なる取り扱いが必要である。現在、地方港湾から釜山航路へフィーダー輸送する貨物が相当量ある。これらの地方港湾では、国内のハブ港湾を経由するよりも海外のハブ港湾を経由する方が合理的であるためハブ機能流出が進行している。国内主要港湾のハブ機能を強化する意義を見出すためには、海外ハブ港湾を経由するよりも輸送時間と輸送費用の面でメリットが得られなければならない。そのためには、地方港湾と国内のハブ港湾との間のフィーダー航路や陸送ルートを強化することが必要となる。

15.5 展望

　海運・航空サービスは、いずれもノードとリンクで構成されるネットワークを舞台に市場が展開される。しかも、これらのネットワークは、空間的に固定されていない。さらに、15.4で言及したような外部経済性が働くため、市場競争の結果として形成されるネットワーク構造は極めて複雑な内容を持っている。さらに、国家による政策イニシアティブや港湾管理者、空港管理者による経営努力も、ネットワーク構造の形成に多大な影響を及ぼす。とりわけ、海運・航空サービスに関する新しいビジネスモデルや関連企業の統廃合や新規企業の参入により、ネットワーク構造は進化していく。このように市場構造が大きく変動するタイミングは、既存のネットワーク構造を再編する絶好のチャンスである。これら市場に関わるステークホルダーには、適切な政策を適切なタイミングで実施することが求められる。本章で述べてきたように、海運ネットワーク、航空ネットワークは、非常に複雑なメカニズムで形成されるため、将来の市場構造を予測することは非常に難しい。1つの単純なモデルでその全貌を記述することは不可能である。様々な外部経済性に対して多方面からの分析を蓄積すると同時に、現象を理解するためのシミュレーション技術の開発が不可欠である。

　海運ネットワーク、航空ネットワークの形成を考えるうえで、ネットワークのノードである港湾や空港が果たす役割は極めて重要である。ハブ港湾への就航船舶数が多くなれば、貨物のトランシップが容易になる。その逆も成立する。ハブ

空港では、国際線の就航路線数が多いほど、乗り継ぎ可能な都市の選択肢が増えるため、(鉄道やリムジンバスの利用者数も含め) 国内線の旅客需要が増大する。また逆も同様に、国内各都市への移動手段が便利になるほど、国際線の旅客需要が増大する。当然のことながら、国際線の就航本数が増加するほど、国際線間の乗り継ぎも増加する。さらに、港湾・空港の建設・運営に関わるステークホルダーによる政策イニシアティブは、ネットワーク形成に重要な影響を及ぼすことになる。

ハブ港湾やハブ空港は、様々な国際航路や国際路線を互いに結びつけるとともに、国内の航路や路線、さらには陸上における輸送ルートを結びつけるプラットフォーム[22]として機能する。このようなプラットフォームでは市場厚の経済性が強く働くことになる。市場厚の外部経済性は、供給側と需要側双方の相互作用により強化される。このことは、供給側、需要側のどちらか一方のサイドによる政策イニシアティブのみではハブ機能が十分に働かないことを意味する。海運・航空サービス市場を議論する場合、ともすれば日本を発着する海運ルートや航空ルートの充実度に議論が集中する傾向がある。しかし、それと同様に、国内におけるアクセス交通やフィーダー航路の充実度も、ハブ機能の形成に極めて重要な影響を及ぼすことになる。グローバルに展開する海運・航空ネットワークにおけるハブ機能を議論するためには、港湾・空港というプラットフォームを中心に形成される陸・海・空の総合的な交通ネットワーク全体を射程に入れた政策論が展開されなければならない。

【参考文献】
1) Bittlingmayer, G., Efficiency and entry in a simple airline network, International Journal of Industrial Organization, vol.8, pp.245-257, 1990.
2) Brueckner, J. K. and Spiller, P. T., Competition and mergers in airline networks, International Journal of Industrial Organization, vol.9, pp.323-342, 1991.
3) Tran, N. K. and Haasis, H. K., An empirical study of fleet expansion and growth of ship size in container linear shipping, International Journal of Production Economics, vol. 159, pp.241-253, 2015.
4) Hendricks, K., Piccione, M., and Tan, G., The economics of hubs: The case of monopoly, Review of Economic Studies, vol.62, pp.83-99, 1995.
5) 奥野正寛, 鈴村興太朗, ミクロ経済学I, II, 岩波書店, 1988.

6) Fujita, M., Krugman, P., Venables, A., The Spatial Economy: Cities, Regions, and International Trade, The MIT Press, 2001.
7) Oum, T. H., Zhang, A., and Zhang, Y., Airline network rivalry, Canadian Journal of Economics, vol.28, pp.836-857, 1995.
8) Cooper, R. W., Coordination Games: Complementarities and Macroeconomics, Cambridge University Press, 1999.
9) Kats, M. L. and Shapiro, C., Network externalities, competition, and compatibility, American Economics Review, vol.75, no.3, pp.424-440, 1985.
10) 松島格也, 小林潔司, 手段補完性を考慮したバス市場構造の分析, 土木学会論文集, no.765/IV-64, pp.115-129, 2004.
11) 松島格也, 小林潔司, 坂口潤一, タクシースポット市場の差別化と社会的厚生, 土木学会論文集, no.723/IV-58, pp.41-53, 2003.
12) Arthur, W. B., Increasing Returns and Path Dependence in the Economy, University of Michigan Press, 1994.
13) Dresner, M., Windle, R., and Kin, J. C., The impact of low-cost carriers on airport and route competition, Journal of Transport Economics and Policy, vol.30, pp.309-328, 1996.
14) Vowles, T. M., The Southwest effects in multiairport regions, Journal of Air Transport Management, vol.7, pp.251-258, 2001.
15) Yetiskul, E., Matsushima, K., and Kobayashi, K., Airline network Structure with Thick Market Externality, in Kanafani, A. and Kuroda, K. (eds.) : Global Competition in Transportation Markets: Analysis and Plicy Making, Elsevier, 2005.
16) 山岸 寛, UNCTADと海運自由の原則, 東京商船大学研究報告, 人文科学, vol.23, pp79-93, 1972.
17) Arndt, S. W., Globalization and the open economy, North American Journal of Economics and Finance, vol.8, no.1, pp.71-79, 1997.
18) 藤田 渉, 東アジアの垂直分業構造と国・地域グループの特性, 東南アジア研究年報, vol.51, pp.19-72, 2010.
19) Deardorff, A. V., Fragmentation in simple trade models, North American Journal of Economics and Finance, vol.12, no.2, pp.121-37, 2001.
20) 川嶋弘尚, 根本敏則, アジアの国際分業とロジスティクス―生産・物流から見えるアジアそして日本, 勁草書房, 1998.
21) 許 大明, 小林潔司, 松島格也, 国際的社会基盤整備と生産・貿易構造の変化, 土木学会論文集D3, vol.67, no.1, pp.21-38, 2010.
22) Rochet, J. C. and Tirole, J., Platform competition in two-sided markets, Journal of the European Economic Association, vol. 1, no. 4, pp. 990-1029, 2003.

第16章 貿易費用と越境サプライチェーン

　本章の主題は、貿易費用の低減が工業製品の貿易に及ぼす影響について、越境サプライチェーン(Cross Border Supply Chain)の視点から議論することにある。本章における貿易費用とは、国際貨物の通関と輸送に関わる費用として定義される。貿易費用は関税の撤廃といった政策によって低減することが可能であり、こうした政策は貿易を促進する際の主要な政策手段となる。とりわけ、越境サプライチェーンを活用する製造業の貿易は、貿易費用の低減から大きい恩恵を受けやすい。本章における越境サプライチェーンとは、国境を越えて部品などの原材料の調達を行うサプライチェーンとして定義される。越境サプライチェーンは、今日の工業製品の貿易を議論するうえで欠かせない視点である。

　本章ではまず16.1において、貿易費用の一般的な大きさを把握する。次に16.2において、貿易費用の低減が越境サプライチェーンの活用を促進する仕組みとその効果を説明する。次に16.3において、越境サプライチェーンの事例としてメキシコの自動車産業を取り上げる。最後に16.4において、将来のアジア地域における工業製品の貿易について、越境サプライチェーンの視点から議論する。

16.1 貿易費用の大きさ

(1) 通関に関わる費用

　通関に関わる費用は、関税と通関手続き費用の二つに分けられる。手続き費用は、通関関係書類の準備・提出に要する費用(企業が行う事務作業の人件費や通関業者への支払いなど)や輸出入ライセンスの取得に要する費用、AEO (Authorized Economic Operator) 制度を利用するための貨物のセキュリティ管理体制の整備に要する費用などから成る。

　関税を把握するうえでは、世界貿易機構(World Trade Organization：WTO)のレポート World Tariff Profiles[1] が参考になる。このレポートは、WTO加盟国の平均MFN (Most Favored Nation) 関税率[注1]を全品目・農産物の品目・農産物以外の品目について算出している(品目分類にはHSコード6桁を使用)。表-16.1

に、G7とNEXT11の諸国について、World Tariff Profiles 2015に掲載の平均MFN関税率を示す。EU諸国は関税同盟であるため、共通の関税率が掲載されている。農産物に課される関税率は高い傾向にあるが、それ以外の品目について見ても、5%を超える平均MFN関税率を適用している国が多く見られる。

通関手続き費用の大きさを把握するうえでは、世界銀行のレポートDoing Business[2]が参考になる。このレポートは、世界各国の通関手続きにかかる費用

表-16.1　G7・NEXT11諸国の通関に関わる費用

	平均MFN関税率			通関手続き費用			
	全品目	農作物	農作物以外	書類(US$)	国境(US$)	合計(US$)	従価
日本	4.20%	14.30%	2.50%	22.8	337.4	360.2	0.30%
韓国	13.30%	52.70%	6.80%	27	315	342	0.28%
中国	9.60%	15.20%	8.60%	170.9	776.6	947.5	0.78%
アメリカ	3.50%	5.10%	3.20%	100	175	275	0.23%
カナダ	4.20%	15.90%	2.20%	163	172	335	0.27%
メキシコ	7.50%	17.60%	5.90%	100	450	550	0.45%
ドイツ	5.30%	12.20%	4.20%	0	0	0	0%
イギリス				0	205	205	0.17%
フランス				0	0	0	0%
イタリア				0	0	0	0%
ロシア	8.40%	11.65%	7.90%	500	1125	1625	1.33%
インドネシア	6.90%	7.50%	6.70%	160	382.6	542.6	0.44%
フィリピン	6.30%	9.90%	5.70%	50	580	630	0.52%
ベトナム	9.50%	16.30%	8.40%	183	268	451	0.37%
インド	13.50%	33.40%	10.20%	144.7	574	718.7	0.59%
パキスタン	13.40%	14.60%	13.20%	785.7	957.1	1,742.80	1.43%
バングラデシュ	13.90%	16.80%	13.40%	370	1,293.80	1,663.80	1.36%
トルコ	10.70%	42.20%	5.40%	142	655	797	0.65%
イラン	N.A.	N.A.	N.A.	197	660	857	0.70%
エジプト	16.80%	60.60%	9.50%	650	1,383	2033	1.67%
ナイジェリア	11.90%	15.60%	11.40%	564.3	1,076.80	1,641.10	1.35%
ブラジル	13.50%	10.20%	14.10%	106.9	969.6	1,076.50	0.88%

出典：WTO (2015)[1], World Bank (2016)[2]

と時間を、貿易・国際物流の専門家に聞き取り調査した結果を整理している。国別のデータを比較可能とするために、仮想的な輸出・輸入のケースを設定したうえで、そのケースを実行する際の費用と時間を調査している。輸入について設定されるケースの条件は以下のとおりである。

①15トンの自動車部品（HSコード8708）をコンテナ積みで輸入する。
②輸入先は、当該国が金額ベースで自動車部品を最も多く輸入する国とする。
③輸入先の最大都市の倉庫から当該国の最大都市の倉庫へと輸送が行われる。

　表-16.1は、G7とNEXT11の諸国について、Doing Business 2016に掲載の、輸入に伴う通関手続きにかかる費用を示している。「書類」の列は、当該国・輸入先・経由国において求められる通関関係書類の準備・提出・処理に要する費用を示している。「国境」の列は、当該国の国境施設（港湾・空港・陸上の国境検問所）における通関・検査・荷役に要する費用を示している。「書類」と「国境」の費用には重複している部分があるため、単純に足し合わせることは厳密にはできないものの、両者の合計値が「合計」の列に示されている。EU諸国の手続き費用が0となっていることがあるが、これはEU域内の貿易には通関がないことによる。

　先進諸国の手続き費用は概ね350USドル以下に収まっていると言える。他方、発展途上国について見ると、1,000USドルを超えるような国もあることがわかる。このように高額な手続き費用は、低価格の商品の貿易を大きく阻害しうる。例えば輸入先で10,000USドルの商品の場合、通関手続き費用1,000USドルは10%の関税に相当する影響を持つ。通関手続きの簡素化・標準化を進める貿易円滑化（Trade Facilitation）がWTOや国連貿易開発会議（United Nations Conference on Trade and Development：UNCTAD）の重要な議題の一つになる理由は、このように高い手続き費用を引き下げて貿易の促進を図ることにある。

　貿易費用の影響を考える上では、その費用が商品価格に対して何%であるのか（従価の費用、ad valorem cost）を計算することが有用である。日本の財務省貿易統計[3)]によると、2015年に海上コンテナ貨物で日本に輸入された自動車部品は1kg当たり986円であり、15トンの自動車部品は122,000USドル（2015年の平均為替レートとしてUSドル＝121.05円を想定）に相当する。この結果を利用して「合計」の列の費用を従価換算したものが表-16.1の「従価」の列である。自動車部品は比較的高価な商品であるが、それでも一部の国において手続き費用が関税1%

以上の影響を持っていることを確認できる。

　リードタイムに敏感な部品や商品を扱う企業にとっては、通関手続きにかかる時間も費用をもたらしうる。例えば、JIT（Just In Time）の生産システムを採用する製造業においては、部品のリードタイムが長いと生産計画が乱れてしまう。生鮮食品や季節性の衣料品など、店頭に並ぶ時期が遅れると価値が下がる商品を扱う小売業にとっても、商品のリードタイム短縮は重要である。このように長いリードタイムがもたらす費用は、表-16.1の通関手続き費用には含まれていない。通関手続きの効率化が進んでいない国では手続きにかかる時間も長くなる傾向がある。例えばDoing Business 2016によれば、書類の準備・提出・処理にかかる時間は、韓国では1時間なのに対して、インドネシアでは6日である。貿易円滑化はリードタイムの短縮においても重要であると言える。

(2) 輸送に関わる費用

　輸送に関わる費用は、輸入先・輸出先の国内輸送費と、二国間の国際輸送費（海上輸送費や経由国上の輸送費）に分けて考えることができる。Doing Businessは、通関手続き費用と同条件の下で、当該国の国境施設と最大経済都市の倉庫間で15トンの自動車部品を輸送する際の国内輸送費を調査している。表-16.2の「国内輸送費」の列はこの輸送費を示している。「従価」の列は輸送費を従価換算したものである。国内輸送費はどの国でも概ね1%以内に収まっている。これは、多くの国において最大都市が港湾の近隣に存在することによる。唯一、アメリカのみ国内輸送費が従価で2%を超しているが、これはメキシコとの国境からニューヨークへと陸路で輸送を行う状況を想定しているためである。

　国際輸送費の大きさを把握する上では、経済協力開発機構（Organisation for Economic Co-operation and Development：OECD）データベース[4]のMaritime Transport Costsが参考になる。このデータベースは、二国間の海上輸送による貿易について、品目ごとに輸送費を整理している。これらのデータのうち、HSコード87の商品（鉄道以外の車両とその部品）とHSコード61の商品（メリヤス編み・クロセ編みの衣類）を、当該国からアメリカにコンテナ積みで輸出する際の海上輸送費を表-16.2に示す。データは2007年のものである。「金額」の列は商品15トン当たりの輸送費を示しており、「従価」の列は従価換算の輸送費を示し

ている。アメリカの隣国であるメキシコ・カナダからの海上輸送費は従価で1～3%の範囲にあり、別大陸からの海上輸送費は従価で概ね3～7%の範囲にある。

表-16.2に示した従価の輸送費と表-16.1に示した関税を比較すると、関税が貿易費用の中でも大きい割合を占めるケースがあることを確認できる。関税は政策によって短期間に大きく低減することが可能であるという性質を持つため、貿易を促進するための政策としては、関税の低減が第一に議論されることが多い。海

表-16.2　G7・NEXT11諸国の輸送に関わる費用

	国内輸送費 (HS: 8708)		海上輸送費 (HS: 87)		海上輸送費 (HS: 61)	
	金額 (US$)	従価	金額 (US$)	従価	金額 (US$)	従価
日本	307.9	0.25%	4,323	2.33%	12,222	4.88%
韓国	568	0.47%	3,609	3.13%	8,565	3.49%
中国	319.6	0.26%	3,245	7.57%	7,149	3.60%
アメリカ	3,396	2.78%	N.A.	N.A.	N.A.	N.A.
カナダ	268	0.22%	3,560	2.04%	4,341	2.76%
メキシコ	1,217.10	1.00%	1,661	1.22%	1,853	1.59%
ドイツ	520	0.43%	2,835	1.30%	15,057	2.44%
イギリス	483	0.40%				
フランス	738	0.60%				
イタリア	1225	1.00%				
ロシア	744.1	0.61%	5,646	4.49%	7,031	3.40%
インドネシア	185	0.15%	6,189	4.96%	7,656	3.55%
フィリピン	381	0.31%	8,310	6.57%	7,046	3.17%
ベトナム	181	0.15%	3,216	5.86%	7,872	3.68%
インド	535.5	0.44%	2,324	3.98%	7,794	4.15%
パキスタン	305	0.25%	2,439	6.93%	6,261	5.65%
バングラデシュ	196.9	0.16%	19,575	10.98%	7,134	5.26%
トルコ	263	0.22%	2,640	4.46%	9,938	3.93%
イラン	600	0.49%	N.A.	N.A.	N.A.	N.A.
エジプト	283	0.23%	4,208	2.33%	7,023	4.76%
ナイジェリア	677.2	0.56%	N.A.	N.A.	5,145	13.45%
ブラジル	1,159	0.95%	2,063	4.02%	13,208	5.54%

※金額は商品15トン当たり、海上輸送費は当該国とアメリカ間の輸送費
出典：World Bank (2016)[2], OECD Statistics[4]

上輸送費も関税に並ぶ水準を持つが、その内訳の多くは海洋上の航行に要する費用であるため、政策による低減には限界がある。国内輸送費は交通インフラ（港湾や港湾と都市を結ぶ道路・鉄道）の整備や拡張によって低減することが可能であるが、その水準は相対的に小さい。ただし、発展途上国の中には交通インフラの整備が不十分な地域もあり、特に内陸部の人口集積地においては、港湾との距離が遠いことから国内輸送費が高くなる傾向がある。こうした地域においては、交通インフラの整備により輸送費やリードタイムを大きく減らすことが可能である。

16.2 越境サプライチェーンと工業製品の貿易

前節で述べたような貿易費用を低減すると、貿易を拡大する効果が期待される。このような効果は実証研究により統計的に確認されている。例えば、アメリカ・カナダ・メキシコ間の自由貿易協定（Free Trade Agreement：FTA）である北米自由貿易協定（North American Free Trade Agreement：NAFTA）の影響について統計的分析を行ったRomalis（2007）[5]によれば、商品の輸入価格（CIF価格）1%の低下には、その商品の「輸入額÷国内産消費額」を平均5%増やす効果があると言う。表-16.1や表-16.2に示された貿易費用を見ると、今後も貿易費用の低減が世界の貿易を拡大する余地は残されていると言える。とりわけ、越境サプライチェーンを活用する製造業の貿易は、貿易費用の低減から大きい恩恵を受けやすい。本節では貿易費用の低減が越境サプライチェーンの活用を促進する仕組みとその効果を説明する。

(1) 貿易費用と越境サプライチェーンの関係

今日の工業製品の製造工程においては、部品などの原材料が幾度も国境を越えるという様子が普遍的に見られる。例えば、A国で産出された鉄鉱石がB国の製鉄所に輸出され、そこで生産されたクランクシャフトがC国の工場に輸出され、そこで生産されたエンジンがD国の組立工場に輸出され、そこで組み立てられた完成自動車がE国の販売店に輸出されるといった具合である。このように、原材料の調達や製造工程が複数の国に跨り、国境を越えたサプライチェーンが構築されているとき、それを越境サプライチェーンと定義する。

第16章 貿易費用と越境サプライチェーン

図-16.1に簡易な越境サプライチェーンの模式図を示す。この図にはA国・B国・C国の三国に跨る越境サプライチェーンが示されている。最終的な完成品はB国で消費されると考えている。これらの国の間で貿易される商品には、品目によらず1%の関税が課されている。サプライチェーン上の製造・販売プロセスは次のように進む。①A国の工場で鋼板が生産される。この鋼板を1単位生産するためには、100円のA国産原材料と100円の付加価値の投入が必要となる。付加価値とは、この工場の経費（人件費や設備費など）と利益のために鉄鋼に上乗せされる価格である。②この鋼板はB国の工場に輸出され、そこでB国産原材料100円・付加価値300円と合わせて、部品1単位を生産するために投入される。③この部品はC国の工場に輸出され、そこでC国産部品100円・付加価値200円と合わせて、完成品1単位を生産するために投入される。④この完成品はB国に輸出され、消費者に917.1円で販売される。

越境サプライチェーンの利点は、原材料の調達を最適な国から行い、かつ、各々の製造工程を最適な国に置くことによって、高いコスト競争力を発揮できることにある。例えば、鋼板は高い製鉄技術を持つ国（A国）から調達する。高度な技術を要求される部品の製造工程は、労働者の技能が高い国（B国）に置く。基礎的な組み立て作業の工程は、賃金の低い国（C国）に置く。といった具合である。これにより、全ての原材料の調達を一国（B国）内で済ませる場合よりも安く、最終的な製品を消費者に供給することができる。

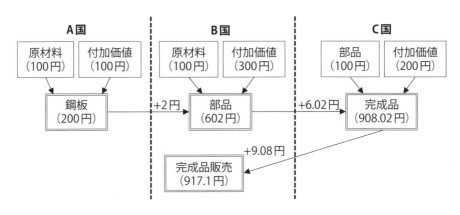

図-16.1　越境サプライチェーンの模式図

第4編 世界経済の潮流と将来のグローバルロジスティクス

　越境サプライチェーンの構築が行われるためには、各国間の貿易費用が十分に低いことが不可欠となる。例えば、図-16.1は三国間の貿易に1%の関税が課されている状況を考えている。仮にこの関税が10%であるとすれば、B国における完成品の消費者価格は1080.2円となり、図-16.1の917.1円に比べて18%の増加となる。この例から確認できるように、越境サプライチェーンは、そのうえで原材料が何度も国境を越えるがゆえに、最終的な製品の価格に貿易費用が増幅されて現れる。従って、各国間の貿易費用が高い状況では、企業が越境サプライチェーンを活用することは難しい。上述の性質は逆に言えば、FTAや経済連携協定（Economic Partnership Agreement：EPA）などにより多国間の貿易費用が低減されると、越境サプライチェーンのコスト競争力が大きく向上することを意味している。例えば、図-16.1の三国間の貿易に課される関税率が10%から0%に減ったとすれば、B国における完成品の輸入価格は1080.2円から900円まで17%も低下する。その結果、こうした越境サプライチェーンを活用する企業が増えることになる。

　「原材料の調達や製造工程を最適な国で行う」という越境サプライチェーンの性質は、貿易費用が低減されるほど深まっていく。言い換えれば、越境サプライチェーン上で原材料が国境を越える回数はより増えていく。深化した越境サプライチェーンの一例として、アメリカ・カナダ間に跨る自動車の越境サプライチェーンを取り上げよう。両国はともに先進国であるが、各々の優位性に応じて自動車の製造工程の分業が行われている。やや古いデータだが、カナダの貿易産業協会の調査（2005）[6]によると、4,000台の自動車を生産するために必要な部品の通関が28,200回であったとされている。すなわち、自動車1台の生産当たりおよそ7回、部品が国境を越えているのである。このように深化した越境サプライチェーンは、NAFTAと両国の効率的な通関制度によって実現されている。

(2) 越境サプライチェーン活用の進展による国際貿易の拡大

　多国間の貿易費用が低減され、越境サプライチェーンの構築・活用が進んでいくと、これらの国の間の貿易は大きく拡大する。これには二つの理由がある。第一の理由は、多国間の貿易費用が低減されると、越境サプライチェーンのコスト競争力が大きく向上することである。上述のように、図-16.1の三国間の貿易に

第16章 貿易費用と越境サプライチェーン

課される関税率が10%から0%に減ったとすれば、B国における完成品の輸入価格は17%低下する。すなわち、越境サプライチェーン上の通関の回数に応じて、輸入価格は貿易費用以上の低下を示す。輸入価格が下がるほど貿易額は増える傾向が観察されるため、このようなコスト競争力の向上には貿易額を大きく増やす効果が期待される。

第二の理由は、越境サプライチェーン活用の拡大に伴い、原材料が国境を越える回数が増えることである。例えば、これまで全ての原材料の調達をB国内で行っていた企業が、図-16.1の越境サプライチェーンを活用するようになったとしよう。すると、仮にこの企業の完成品の売上個数が変わらなかったとしても、完成品・部品・鋼板の三国間の貿易量が、その売上個数と同数だけ増加する。さらに、完成品の輸入価格低下により売上が伸びれば、完成品・部品・鋼板の三国間の貿易量は、売上の増加分だけ増える。以上の二つの理由が複合的に作用する結果、越境サプライチェーンの活用が進むにつれて、多国間の貿易額は大きく増加する。

越境サプライチェーンの活用が進み、貿易額が増加していくという傾向は、世界の貿易データからも確認されている。Hummels et al. (2001)[7]は、G7を含む14ヶ国の産業連関表を分析し、以下の二つの事実を明らかにしている。第一に、これらの国の輸出額に占めるVertical Specialization（垂直的特化）の割合は、1970年から1990年にかけて、16.5%から21%へと30%の増加を示している。ここで、垂直的特化とは、「輸出品を生産するために、外国から輸入されたモノの輸入額」として定義される。図-16.1を例に取れば、B国の垂直的特化は鋼板の輸入額202円、C国の垂直的特化は部品の輸入額608.02円となる。垂直的特化の増加は、越境サプライチェーン活用の拡大を示すものである。第二に、1970年から1990年にかけて、これらの国の輸出額対GDP比は増加したが、その増加の30%以上は垂直的特化によるものである。言い換えれば、越境サプライチェーン活用の拡大が貿易額の増加に大きく貢献している。

Hummels et al. (2001)の分析は1990年以前の古いデータを対象としたものである。貿易費用の低減がさらに進んだ今日においては、越境サプライチェーンの活用がさらに進んでいることが予想される。実際、世界の「工業製品の総輸出額」と「製造業の総付加価値（GDP）」の比（前者÷後者）を見ると、1991年の52%か

ら2014年の106%まで、23年間で102%の増加を示している(図-16.2)。すなわち、世界の製造業の活動が拡大するよりも遥かに速いペースで、工業製品の貿易額が増加している。なお、1992年以降の中国の急速な貿易拡大は、この結果には寄与していない。世界の「工業製品の総輸出額」と「製造業の総付加価値」から中国の数値を差し引いて計算を行っても同様の結果が得られ、両者の比は1991年の53%から2013年の116%まで、22年間で119%の増加を示す。従って、図-16.2に示した輸出額対GDP比の増加要因の少なくとも一部は、越境サプライチェーン活用の拡大にあると予想される。

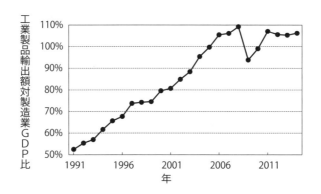

図-16.2　世界の工業製品輸出額対製造業GDP比(1991～2014年)」
出典：World Bank Open Data[9]より著者計算

16.3 メキシコの自動車産業における越境サプライチェーン

　NAFTAの北米経済への影響は多岐に渡るが、本章ではメキシコの越境サプライチェーンに焦点を当てて議論を進める。NAFTAの大きな特徴の一つは、加盟国間に大きな所得格差が存在することにある。2015年における労働者の年間平均賃金は、アメリカが58,714USドル、カナダが48,590USドルであるのに対して、メキシコは8,905USドルである[4]。すなわち、アメリカ・メキシコ間には平均6.6倍の賃金格差が存在する。この賃金格差を利用するために、基礎的な加工・組立の工程をメキシコに移転するアメリカの企業は、NAFTAの発効以前から存在していた。NAFTA発効以前はマキラドーラ(Maquiladora)と呼ばれる国境周辺の

経済特区における保税輸出制度が活用されてきたが、NAFTAの発効以降は、基礎的な工程を担う工場の建設がメキシコ全体に広がっている。これらの工場で生産された製品の多くは外国（大部分はアメリカ）に輸出されており、典型的な越境サプライチェーンが広く活用されていると言える。

　越境サプライチェーンを活用するメキシコの産業の中でも、近年著しい成長を見せているのが自動車産業である。他の製造業と同様に、自動車産業も基礎的な工程を低賃金のメキシコに置き、高度な技能を持つ技術者・労働者を要する工程をアメリカに置くことによって越境サプライチェーンを構築している。メキシコ産輸送機械の輸出先の8割以上はアメリカである[10]。なお、メキシコの賃金が低いといっても、自動車産業で働く労働者は、工科系大学のプログラムや外国語教育によって高い生産性を備えていることに注意する必要がある。

　メキシコの自動車産業が越境サプライチェーンを活用していること、および、急成長を遂げていることは、図-16.3から確認できる。この図には、1995年から2015年にかけての、アメリカの対メキシコ自動車輸入額（黒い棒で表示）と自動車部品輸出額（灰色の棒で表示）が示されている。自動車輸入額と部品輸出額は連動した動きを示しており、両者の比（折れ線で表示）は60%前後で安定的に推移している。この結果より、アメリカから輸出された部品がメキシコで完成車の組立に利用され、完成車がアメリカに輸出されるという越境サプライチェーンの

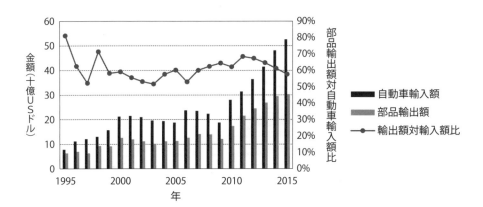

図-16.3　アメリカの対メキシコ自動車輸入額と部品輸出額（1995〜2015年）
データ出典：United States Census Bureau[8]

存在を確認できる。なお、アメリカはメキシコから自動車部品の輸入も行っており、その輸入額は完成品の輸入額に等しい水準であることも付け加えておく。

1994年のNAFTA発効以降、アメリカの対メキシコ自動車輸入額は2000年までは順調に増加していたが、それ以降は停滞の時期が続いていた。これはアメリカの自動車輸入額の成長が鈍化したことと、ドイツ・韓国などの外国産輸入車のシェアが増えたことによる（図-16.4）。世界金融危機の影響も重なり、停滞の時期は10年近く続いた。しかし、2010年以降は年率19%という急激な速度で自動車輸入額が増加している。この急成長の一因には、メキシコの低賃金・高品質の労働力を活用した越境サプライチェーンのコスト競争力、そして、日本の自動車企業の生産拠点のメキシコへの移転があると考えられる。

2000年から2015年にかけての、アメリカの完成自動車輸入額に占める上位五ヶ国産自動車のシェアの推移を示したものが図-16.4である。2009年以降、日本産自動車のシェアが低下する一方で、それと連動するようにメキシコ産自動車のシェアが増えている。2009～2012年は対ドルで急激な円高が進み、円建ての人件費・製造費が割高になった時期であり、この時期に日産・ホンダ・トヨタ・マツダといった日本の自動車企業は、北米向け自動車の生産をメキシコに移転している[11]。2013～2015年には円安が進行したものの、メキシコ自動車産業への多大な対外投資による生産効率改善の影響のためか、日本産自動車のシェア低下は続いている。

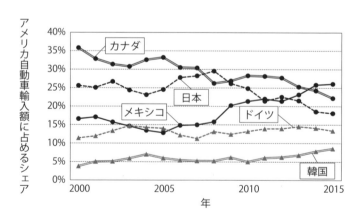

図-16.4　アメリカの自動車輸入額に占める五ヶ国シェア（2000～2015年）
データ出典：United States Census Bureau[8]

急激な円高の進行は、メキシコの自動車産業の急成長の引き金の一つになったと考えられる。その一方で、メキシコ・アメリカ間でコスト競争力の高い越境サプライチェーンが構築されたことも、急成長の土台になったと考えられる。仮にNAFTAが締結されておらず、アメリカ・メキシコ間の部品の貿易に高い関税が課されていたとすれば、メキシコの自動車産業は効率的に部品を調達することができず、生産を急拡大することは難しかったはずである。例えば、メキシコのエルサルト市で生産されるホンダCR-Vの部品の約70%はアメリカ製もしくはカナダ製であると言う[12]。メキシコの越境サプライチェーンはアメリカの製造業の雇用を守ることにも貢献していると言える。

16.4 将来のアジア域内貿易と越境サプライチェーン

メキシコの越境サプライチェーンは、将来のアジア地域の貿易形態を考えるうえでも参考になる。アジア諸国間には大きな賃金格差が存在していることから、工程を賃金に応じて適切な国に置くタイプの越境サプライチェーンが成立しやすく、また実際に広く活用されている。世界の工場として大きな存在感を示す中国においても、日本や韓国から輸入した部品を製品の組み立てに利用するような越境サプライチェーンが活用されてきた。

現在の中国において進む賃金の上昇や、東南アジア・南アジア諸国の投資環境の向上を鑑みると、これまで中国に集中していた生産活動のうち基礎的な工程が東南アジア・南アジア諸国に移転していくことが予想される。その結果、今後のアジア域内越境サプライチェーンはより複雑化していくだろう。その傾向は既にアジア域内の中間財（加工過程を経た原材料のこと[注2]、原油・鉄鉱石などの未加工の原料は含まない）貿易に現れている。

東アジア・東南アジア・南アジア・オセアニアを一つの地域としたときの、この域内の中間財の貿易額に占める各国のシェアの推移を、図-16.5の二つのグラフに示す。上のグラフは輸出額に占めるシェアを、下のグラフは輸入額に占めるシェアを示している。東南アジア諸国と南アジア諸国についてはシェアの集計値を示す。2000年～2014年にかけての長期的な傾向として、中国と東南アジア諸国が中間財の供給者（輸出者）としての地位を高め、東南アジア諸国と南ア

ジア諸国が中間財の需要者（輸入者）としての地位を高めていることが確認できる。これらの傾向は、中国から輸入した原材料を、東南アジア・南アジアにおいて加工・組立に利用する越境サプライチェーン活用の拡大を示していると言える。東南アジアにおいては2015年末にアセアン経済共同体（ASEAN Economic Community：AEC）が発足し、域内の自由貿易や貿易円滑化が促進されていることから、域内の越境サプライチェーンの活用が拡大し、さらに中間財貿易が盛んになっていくと予想される。

　他方、中間財貿易額に占める日本のシェアは輸出額・輸入額ともに低下する傾

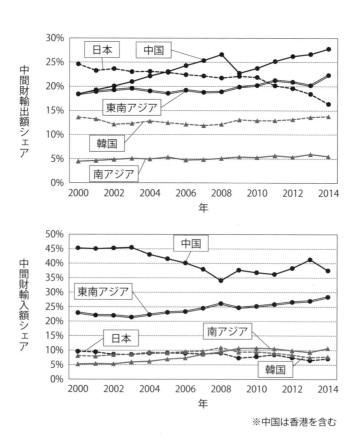

図-16.5　アジア域内の中間財貿易額に占める各国のシェア（2000～2014年）
出典：World Bank[11] より著者計算

向にある。この傾向は、アジアの生産活動の比重が南西に移っていく以上、避けられないものである。しかし、アメリカ・メキシコ間の越境サプライチェーンの事例からもわかるように、これは日本の製造業がアジアの越境サプライチェーンから締め出されることを意味しない。アジア全域に跨る越境サプライチェーンの中で、高度な技術を要する工程が日本に置かれ続ける限りは、アジア諸国の製造業が繁栄する恩恵を日本も享受し続けることができるだろう。

【注】
注1) Most Favored Nation（最恵国）関税率。WTO加盟国から当該国への輸出には、原則としてこの関税率が適用される。ただし、輸出国と当該国がFTAやEPAを結び低い税率を定めた場合には、定められた税率が適用される。
注2) 中間財の定義は著者や文脈によって異なる。原油や鉄鉱石、さらにはサービスを含む定義もある。

【参考文献】
1) WTO, "World Tariff Profiles 2015", WTO, 2015.
2) World Bank, "Doing business 2016: Measuring regulatory quality and efficiency", World Bank, 2016.
3) 財務省貿易統計, http://www.e-stat.go.jp/SG1/estat/OtherList.do?bid=000001008826&cycode=1, (2016/09/01).
4) OECD Statistics, https://stats.oecd.org/Index.aspx?DataSetCode=MTC, (2016/09/01).
5) Romalis, J., "NAFTA's and CUSFTA's impact on international trade", The Review of Economics and Statistics, Vol.89, No.3, pp.416-435, 2007.
6) Coalition for Secure and Trade-Efficient Borders, Canadian Manufacturers and Exporters, "Rethinking our borders: A new North American partnership", 2005. http://www.jama.ca/pubs/2005/coalition_report/coalition_report_4_2005.pdf, (2016/09/01).
7) Hummels, D., Ishii, J. and Yi, K.-M., "The nature and growth of vertical specialization in world", Journal of International Economics, Vol.54, pp.75-96, 2001.
8) United States Census Bureau, Foreign Trade, https://www.census.gov/foreign-trade/Press-Release/ft900_index.html, (2016/09/01).
9) World Bank Open Data, http://data.worldbank.org/, (2016/09/01).
10) World Integrated Trade Solutions, http://wits.worldbank.org/, (2016/09/01).
11) María José Sada, "Foot on the gas: Behind the Mexican auto boom", http://hir.harvard.edu/foot-gas-behind-mexican-auto-boom/, (2016/09/01), Harvard International Review, 2016.
12) Eduardo Porter, "Nafta may have saved many autoworkers' jobs", http://www.nytimes.com/2016/03/30/business/economy/nafta-may-have-saved-many-autoworkers-jobs.html, (2016/09/01), The New York Times, 2016.

第17章 世界規模の海運ネットワークと
　　　　国際陸上輸送ネットワーク

　本章では、世界規模の国際物流ネットワーク（グローバルロジスティクスネットワーク）の現状と今後について、その中心的役割を果たす海運だけでなく、日本ではあまり実感することのできない国際的な陸上輸送も含めて概観する。

17.1 世界海運の二大運河

　現代の世界経済の中心は、北米、欧州、および中国や日本を中心とする東アジアであり、これらの地域を結ぶ海上輸送航路は、世界の三大基幹航路と呼ばれる。この三大基幹航路のルートの中で、15世紀に始まった大航海時代の頃と大きく異なるのは、地中海とインド洋（紅海）を結ぶスエズ運河（1869年開通）と、大西洋（カリブ海）と太平洋を結ぶパナマ運河（1914年開通）の存在である（図-17.1）。

　スエズ運河の開通により、アジアと欧州の間の海上輸送においてはアフリカ大陸南端の喜望峰を経由する必要がなくなり、またパナマ運河の開通により、東アジアや北米西岸と北米東岸の間の海上輸送において南アメリカ大陸南端のホーン岬（またはマゼラン海峡）を経由する必要がなくなり、大幅な輸送距離および時

図-17.1　世界の主要コンテナ港湾と二大運河をはじめとする世界の主なチョークポイント

第17章 世界規模の海運ネットワークと国際陸上輸送ネットワーク

間の短縮となった。この世界規模の海運にとって極めて重要な二大人工運河は、海上交通の要衝という意味で、マラッカ海峡やジブラルタル海峡などの世界の主要海峡とともにチョークポイントと呼ばれることもある。

(1) スエズ運河

スエズ運河は、地中海と紅海を南北に結ぶ全長約160kmの運河であり、フランス人であるレセップスの指揮により1869年に開通した。その後1956年にエジプトのナセル大統領により国有化され、現在はエジプト政府により管理・運営されている。スエズ運河は、後述のパナマ運河と異なり海面式の運河であるため、通航可能な船舶のサイズ上限は、運河そのものの断面により決まる。現状において、世界の全てのコンテナ船、(船腹量ベースで) 95%以上のバルクキャリア、約2/3のタンカーが通航可能である[1]。

2015年の年間通航実績は17,483隻(船腹量ベースで約9.99億純トン、貨物量ベースで約8.23億トン)であり、年間通航料収入は約51.8億米ドルであった[1]。船種別に見るとコンテナ船が5,941隻で最も多く、次いでタンカー、バルクキャリア、一般貨物、自動車航送船の順となっている[1]。スエズ運河通航船舶の推移(船舶数、船腹量)を図-17.2に示す。通行船舶数については、2008年のリーマンショック以

図-17.2 スエズ運河通航船舶の推移
出典:スエズ運河庁アニュアルレポート2015[1]

降は17,000隻前後（一日平均50隻前後）で推移しており、1980年代前半や2008年には年間20,000隻を超えていたのに比べれば若干減少しており、また通航容量（一日の最大通航可能船舶数は両方向合計で84隻程度とされる）にも余裕がある。一方、船腹量ベースの年間通航量は着実に増加しており、航行船舶の大型化が進んでいることが伺える。

なお、1980年代から2000年頃にかけての通航船舶数の減少も、同時期の船腹量がほとんど変化していないことから、船舶の大型化が大きな要因であったことが推察される。さらに、欧州における北海油田の開発により、中東から欧州行きのタンカーが減少するなど、貿易構造の変化（調達先の変化）の影響も受けた模様である。同様に、2000年代の船舶数・船腹量の急激な増加は、中国の世界の工場としての成長と軌を一にしており、運河の通航状況が世界経済や貿易構造・海運マーケットの変化に常に左右されていることが伺える。さらに直近では、資源需要の低迷や燃料費の低下によって輸送時間や距離を短縮するインセンティブが下がり、タンカー等を中心にスエズ運河を迂回する動きが広がっているとのことで、運河がまさに世界経済・貿易を映し出す鏡となっている。

（2）新スエズ運河構想とスエズ運河の今後

スエズ運河の水路は原則として一方通行であるが、途中数箇所で行き違いが可能となっている。船舶は船団を組み、毎日明け方に運河両端（ポートサイド、スエズ）を出発し、当日夕方頃に反対側へ抜けるというのが基本的なスケジュールとなっている。

2014年8月に、エジプト政府により、「新スエズ運河構想」が公表された。これは、上記の行き違い区間を既存航路の拡幅や新航路建設によって約70km延長し、両方向の船舶が途中停止することなく行き違い可能となることで、運河の通過時間の短縮を目指すものである。総工費90億米ドルと言われる工事は僅か1年で完了し、2015年8月には完成式典が行われた。ただしこの「新運河」は、通過時間の短縮には貢献するものの、運河の容量や通航可能船舶の最大サイズを拡大するものではなく、アラブの春以降、観光客の減少等により経済的苦境にあるエジプトの経済対策的意味合いも大きいと思われる。さらにエジプト政府は、新運河の短期間での実現に引き続き、多くの本船・大型船が目の前を航行するという地理

的メリットを最大限に生かすべく、運河沿いエリアの地域開発計画 (Suez Canal Economic Zone) に着手しており、思惑どおり産業の立地等が今後進むかどうかが注目される。

　スエズ運河は、(1) で述べた世界経済情勢だけでなく、地政学上重要なチョークポイントとして、国際政治・社会情勢にも翻弄され続けてきた。たとえば先に述べたエジプトによるスエズ運河の国有化は、イギリス・フランスとの戦争（スエズ動乱：第2次中東戦争）を引き起こし、半年間の封鎖を余儀なくされた。さらに、1967年の第3次中東戦争から第4次中東戦争終了後の1975年までの8年間に渡っても、エジプトとイスラエルの対峙する軍事境界線となったために封鎖されていた。最近でも、2001年に日本の支援によって開通したスエズ運河を跨ぐ唯一の道路橋（スエズ運河橋）が、アラブの春以降の混乱による治安悪化のため2年以上封鎖されていた。

　また、最近のスエズ運河を語る上で忘れてはならないのが、スエズ運河南方のアデン湾を中心に大きな被害を出したソマリア海賊問題である。国際商業会議所（International Chamber of Commerce：ICC）の集計によれば、ピーク時の2009年から2010年頃にかけては、周辺海域での事案発生件数は年間200件を超え、乗っ取られた船舶が年間50隻近く、拘束された乗員が年間1,000名前後に上った。また、身代金等の直接的な被害額に加え、各国の軍隊等による護衛や、武器の装備や保険といった自衛の対策費用も含めた総コストについても、ピーク時には年間70億ドル程度であったと推計されている[2]。2011年以降は、国際協調による集団護衛など様々な対策の結果として事案発生数は減少を続け、2015年にはついにゼロとなった。ただし今でも多くの対策費用（2015年：約13億ドル）がかけられており、リスク自体が完全に消滅したわけではないというのが関係者の共通認識となっている。

　このように、スエズ運河のような海上輸送網の世界的な大動脈が、いかに国際経済・政治・社会情勢に翻弄される存在で、多くの地政学上のリスクに晒される立地の上に成り立っているかという事実は、少なくとも現代日本においては十分認識されていないように思われる。情報が少ないのは無事の証ということかもしれないが、海運や国際物流のプロを目指す立場としては、常にこれらの情勢に留意することが求められるだろう。また当面のスエズ運河の安定的な運用は、エジ

第4編 世界経済の潮流と将来のグローバルロジスティクス

プト政府の安定と治安維持にかかっている部分も大きいと考えられる。

(3) パナマ運河と拡張工事の完成

　パナマ運河は、太平洋とカリブ海をこれも南北に結ぶ全長約80kmの運河である。当初はスエズ運河を開通させたレセップスによってスエズ運河と同じ海面式の運河として建設が着手されたものの、距離はスエズ運河の半分であるにもかかわらず、エジプトの砂漠と異なる熱帯性の気候や地形的な要因により頓挫し、20世紀に入ってから、米国の手によって閘門式運河として開通した。当時既に最初の大陸横断鉄道は開通していたものの、米国としては東岸地域と西岸地域を結ぶ海上輸送路として必要不可欠であり、当時コロンビア領であった地域をパナマとして独立させてまで運河を建設した。開通後は運河沿岸地域は米国の租借地となり、完全にパナマに返還されたのは1999年のことであった。現在はパナマ政府が管理・運営を行っている。

　米国によって建設されたパナマ運河は、太平洋側と大西洋側の双方に設置された3段の閘門により、海抜26mの水路上を航行する。米国は、この閘門式運河を導入することにより運河を開通させることができたものの、20世紀末までには、その閘門のサイズや容量が運河航行の大きな制約となっていた。建設から100年以上が経過した既存の閘門（図-17.3左）を航行可能な船舶のサイズの上限は、全幅32.3m、全長294.1m（コンテナ船の場合）、喫水12.0mである。パナマ運河を航行可能な最大サイズの船舶はパナマックス船と呼ばれ、コンテナ船では4,500TEU積み前後の船が相当する。これは第18章でも見るように、現代のコンテナ輸送（特に基幹航路）においては、もはや比較的小さなサイズの船舶しか航行できないということを意味する。また、通航可能容量の制約も厳しく、運河の入り口となる両端の海上では沖待ちが頻発している。図-17.4に示すように、パナマ運河の年間通航隻数も1970年代からほぼ頭打ちとなっている。

　このような状況を解決するため、パナマ政府は、現在の2レーンの閘門に加え、新たに1レーン（第3閘門）を建設することを決め、2006年の国民投票での承認を経て、拡張工事が開始された。第3閘門のサイズは、幅55m、長さ427m、水深18.3mであり[注1]、コンテナ船であれば13,000～14,000TEU積み前後の船まで通航可能である。なお拡張工事には、クレブラカットなどの航路の増深や拡幅、運河

第17章 世界規模の海運ネットワークと国際陸上輸送ネットワーク

入り口の泊地の拡張なども含まれる。当初は、運河開通100周年である2014年の完成を目指していたが、度重なる工期の延期を経て、2016年6月26日に遂に開通した（図-17.3右）。拡張工事の最大のポイントは、新閘門の操作により追加的にさらに大量に必要となる水の確保であった（運河の航路ともなるガツン湖の水は、既存の閘門に利用する以外に余裕がないため）。当初の構想では、他の水系より導水管を引くというアイディアもあったが、水を繰り返し利用するために新閘門の脇に貯水池を建設することとなった。

図-17.3　パナマ運河の既存閘門を通過するパナマックスコンテナ船（左、著者撮影）と新閘門開通の様子（右、パナマ運河庁HP[3]）

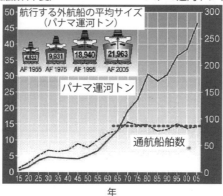

図-17.4　パナマ運河通航船舶の推移　　出典：パナマ運河庁HP[3]に加筆

(4) パナマ運河拡張の影響と今後

　第3閘門の供用開始により、より大型の船舶の航行が可能となるだけでなく、上で述べた運河通航容量の拡大にも資することが期待される。なかでも、近年成長を続ける中南米の太平洋岸と北米東岸地域との間の輸送需要の拡大を期待する声もある[4]。また、サイズ制約の問題からこれまで航行実績のなかったLNG輸送船が航行することも可能となり、米国東部で産出されるシェールガスの我が国への海上輸送などへの活用も期待されている[5]。

　一方で、上記シェールガスの生産については、直近の原油価格低迷の影響を受け、一時期のブームはかなり沈静化している状況にある。また、特に北米東岸の諸港においては、これまでのパナマ運河通航可能サイズを超える船舶（オーバーパナマックス船）を受け入れる施設の整備が不十分とも指摘されている。このように、今後のパナマ運河通航需要、特に大型船の通航需要が思惑どおり増加するかどうかは必ずしも楽観的な予測ばかりではない。さらに、拡張工事の資金確保という名目で、パナマ運河の通航料は過去10年間で大幅に引き上げられており、今後も値上げが続くようだと通航需要に影響しかねないとの指摘もある。ただし、全般としては、今後の交易・輸送需要の拡大や大型化による輸送費の低減に期待する声の方が大きいと思われる。

　もうひとつ、パナマ運河拡張による影響として可能性を指摘しておきたいのは、これまでパナマ運河を通過する基幹航路において大量に建造・使用されていたパナマックス船がより大型の船舶に置き換えられ、余ったパナマックス船がよりローカルな航路に転配されるという、いわゆるカスケード効果である。コンテナ船を例にとれば、既にアジア域内航路では4,000TEU前後の船腹量を有するコンテナ船が多く就航しており、ローカル航路に就航する船舶の大型化（パナマックス船への置き換え）が今後進むことが予想される。一方で、パナマックス船は、パナマ運河を通過するために船幅に対して船長がかなり長い歪な構造となっており、使い勝手が悪いとの指摘もある。

　なお、近隣国のニカラグアにおいても、全長約260kmのニカラグア運河の計画があり、香港系企業によって2015年に着工式が行われている。ニカラグア運河構想の歴史は古く、ニカラグア湖と河川を利用できることから米国によるパナマ運河建設の際の代替案としても検討された。しかし現代の通航ニーズ（今のところ

幅75m、長さ520m、水深27.6mというサイズの閘門が想定されているようである）を前提とすれば、最も浅いところで2m程度しか水深がないとされる河川の利用は困難であるため、結局長距離の人工水路を建設する必要がある。このため、総工費は500億ドルにのぼるとされており、資金調達などの面から言って、現時点での実現性はあまり大きくないという見方が大勢である。なお著者のパナマ運河庁幹部へのヒアリングによれば、ニカラグア運河が本当に実現しそうな状況になれば、パナマ運河はそれに対抗しうるサイズの第4閘門を建設するだろうとのことである。

17.2 二大運河を迂回する陸上輸送（ランドブリッジ）

　本節では、前節で述べた世界海運の二大運河であるスエズ運河およびパナマ運河を経由しない代替ルートとも言える、陸上輸送（ランドブリッジ）の現状について紹介する。これらのランドブリッジにおいては、数千～1万kmにおよぶ非常に長距離な輸送となるため、トラックやトレーラではなく、鉄道による輸送が中心となる。

　なお、本節では、現状でも盛んに利用されている、パナマ運河ルートの代替となるアメリカ（北米大陸）ランドブリッジを先に紹介し、次いで、最近、中国の一帯一路政策等を契機に再び脚光を浴びているスエズ運河ルートの代替となるユーラシアランドブリッジ（チャイナランドブリッジ、シベリアランドブリッジ）について述べる。

(1) アメリカランドブリッジ[6]

　北米（カナダ、米国）では、大陸横断鉄道を利用した海上輸送との結節によるインターモーダル輸送が以前から盛んに行われており、東アジア（日本・中国・韓国・台湾・アセアン）発米国東部諸州向けコンテナ貨物について見ても、多くの州においてインターモーダル輸送利用がパナマ運河経由よりも多くを占める[7]。

　アジア方面からインターモーダル輸送を利用する場合、ゲートウェイとなる北米西岸の港湾は、ロサンゼルス／ロングビーチ（LA/LB）港[注2]、サンフランシスコ近郊のオークランド港、シアトル／タコマ港（Northwest Seaport Alliance）、カナダのバンクーバー港、およびバンクーバーよりさらに北に位置する新興の

プリンスルパート港などが挙げられる。東アジアからの海上輸送航路は大圏航路を取るため、北米西岸諸港への航海日数は、北方のPNW諸港（Pacific North West：シアトル／タコマ港以北）が、南方のPSW諸港（Pacific South West：オークランド港以南）よりも1日程度短い。また、各港から米国中部の一大拠点であるシカゴまでの鉄道距離は、ほぼ同程度である。一方で、専用列車の運行頻度はLA/LB港が最も多く、競争も激しいため、他港をゲートウェイとするよりも鉄道運賃も安いことが多く、結果として最も多く利用されている（図-17.5）。

大陸横断鉄道は、そのほとんどが非電化であったことを利用し、ダブルスタックトレイン（図-17.6右上）と呼ばれる2段積み輸送が一般的に行われている。車両編成は最大1マイル（約1.6km）に渡り、1両あたり40ftコンテナ5本×2段積みの車両が最大28両（40ftコンテナ280本＝560TEU）連結される。ある程度分割して運行するにせよ、この長大編成の列車を港湾地区から後背地の鉄道ヤードまでスムースに運行させるため、高架や半地下の専用線の新設が行われた。特に有名なのがLA/LB港背後の専用鉄道線建設プロジェクト（アラメダコリドー）である（図-17.6左および右下）。これにより、鉄道輸送時間の短縮や容量の増大が実現しただけでなく、立体交差化により道路渋滞の大幅な削減にも繋がったとされている。

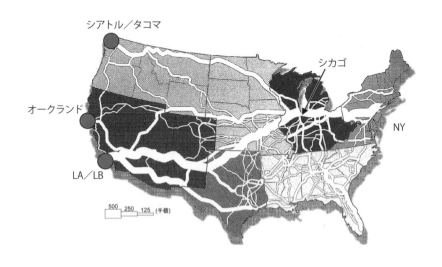

図-17.5　アメリカのインターモーダル輸送ネットワークと路線別輸送量[8]

第17章 世界規模の海運ネットワークと国際陸上輸送ネットワーク

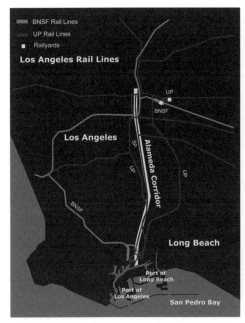

図-17.6 ロサンゼルス港周辺のダブルスタックトレイン（右上）、アラメダコリドー路線図[9]（左）およびコリドーを通過する列車（右下）（写真はいずれも著者撮影）

著者らのヒアリングによれば、日本から北米東岸のニューヨーク州まで大陸横断鉄道経由でコンテナ貨物を輸送する場合、パナマ運河経由と比べて輸送日数は1週間程度早い一方で、コンテナ一本あたりの運賃は500〜1,000ドル程度高い[10]。このため、単価が高く運賃負担力があり、一方で在庫費用が嵩む（輸送時間を短縮するインセンティブのある）貨物の輸送において、インターモーダル輸送がより利用される傾向にある。逆に、運賃の安さを優先する貨物はパナマ運河経由の海上輸送を選択する傾向にあり、パナマ運河の拡張によりコンテナ船が大型化し、パナマ運河経由の海上輸送運賃がさらに下がった場合に、両ルートのシェアがどの程度変わるか注目される。

(2) ユーラシアランドブリッジ

東アジアと欧州方面を結ぶユーラシア大陸横断の鉄道輸送として歴史が長いのは、日本海に面した不凍港であるウラジオストクからロシアを横断し、モスクワ

を経て欧州へ至るシベリアランドブリッジ（図-17.7破線）である。ソ連時代は外貨獲得等の目的で政策的に非常に安い運賃に設定されていたこともあり、日系企業の一定の利用（欧州へのトランジット輸送およびモスクワ周辺への輸送）も見られたものの[11]、最近は日本の荷主の利用はほとんどなく、外国荷主の利用としては、韓国や中国が多くを占める。

利用上の課題として、ここでは2点指摘しておきたい[12]。ひとつは、輸送容量の問題である。ロシア鉄道の年間輸送容量約1億トンのうち、最近の実績では石炭および石油がそれぞれ全体の2割強を占めるなど、資源や基幹物資の輸送が多くを占める一方で、コンテナのシェアは1～2%程度に過ぎない。鉄道会社としては、高い料金を徴収できるコンテナ輸送のシェアを増やしたいところであるが、国策として資源・基幹物資輸送が優先される状況にある。2012年末に東シベリア・太平洋石油パイプライン（Eastern Siberia-Pacific Ocean oil pipeline：ESPO）が全通し、東西シベリアの生産地から日本海の積出港（コジミノ港）までパイプラインが繋がったことで、今後は石油の鉄道輸送シェアは下がっていくことが期待されているものの、抜本的な容量の改善は、第2シベリア鉄道（バム鉄道）

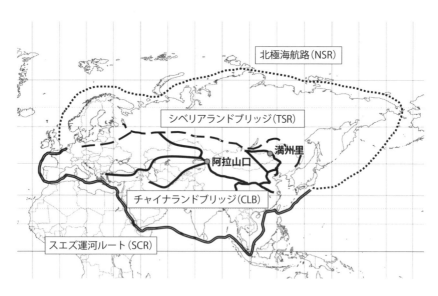

図-17.7　シベリアランドブリッジとチャイナランドブリッジ

第17章 世界規模の海運ネットワークと国際陸上輸送ネットワーク

の改良（複線電化）を待たなければならないだろう。ただしこのバム鉄道改良プロジェクトは非常に大規模であり、多くの専門家は、近い将来に全区間の改良が完了する可能性はかなり低いと予想している。

　もうひとつの利用上の課題は、運賃の問題、特にその変動が予測できない点である。最近でも、輸入完成自動車の運賃の割引があった時期には、いくつかの日系自動車メーカー等が日本海沿岸のザルビノ港からモスクワ近郊まで専用貨車を利用した輸送を行っていたものの、ロシア政府の国内産業育成の方針により、運賃の割引対象が国内生産された完成自動車に切り替わったことを受け、輸入車の鉄道輸送量が激減したことがあった。このように、冒頭で紹介したソ連時代のトランジット割引も含め、そのときどきの政策に鉄道運賃が左右される歴史を繰り返しており、安定した輸送環境というには程遠い状況である。

　一方、一帯一路政策の展開等により最近注目を集めているチャイナランドブリッジ（図-17.7実線）のメインルートの基点は、江蘇省連雲港（図-17.8左）である。ここから鄭州・西安・ウルムチなどを通り、カザフスタン国境のアラシャンコウ（阿拉山口、カザフスタン側の地名はドスティク）まで約4,100kmの道のりである。メインルートは、カザフスタンを通過し、ロシア領内でシベリアランドブリッジと合流する。シベリアランドブリッジに比べ、走行距離は3,000km程度短いとされているものの、中国と旧ソ連ではレールの軌間が異なり、中国・カザフスタン国境で貨車または台車を交換する必要がある（図-17.8右）。また、同国境では通関手続きを実施する必要もある。ただし、カザフスタンとロシアは、ベ

図17.8　チャイナランドブリッジの起点（連雲港・左）と中国・カザフスタン国境での台車交換の状況（右）(いずれも著者撮影)

279

ラルーシ、アルメニア、キルギスとユーラシア経済連合（2015年発足）を形成しているため、カザフスタン・ロシア国境での通関手続き等は不要であり、シベリアランドブリッジと比べ通関手続きの手間は1回多いに過ぎない。

　上述のとおり、チャイナランドブリッジの基点は沿岸地域であるが、特にメリットがあると考えられるのは中国の中部・西部に位置する重慶・成都・西安などを始めとする内陸都市である。これら内陸都市は、海港から遠く、東部の大連・天津・青島・上海・広州などといった沿岸諸都市と比較すると、輸送コストの面で大きなハンディキャップがある。このため、中国政府は、2000年代初頭から西部大開発と呼ばれる集中的な投資を行い、長江における三峡ダムの開発（長江を航行可能な船舶のサイズが倍増した）をはじめとして、西部地域の物流コスト改善に取り組んできた。中国・欧州間のコンテナ定期列車の運行もその一環と位置づけることもでき、2011年3月の重慶～モスクワ～デュイスブルグ（ドイツ）間での運行開始（図-17.9）を皮切りに、成都、武漢、長沙、鄭州等といった内陸

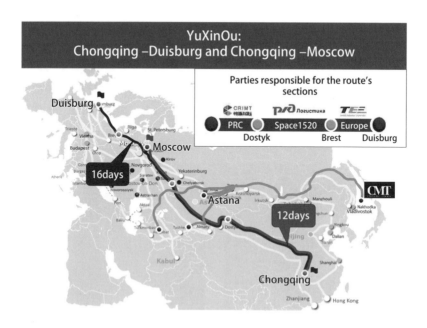

図-17.9　重慶・モスクワ・デュイスブルグ間鉄道コンテナ輸送サービスの概要
　　　　出所：Transcontainer社（ロシアの鉄道コンテナ輸送会社）プレゼンテーション資料

都市とドイツ、ポーランド等を結ぶ路線を中心に、2014年末までに9路線で合計440便の運行実績を有し[13]、2015年以降も運行都市・便数ともに拡大を続けている。表-17.1に、例として武漢発ハンブルク着コンテナ貨物の輸送ルート別の運賃と所要時間の比較を示す。

なお、特に最近では、大連や営口などの中国東北部の沿岸地域から満州里を経由してロシア（シベリア鉄道）に直接乗り入れるルート（図-17.7参照）の利用が急拡大している。また、一帯一路構想のうちの陸側（一帯）の構想には、ロシアを経由せず、中央アジアからカスピ海・コーカサス諸国・トルコへ抜けるルートや、イランへ到達するルートも含まれており、たとえば2016年初めには、浙江省義烏市からテヘランまでの最初の直通列車が運行された。このように、中国を基点とするランドブリッジトレインの運行は、中国の一帯一路政策の展開を牽引するかのように拡大を見せており、今後は、輸送実績がどの程度伴ってくるのかが注目される。ただし、中国による西方の内陸諸国等への展開は、上で見たように中国国内において沿岸域から内陸の西部へと開発の焦点がシフトしてきた延長線上にある、必然の流れとも位置づけられる。ややもすると一帯一路という言葉の壮大さに印象を引きずられがちであるが、日本の立場としては冷静に進展を見守る姿勢も必要であろう。

表-17.1 武漢・ハンブルク間の輸送ルート別の運賃と所要時間の比較[14]

ルート	運賃 （40ftコンテナ1本当たり、USドル）	所要時間 （ドアツードア）
航空	14,000〜15,000	4〜5日
鉄道（CLB）	4,000〜5,000	20日前後
トラック＋上海港から海運	4,000以上	40日
内航（長江水運）＋上海港から海運	2,000	51日

17.3 北極海航路[15]

本章の最後に、近年脚光を浴びている北極海航路、なかでも図-17.7中にも点線で示したロシア沿岸を経由する北東航路について、簡単に概要を述べる。

北極海において一年で最も氷が少ないのは9月であり、その頃はロシア沿岸から完全に氷が消滅しており、極東地域まで船が行き交っている（図-17.10）。北極海航路の輸送量は、ソ連時代末期の1980年代後半にピークがあり、その後ソ連崩壊により急激に減少したものが、2010年代に入ってからピーク時の半分程度にまで回復したという状況にある。ただし、ソ連時代は全てソ連の内貿輸送であったのが、最近は外国籍船による国際トランジット輸送も増えているという違いはある。

北極海航路利用のメリットは、これまでのところ、①東アジア〜欧州間国際貨物の海上輸送における航海距離の短縮（トランジット輸送に関するメリット）と、②北極海域における資源開発の進展（交易の創出）の2点に大別される。

このうち国際トランジット輸送における距離の短縮効果は、たとえば上海〜ロッテルダム間の航海距離がスエズ運河経由に比べ約3/4になるなど、効果は大きい。ただし、年間を通して利用するのが困難、氷海域を航行するための特別な

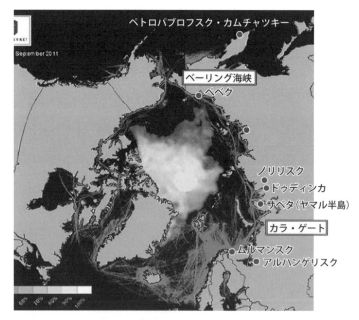

図-17.10　北極海における海氷エリア（図中白色部分）と船舶航行軌跡（2011年9月）
出典：Arctic Logistics Information Office http://www.arcticlio.com/nsr_ transitsに加筆

船舶(耐氷船)が必要、砕氷船によるエスコート(有料)が必要、(特にコンテナ船の場合は)途中に大きな寄港地が存在しない等の様々な理由により、これまでのピークである2013年においても71航海(発着港が北極圏域であるものも含む)にとどまっており、17.1で示したスエズ運河通航量には遠く及ばない。一方、資源開発については、資源輸出で経済が成り立っているというロシアの事情もあり、ヤマル半島の天然ガス開発を筆頭に着々と進められており、2017年以降に開始される予定のヤマル半島サベタ港からのLNG輸送には商船三井も参画する予定となっている。

上述のように、北極海航路の利用はまだ多いと言える状況ではなく、また当然のことながら海氷状況に左右される。さらに、輸送距離の短縮による燃料費の節約効果や世界他地域よりも高コストな資源開発の進捗は、いずれも資源・燃料価格に依存しており(高いほど利用や開発が促進される)、砕氷船や港湾インフラの不足も指摘されるなど、不確実性も大きい。一方で、著者は、2010年代に北極海航路が「再発見」されるきっかけの一つとして、バレンツ海におけるロシアとノルウェーの間の国境係争が2010年に完全解決したことも大きかったと考えており、北極海航路利用の将来動向を展望するにあたっては、我が国を含む東アジア各国とロシアの間の今後の国際関係の進展といった政治・社会動向も踏まえる必要があると思われる。

17.4 おわりに

本章では、世界規模の国際物流ネットワーク(グローバルロジスティクスネットワーク)を概観することを目的に、世界の二大運河(スエズ・パナマ)およびその代替路となる北米およびユーラシア大陸のランドブリッジ、さらにはスエズ運河ルートおよびユーラシア大陸のランドブリッジに代わる航路として注目される北極海航路について、現状および今後の展望を簡単に整理した。詳細が知りたい読者は、次頁に掲げる参考文献を参照していただきたいが、本稿が、世界規模での各輸送ルートの競合など、読者によっては普段あまり考えることのないスケールで国際物流を俯瞰することで、何らかの新しい視座を得る一助となれば幸いである。

【注】

注1) 新閘門を航行可能な船舶の最大サイズは、当面は全幅49m、全長366m、喫水15.2mであるが、習熟後はもう少し上限を引き上げる予定とのことである。なおこの新しい上限サイズは、ネオパナマックス（またはニューパナマックス）と呼ばれる。

注2) LA港とLB港は管理者が異なり、各種統計でも異なる港湾として扱われているものの、互いに隣接しており、また背後の鉄道は共有されているため、本稿では同じ港湾として扱う。また、シアトル港とタコマ港も互いにかなり近接しており、同様の状況にあったが、こちらは2015年に管理運営が実際に統一され、統計などでも同一の港湾として扱われるようになっている。

【参考文献】

1) スエズ運河庁HP、http://www.suezcanal.gov.eg/
2) The One Earth Future Foundation, The Economic Cost of Somali Piracy 各年版（2013年からはThe State of Maritime Piracyに改題）http://oceansbeyondpiracy.org/
3) パナマ運河庁HP、http://www.acp.gob.pa/eng/
4) 星野裕志，パナマ運河拡張の影響―パナマを中心とする新たな国際物流―，海運経済研究，No.50, pp.51-60, 2016.
5) 森本清二郎，本図宏子，LNG輸送の動向とパナマ運河拡張の影響，海運経済研究，No.49, pp.31-40, 2015.
6) 柴崎隆一，第5章 国際海上コンテナの背後輸送，今井昭夫編 国際海上コンテナ輸送概論，東海大学出版会，pp217-257, 2009
7) 山鹿知樹，柴崎隆一，安間清，東アジア・北米間輸送を中心とした北米大陸における国際貨物の背後流動に関する分析，国土技術政策総合研究所資料No.191, 2004.
8) U.S. Department of Transportation, Double Stack Container Systems: Implications for US Railroads and Ports, 1990.
9) Alameda Corridor Transportation Authority HP、http://www.acta.org/index.asp
10) 柴崎隆一，欧米における国際海上コンテナの背後輸送に関する一考察とわが国の輸送環境への示唆，海運経済研究，No.40, pp.167-176, 2006.
11) 辻久子，シベリア・ランドブリッジ－日ロビジネスの大動脈－，成山堂，2007.
12) Shibasaki, R., Naruse, S., Arai, H., and Kawada, T., Industories. International Logistics and Ports in Far Eastern Russia ; Current Status and Future Projects, Proceedings of the Eastern Asia Society for Transportation Studies, 9, 9-12 September 2013, Taipei
13) 中国交通年鑑社，中国交通年鑑2015.
14) 辻久子，中欧大陸横断鉄道の展開，ロシアNIS調査月報2016年1月号，pp.112-115, 2016.
15) 柴崎隆一，北極海航路利用の現状と展望～トランジット輸送と資源輸送～，海運経済研究，No.49, pp.21-30, 2015.

第18章　コンテナ船の大型化による規模の経済・不経済

18.1 はじめに

　世界経済は何度かの減退を経験しながらも1980年からの30年間で世界のGDPを5.8倍に成長させたが、サプライチェーンにおける半製品など中間財の輸送増大を反映して、海上コンテナ貨物量は同じ30年間で13.5倍にまで成長した。1950年代に初めて誕生したコンテナ船は、段階的に大型化の道を歩み、その最大船型は1970年代末で3,000TEU[注1]、1990年代で4,000TEU、1997年にそれまでの約2倍の8,000TEU、2006年にはさらにその約2倍の15,000TEU、そして2013年〜2015年にはMega-Shipsと呼ばれる18,000〜20,000TEU級が出現するに至った[1]（図-18.1）。このMega-Shipsは2015年8月までの報道等[2),3),4),5),6),7)]を基に著者が集計したところ23隻が竣工、76隻が建造中で数年後には合計99隻の就航が予想されている。

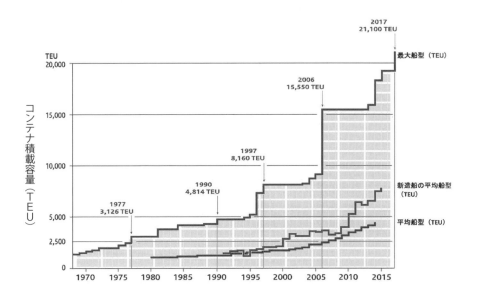

図-18.1　コンテナ船の最大船型の推移
出典：参考文献1) より引用。

コンテナ輸送費用（TEU 当たり）とは海上輸送費用とターミナルでのハンドリング費用の合計であるが、コンテナ船の大型化に伴う海上輸送費用の削減傾向およびターミナルでのハンドリング費用の増加傾向はともに逓減するため、合計費用を最小にする最適船型が存在するはずであるという議論が重ねられてきた（図-18.2）[8], [9], [10], [11], [12], [13]。そして、種々の要因によってコンテナ船の最適船型は異なるものの、確かに存在すると考えられる。一方、コンテナ船の大型化を先導する船社間の過熱した競争によって海上コンテナ輸送市場は供給過剰に陥り、その結果、共倒れか寡占になる恐れが指摘されている。

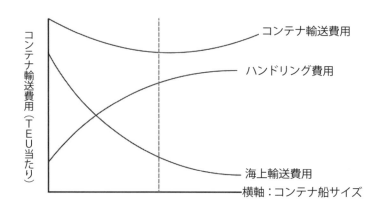

図-18.2　コンテナの海上輸送費用とハンドリング費用
出典：参考文献1) より引用。

この現象は既に発生しており、Mega-Shipsのアジア～欧州航路サービスへの就航が本格化してきた2015年初頭より同サービスのコンテナ貨物運賃は従来の1/4程度にまで急落し[14]、船社はコンテナ船の小型化回帰や間引き運航などの船腹削減策を講じる事態となった[15], [16]。

18.2 コンテナ船の大型化による規模の経済

(1) コンテナ輸送費用の費用項目

コンテナ輸送費用の費用項目ごとに、船舶の大型化による積載容量の増加傾向

第18章 コンテナ船の大型化による規模の経済・不経済

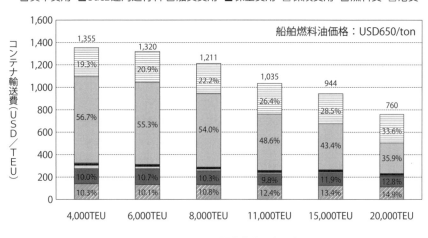

図-18.3　横浜〜ハンブルグ間のコンテナ輸送費用とコンテナ船型の関係
出典：参考文献17）より引用。

がそれぞれの費用項目の増加傾向を上回れば、コンテナ輸送費用（TEU当たり）に対する規模の経済効果が発揮される。

　例えば、横浜〜ハンブルグ間のコンテナ輸送費用に関する著者らの試算[17]（船舶燃料油価格：650USD/ton、平均航行速度：20Kn）によると、8,000TEU級以下のサイズでは、燃料費がコンテナ輸送費用の55％前後を占め、最も支配的な費用項目となっている。このように、コンテナ船の大型化に伴い、燃料費がコンテナ輸送費用に占める割合は、コンテナ船型が4,000TEU級から8,000TEU級までは57〜54％であったものの、11,000TEU級、15,000TEU級、20,000TEU級と大型化が進むにつれて49％、43％、36％とその存在感を低下させつつも、燃料費が最大の費用項目であることに変わりはない（図-18.3）。

　また、コンテナ荷役料が大部分を占める港費は、コンテナ船のサイズによらずほぼ一定であり、規模の経済効果は軽微であることから、逆に存在感を増している。また、一定の規模の経済効果が働くと考えられる資本費がコンテナ輸送費用

に占める割合は、コンテナ船型が4,000TEU級から8,000TEU級までは10～11%であったものの、11,000TEU級、15,000TEU級、20,000TEU級と大型化が進むにつれて12%、13%、15%と徐々にその存在感を増している。

(2) 規模の経済効果の源泉

さらに、大型化したコンテナ船では、エンジン出力のダウンサイズ化に伴って燃料消費効率の高いエンジンを搭載したことが規模の経済効果を大きく発揮させたと考えられる。具体的には、4,000TEU級から15,000TEU級までのコンテナ船の大型化において、積載容量の増加に比べてエンジン出力の増加傾向が徐々に逓減することで規模の経済効果を発揮してきたと言える。さらに、15,000TEU級から20,000TEU級へと積載容量を33%増加させた時には、逆にエンジン出力を80MWから60MWへと25%のダウンサイズ化に成功している(図-18.4)。これは、2000年代後半以降、船舶燃料油価格が一貫して高騰し、ほとんどのコンテナ船が定格速度(4,000TEU級以上のコンテナ船の場合：25Kn)に比べて大幅な減速運航を経験してきたことから、新しいMega-Shipsの設計に当たっては、従来よりも低い定格速度(20,000TEU級の場合：23Kn)における最適船型を追求できたことが背景にあると考えられる。

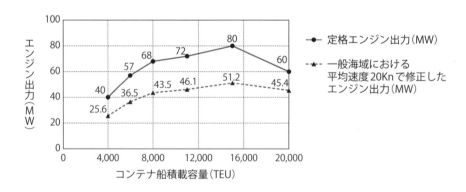

図-18.4 コンテナ船積載容量とエンジン出力の関係
出典：参考文献17) より引用。

そして、定格速度に比べて相対的に遅い速度で航行すれば、速度の低減傾向の2乗に比例して燃料消費率が低減する（12Kn以上の場合）ことが報告されている[18]。この関係を反映させて、定格速度でのエンジン出力と平均速度20Knで修正したエンジン出力を併せて表したものが図-18.4である。このように、平均速度20Knで航行するシナリオでエンジン出力を修正すると、15,000TEU級から20,000TEU級への大型化によって、積載容量を33％増強した一方で、逆にエンジン出力は51.2MWから45.4MWへと約9％のダウンサイズ化に成功した。これがMega-Shipsの規模の経済効果の源泉であると考えられる。

18.3 コンテナ船の大型化による規模の不経済

(1) OECDレポートの指摘

2015年5月に経済協力開発機構（Organisation for Economic Co-operation and Development：OECD）が発表したThe Impact of Mega-Ships（以下「OECDレポート」という）は、このような急激なコンテナ船の大型化が、グローバルなサプライチェーン全体を巻き込んで引き起こした様々な問題を体系的に分析して世に問うた、いま話題のレポートである。このレポートが提起している重要な指摘は以下のとおりである。

コンテナ船の大型化に伴い規模の経済効果が働き、海上輸送費用は低下する一方で、ターミナルでのハンドリング費用は逆に増大する。海上輸送費用の低下は、コンテナ船の大型化に伴う積載容量の増加傾向に比べ、搭載エンジンの飛躍的低燃費化と減速航行によって燃料費の増加傾向が抑えられることによってもたらされる。

一方で、ハンドリング費用の増大は、コンテナ船の大型化に伴う取扱貨物量のピークに対応した岸壁クレーン（Quay-side Gantry Crane：QGC）とヤードクレーン（Rubber Tyred Gantry：RTG）の増設や巨大化したターミナル内でのコンテナハンドリング処理の複雑化に起因している。自らの収益最大化を目指す船社にとっては、この増大するハンドリング費用はターミナル側の問題であり、与り知らない外部経済となる。従って、船社の内部経済として合理的であっても、このような規模の不経済が発生すると、荷主（利用者）が負担するトータルのコン

テナ輸送費用は、コンテナ船の大型化に伴って逆に増加すると捉えることもできる。これは、サプライチェーン全体を見据えたOECDレポートの重要な指摘である。

(2) ピークに起因する問題

　コンテナ船の大型化が進むとターミナルでの一日当たり取扱貨物量のピークが増大するため、岸壁処理能力の向上が必要となる。これには一般にQGCの密度を高めるか、QGCの取扱能力を高めることで対応する。ただし、1隻のコンテナ船に対して同時に稼働できるQGCの数は、クレーンの幅や船のブリッジ部などによって制限を受けるため、QGCの1基当り取扱能力を向上させることがより重要となる。そのような事情を反映してMega-Shipsに対応したQGCでは、40ftコンテナのタンデム吊り等の新技術導入によって取扱能力向上への取り組みが進められている。

　さらに、コンテナヤードにおけるピーク対策としてはヤード面積を拡大してグランドスロット数を増やすことが最も重要である。これは、コンテナのスタック段数を増してコンテナ蔵置容量を増大させると、ヤード内のコンテナ配置計画の動線が複雑になり、また輸入コンテナのリハンドリング作業の最適化が困難になるからである。

　また、Mega-Ships登場により業務量のピークが立ち上がるため、労働時間や雇用システムを柔軟に運用することも求められる。これは、コンテナターミナル運営費の半分以上を占めると言われる労務費の増加に繋がる。一方、倉庫会社、トラック会社、税関、その他多くの港湾関係者も24時間稼働体制を敷くことなどが求められる。さらに、ピーク平準化のためにトレーラーの夜間走行規制などをクリアすることも必要となる。

18.4 コンテナ船の大型化によるゲート混雑の発生

(1) ピークに起因するゲート混雑のメカニズム

　コンテナターミナルのゲート混雑とは、トレーラーが目的地とするターミナルゲートの前やゲートに直結するアクセス道路上において待機をしている状態と定

義することができる。ターミナルのゲート混雑を、待ち行列理論に基づくゲートの利用率（ρ）で説明すると、ゲートの利用率（ρ）が100%に近づき、そして超えると急激に混雑が発生することになる。

$$\rho = \frac{\lambda}{s\mu}$$

ρ：ゲートの利用率（%）
λ：時間当たりトレーラー到着台数（台／時間・レーン）
s：ゲートのレーン数
μ：時間当たりレーン当たりゲート処理台数（台／時間）

このように考えることで、これまで国内外で講じられてきたゲート混雑対策を、このゲート利用率（ρ）の式に沿って、ゲートの処理の能力（分母：$s\mu$）とトレーラーの到着率（λ）に着目して説明することができる。

①第一の混雑対策は時間当たりトレーラー到着台数（分子：λ）を制御することである。これには三つの方法があり、ⅰ）On Dockへの鉄道の引き込みや内陸水運にモーダルシフトさせることでゲートへの時間当たりトレーラー到着台数を減少させること、ⅱ）ターミナル予約システム（Terminal Appointment System：TAS）の導入によって時間当たりトレーラー到着台数を制御すること、ⅲ）ゲート運営時間の拡大による時間当たりトレーラー到着台数のピークを分散させることなどがある。

②第二の混雑対策は、ゲートのレーン数（分母：s）を増やすことによりゲート処理能力を増強することである。

③第三の混雑対策は、時間当たりレーン当たりゲート処理台数（分母：μ）を向上させる方法である。これには二つの方法があり、ⅰ）IT化によりゲート処理時間を短縮すること、ⅱ）到着するトレーラーの一部に含まれている書類不備車[注2)]を除去し、書類不備車に要するゲート処理時間を短縮することである。

一方、Mega-Shipsのように積載容量の大きい超大型コンテナ船の登場は、一回の寄港でより多くのコンテナの荷卸し・荷揚げが行われることになり、これがターミナルでの一日当たり取扱貨物量のピークを増大させ、ゲート混雑を助長し

ている。その結果、ピーク時の時間当たりトレーラー到着台数（λ）がゲートの処理能力（分母：sμ）を大きく超えた場合には、甚大なゲート混雑が発生し、コンテナ船が入港前に洋上待機することにもなり、その時間ロスを取り戻してスケジュールどおりの運航を維持するため、次の寄港地に向けて航行速度を速めることが燃料消費増に繋がる。そして、結果的に船社や荷主に追加費用が圧し掛かることになる。

(2) カスケード現象によるゲート混雑の伝搬

さらに、コンテナ船の超大型化により長距離航路に投入されていた従来の大型船は中距離航路へ、中距離航路へ投入されていた中型船は近海航路へと、連鎖的に配船される現象（カスケード現象）が見られる。また、このカスケード現象により、年間取扱量が多い少ないにかかわらず多くのターミナルではピーク時取扱貨物量の増加を引き起こし、ひいては、ターミナルのゲート混雑を誘発するという意味で、ゲート混雑は世界中の多くの港湾に共通する課題となっている[19]。

こうしたコンテナ船の大型化に対応し、港湾管理者などの公的機関やターミナルオペレーターはターミナルのゲート混雑改善のため、アクセス道路ネットワークや新規のターミナルの建設のほか、ピーク時に集中するトレーラー交通量の制御や、ゲート処理能力の向上などの工夫によるゲート混雑対策を講じている。しかし、このようなゲート混雑対策を効果的に運用する仕組みについては、港湾間、ターミナル間を超えて議論されることは極めて少ない。

このようなピークに関わる諸現象は目に見え難い外部不経済の問題であると同時に、誰がイニシアティブを執り、ステークホルダーの合意形成をどのように図るかが問われる難しい課題である。

18.5 コンテナ船の大型化に対応するための港湾関連投資

OECDレポートは、さらにコンテナ船の大型化に伴って必要になる膨大な港湾関連投資について欧州の事例を紹介するとともに様々な分析を行っている。例えば、Mega-Shipsを受け入れる港湾側では、様々な港湾インフラや上物施設等への投資が必要となる。しかしコンテナ船の大型化のスピードがあまりに速いため、

第18章 コンテナ船の大型化による規模の経済・不経済

北部欧州の主要港湾でさえ、17m以上の岸壁水深を有するターミナルは11に止まり、それ以上の岸壁水深を有するターミナルはロッテルダム港とウィルヘルムスハーベン港の2港に限られている。

さらに、Mega-Shipsに対応するためには、デッキ上23～25列に並んだコンテナを荷役できるアウトリーチ[注3]と、デッキ上11段積みのコンテナを扱えるリフト高を有する高規格のQGCが求められる。北部欧州では14港31ターミナルでMega-Shipsを受け入れることが可能となっているが、このうち15ターミナルではQGCのアウトリーチが足りず、船を反転して右舷および左舷の両方から荷役したり、QGCのリフト高に合わせてコンテナ積載を制限するなどの対策を余儀なくされている。

このように、コンテナ船の大型化に対応するためには、膨大な港湾関連投資が短期的にも中長期的にも必要となる。これに対してOECDレポートは、多くの仮定を設定しつつも、Mega-Ships出現後のサプライチェーン全体を見据えたトータルの港湾関連投資の追加費用の試算を行っている。具体的には、98隻の14,000TEU船に替えて72隻の19,000TEU船（内20隻が就航、52隻が発注済み）が導入された場合に必要となる年間の追加費用はおよそ4億ドルであると試算している。これらの費用内訳は、岸壁の大型化（増深・延伸）、QGCおよびRTGの増設、航路・泊地の増深・拡幅、ターミナルオペレーションのピーク拡大への対応などである。この試算では、追加費用の約1/3がクレーンなどの機器関連費用、約1/3が航路・泊地の浚渫費用、残りの1/3がその他の港湾インフラや背後圏アクセス交通インフラの整備に関する費用である。

また、こうした追加費用はMega-Shipsが入港する東アジア～北部欧州間の主要港だけでなく、コンテナ船のカスケード効果によって主要港以外の港湾にも伝搬する[19]という意味で、世界中の多くの港湾に共通する課題となっている。

18.6 コンテナ船の大型化に伴う輸送サービス水準の低下

大型化したコンテナ船の規模の経済効果を十分発揮させるためには、その消席率を高めてできる限りコンテナを満載にして運航しなければならない。このようにコンテナ需要をこれまで以上に取り込むため、Mega-Shipsは必然的にそのサー

ビスループ内での寄港地を増やすことが求められる。その結果、一回の寄港で取り扱うコンテナ貨物量も増加し、荷役に要する時間すなわち寄港地での停泊時間も伸びることなどから、ローテーションタイムが大幅に長期化し、トランジットタイムも長期化してきている。

2003年、2008年、2015年の代表的なアジア～欧州航路サービスの寄港地、ローテーションタイム、トランジットタイム、投入隻数の変遷をまとめたのが表-18.1である。5,000～6,000TEU級の時は、サービスループ内の寄港地数は12～13港、ローテーションタイムは56～63日間、トランジットタイムは28～31日間、投入

表-18.1 コンテナ船大型化に伴うアジア～欧州航路の寄港地、トランジットタイム、投入隻数の変遷（例）

Loop Service (Shipping Lines)	Average Capacity (TEU)	Europe	Mediterranean / Mid. East	Asia	Port calls	Rotation time (days)	Transit time (days)	Ships in a fleet
CEX in 2003 (COSCO/K-Line/Yang Ming)	5,370	Le Havre, Hamburg, Rotterdam		Singapore, Yantian, Hong Kong, Tokyo, Shimizu, Nagoya, Kobe	12	56	28	8
JEX in 2008 (APL/Hyundai/MOL)	6,367	Le Havre, Southampton, Hamburg, Rotterdam		Singapore, Yantian, Hong Kong, Tokyo, Nagoya, Kobe	13	63	31.5	9
Silk Express Service in 2003 (MSC)	6,741	Felixstowe, Bremerhaven, Hamburg, Antwerp, Le Havre, Valencia	Jebel Ali	Singapore, Hong Kong, Chiwan, Qingdao, Xingang, Busan	15	70	35	10
NE6 in 2015 (COSCO/Evergreen/Hanjin/K-Line/Yang Ming)	12,540	Le Havre, Rotterdam, Hamburg	Algeciras, Jeddah	Singapore, Yantian, Shanghai, Qingdao, Kwangyang, Busan	14	77	38.5	11
AE2 in 2015 (Maersk)	17,368	Wilhemshaven, Aarhus, Gothenburg, Bremerhaven, Antwerp, Southampton	Tanger, Tanjung Pelepas	Singapore, Yantian, Xingang, Qingdao, Shanghai, Ningbo, Busan	19	84	42	12

※国際輸送ハンドブック（2004年版、2009年版、2014年版）[20), 21), 22)] より著者が抜粋、整理したもの

隻数8〜9隻であったものの、Mega-Shipsになるとサービスループ内の寄港地数は19港、ローテーションタイムは84日間、トランジットタイムは42日間、投入隻数12隻と大幅に増大している。

このように、大型化したコンテナ船、特にMega-Shipsでは、規模の経済効果が大きく働いて輸送費用については大幅な低減が期待できるが、その一方で、これまであまり注目されることがなかったものの、トランジットタイムが大幅に長期化してきている。このように、荷主にとっての輸送サービス水準は、コンテナ船の大型化に伴って必ずしも全ての面で向上している訳ではないことが分かる。

18.7 コンテナ船社アライアンスの再編とそれに伴うコンテナターミナル再編への要請

1サービスループ当り11〜12隻のMega-Ships投入が必要なアジア〜欧州航路サービスを維持しつつ船腹量を調整する過程で、コンテナ船社の合従連衡が一層進んでいる。2013年にMega-Shipsが登場して以来、船社アライアンスの再編が進み、2M (MSC, Maersk)、O3 (CMA-CGM, CSCL, UASC)、G6 (Hapag-Lloyd, APL, MOL, OOCL, NYK, Hyundai)、CKYHE (COSCO, K-Line, Yang Ming, Hanjin, Evergreen)の4大アライアンスへの再編が2015年にいったん整った。

しかしながら、その後、CMA-CGMとAPL、COSCOとCSCL、さらにはHapag-LloydとUASCという主要船社同士の合併・統合話の進展を受け、さらにアライアンスの再々編が進んだ。2016年7月時点では、2M、Ocean Alliance (CMA-CGM (CMA-CGMとAPLの統合会社)、COSCO Container Lines (COSCOとCSCLの統合会社)、Evergreen、OOCL)、The Alliance (NYK, MOL, K-Line, Hapag-Lloyd (Hapag-LloydとUASCの統合会社)、Yang Ming, Hanjin) の3大アライアンスに再々編されることが確実になっている。さらに、2016年8月末にHanjinは破綻し、また、NYK, MOL, K-Lineの邦船3社は2017年7月より定期コンテナ船事業を統合することを決めた。このようにコンテナ船社は、合併などによって共倒れを回避しつつ、アライアンスの絞り込みによって寡占への道を歩んでいると考えられる。

このアライアンス再々編の動きを、Mega-Ships運航の観点から見ると、異なっ

第4編 世界経済の潮流と将来のグローバルロジスティクス

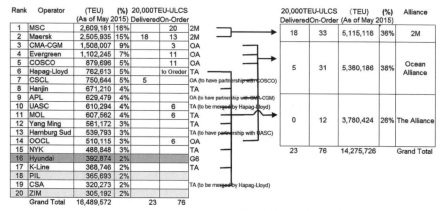

図-18.5　世界のコンテナ船腹量上位20社のアライアンス再々編（2015年）

た姿が見えてくる。Mega-Shipsは数年後には99隻の就航が予想されている。再々編が進む三つのアライアンスに、この99隻のMega-Shipsがどのように分布しているかを示したのが図-18.5である。

アジア～欧州航路でサービスループを運航するには、前述のとおり1サービスループ当り11～12隻のMega-Ships投入が必要である。再々編が進む三つのアライアンスのうち、2Mには51隻、Ocean Allianceには36隻と十分な数のMega-Shipsが振り分けられている。一方、邦船3社（NYK、MOL、K-Line）が参加するThe AllianceにはMega-Shipsが12隻という布陣であり、アジア～欧州航路でサービスループをなんとか維持できるという状況である。

さらに、このようなアライアンスの大幅な再編が続く中、個別のコンテナ船社による自営コンテナターミナルの効率的な運営のためにはサービスループの寄港バースを再編が進むアライアンスに対応して集約し直す必要がある。具体的には、日本の船社自営のターミナルではその規模が一社当たり最大2バース程度であり、また地理的にも分散していることが多いため、アライアンスの再編に伴って船社自営ターミナルの再編・集約も必然的に避けられなくなっている。ターミナルの運営を停止することなく、その再編・集約を円滑に進めるには、移転のた

めの一時的なタネ地を用意するなどの戦略的かつ計画的な対応が必要である。

コンテナ船の大型化の進展と船社アライアンスの再編があまりに急速に進み、かつ予測が困難な今の時期こそ、国際コンテナ戦略港湾においてコンテナターミナルの戦略的な再編・集約への道筋を示すことが急がれる。

18.8 コンテナ船の大型化はどこまで進むのか

さて、規模の経済効果を追求したコンテナ船の大型化はいったいどこまで進むのであろうか。1999年に発表されたMalacca-Max：The Ultimate Container Carrier[23]によると、1999年当時の造船技術の粋を集め、かつ当時のスエズ運河やマラッカ海峡の物理的制約を踏まえた結果、船長400m、船幅60m、最大喫水21mのいわゆるMalacca-Maxに相当するサイズのコンテナ船は成立可能であると報告されている。そして、コンテナ船の最大船型は、造船技術の制約によって決まるのではなく、港湾関連インフラの制約や変動の大きい海運市場（需要）によって決まるものであるとされている。

一方で、2016年6月末時点のスエズ運河航行規則によると[24]、運河内での操船上の理由による船長の制約は400m以下で当時と変化はないが、通行可能な船舶の船幅と最大喫水の組合せについては、最も船幅が広い77.5mの場合から50mの場合で最大喫水はそれぞれ9.1mおよび20.1mと定められている。また、この規則に照らしたMalacca-Maxの船幅（60m）に対応する最大喫水は16.8mである。近年登場しているMega-Shipsのサイズを確認してみると、船長400m、船幅59m、最大喫水16mとなっており、概ねこの範囲内に収まっていることが分かる。

従って、スエズ運河およびマラッカ海峡の物理的制約に今後大きな変更がない限り、現在のMega-Ships（20,000TEU級）がコンテナ船としての最大船型の地位を当分の間は占めるものと考えられる。

また、コンテナ船の大型化競争を牽引してきたMaersk社の幹部は、コンテナ船の大型化について、競争力のあるサービス頻度を保ちつつ、一つのサービスループでより多くの港をカバーし、トランジットタイムが長期化する中で、輸送費用とサービス水準のバランスが取れるのは20,000TEU級までであり、これ以上の大型化は非現実的であると述べている[25]。

18.9 おわりに

　コンテナ船の大型化による規模の経済・不経済について、OECDレポートの概要を紹介するとともに、論点整理を行った。その概要は以下のとおりである。

(1) コンテナ輸送費用を構成する海上輸送費用とハンドリング費用のうち、海上輸送費用はコンテナ船の大型化に伴う規模の経済効果によって大きく低下する傾向にある。

(2) コンテナ輸送費用に占める燃料費の割合が卓越しているが、その比率は船型の大型化に伴って低下する傾向にある。Mega-Shipsは低燃費型エンジンによる燃料費削減効果が規模の経済発揮の源泉となっている。

(3) これまで議論されることが少なかったターミナルでのハンドリング費用は、コンテナ船の大型化に伴って逆に大きく増加する傾向にある。

(4) コンテナ船の大型化がターミナルでのハンドリング費用を増大させる主な要因は、①荷役動線の長大化・複雑化、②（大・中・小型船の混在によるピークの増大に起因する）荷役機器や港湾労働者の遊休時間の増加、③ピーク増大に起因するターミナル混雑によるターミナルの能率低下などが考えられる。

(5) さらに、コンテナ船の大型化に伴い、ターミナルの外において、①ターミナル陸側での混雑発生、②都市内道路交通への過度の負荷を発生させるなどの外部不経済が発生している可能性が高い。この外部不経済の問題は、カスケード現象により、コンテナ取扱量が多い少ないにかかわらず多くの港湾に伝播するという意味で、ゲート混雑は世界中の多くの港湾に共通する課題となっている。

(6) 一方で、Mega-Shipsの寄港地数は大幅に増加し、ローテーションタイムも長期化（84日間：12週間）している。

(7) スエズ運河およびマラッカ海峡の物理的な制約に今後大きな変更がない限り、現在のMega-Ships（20,000TEU級）がコンテナ船としての最大船型の地位を当分の間は占めるものと考えられる。

(8) コンテナ船社は、合併などによって共倒れを回避しつつ、寡占への道を歩んでいると考えられ、2016年7月時点では、2M、Ocean Alliance、The Allianceの3大アライアンスに再々編されることが確実になっている。

(9) コンテナ船の大型化の進展と船社アライアンスの再編が急速でかつ予測が困難な今こそ、国際コンテナ戦略港湾においてコンテナターミナルの戦略的な再編・集約への道筋を示すことが急がれる。

付記

本稿は、著者がこれまでに発表してきた論説[26), 27), 28]、論文[17]、さらには国際学会発表論文[29]などに最新の情報を加えて再構成したものである。

【注】
注1) Twenty-foot Equivalent Unitの略で20フィートの長さのコンテナを1単位として計算したコンテナの数。
注2) コンテナの搬出入を行うトレーラーは、コンテナ搬入の際にはコンテナ搬入票など、コンテナ搬出の際には搬出指示書、荷渡指図書、輸入許可承認書などの書類を携帯しておかなければ、ターミナルへの進入を許可されないが、これらの書類に不備のあるトレーラーを書類不備車と呼ぶ。
注3) 岸壁クレーン（QGC）の岸壁から海上に突き出した「うで」の部分の長さをアウトリーチと言う。

【参考文献】
1) OECD/ITF, The Impact of Mega-Ships, 2015.
2) UNCTAD, Review of Maritime Transport, 2014.
3) 松田琢磨、定期船市場の回顧と展望、KAIUN 2015年1月号、2015.
4) Drewry, Herd Mentality (access：10/04/2015, http://ciw.drewry.co.uk/release-week/2015-06/), 2015.
5) 日本海事新聞, 1万8000TEU超発注残90隻突破（2015年6月5日）, 2015.
6) 日本海事新聞, COSCO 2万TEU型船最大13隻発注（2015年6月22日）, 2015.
7) 日本海事新聞, コンテナ船、新造発注ブーム（2015年8月14日）, 2015.
8) Kendall, P. M. H., A Theory of Optimum Ship Size, Journal of Transport Economics and Policy, 6 (2), pp.128-146, 1972.
9) Jansson, J.O. and Shneerson, D., The Optimal Ship Size, Journal of Transport Economics and Policy, vol.16, no.3, pp.217-238, 1982.
10) Cullinane K. and Khanna, M., Economies of scale in large container ships, Journal of Transport Economics and Policy, vol. 33, part 2, pp.185-208, 1999.
11) Chen, F. and Zhang, R., Economic Viability of Mega-size Containership in Different Service Networks, Journal of Shanghai Jiaotong University, vol. 13, no. 2, pp.221-225, 2008.
12) Sys et al., In Search of the Link between Ship Size and Operations, Transportation Planning and Technology, vol. 31, no. 4, pp.435-463, 2008.

13) Tran N. K. and Haasis, H.-D., An empirical study of fleet expansion and growth of ship size in container liner shipping, International Journal of Production Economics, vol.159, pp.241-253, 2015.
14) 日本海事新聞，北欧州向け運賃300ドル割れ（2015年6月9日），2015.
15) 日本海事新聞，2M欧州航路で船腹削減8月めど投入船を小型化（2015年6月12日），2015.
16) 日本海事新聞，G6アライアンス欧州航路で欠便へ（2015年6月4日），2015.
17) 古市正彦，大塚夏彦，コンテナ船の大型化が北極海航路（NSR）コンテナ輸送の競争力に及ぼす影響，運輸政策研究, vol.19, no.1, pp.2-13, 2016.
18) Omre A., An economic transport system of the next generation integrating the northern and southern passage, Master Thesis, Norwegian University of Science and Technology, 2012.
19) Furuichi, M. and Shibasaki, R., Cascade strategy of container terminals to maximize their quantitative and qualitative capacity, IAME 2015 Conference, Kuala Lumpur, August, 2015.
20) （株）オーシャンコマース，国際輸送ハンドブック2004年版，2004.
21) （株）オーシャンコマース，国際輸送ハンドブック2009年版，2009.
22) （株）オーシャンコマース，国際輸送ハンドブック2014年版，2014.
23) Wijnolst, N., et al., Malacca-Max：The Ultimate Container Carrier, Delft University Press, 1999.
24) Suez Canal Authority Rules of Navigation, (access：30/06/2016, http://www.suezcanal.gov.eg/NR.aspx).
25) 日刊CARGO，インタビュー マースクラインCEOソレン・スコウ氏（2015年9月24日），2015.
26) 古市正彦，大塚夏彦，コンテナ船の巨大化と港湾を巡って【前編】，港湾2015年9月号，pp.38-39, 2015.
27) 古市正彦，大塚夏彦，コンテナ船の巨大化と港湾を巡って【後編】，港湾2015年10月号，pp.38-39, 2015.
28) 古市正彦，港湾側が抱く超大型コンテナ船への本音，KAIUN2015年10月号，pp.22-25, 2015.
29) Furuichi, M. and Otsuka, N., Container Quick Delivery Scenario between East Asia and North-west Europe by the NSR/SCR-combined Shipping in the age of Mega-ships, IAME 2016 Conference, Hamburg, August, 2016.

著者紹介

【第1章】田村 幸士（たむら こうじ）
総合商社で主に物流部門に勤務し、国内外における事業会社の設立・運営や事業企画、貿易管理などの業務に幅広く従事。2007年からは官民人事交流の一環として、国土交通省航空局航空物流室長に就任、我が国航空貨物の振興推進にも携わった。2015年より現職。日本交通学会、日本海運経済学会会員。
1988年　慶應義塾大学法学部卒業／三菱商事（株）入社
2015年　三菱商事ロジスティクス（株）代表取締役社長

【第2章】田阪 幹雄（たさか みきお）
日本通運（株）・米国日本通運（株）で国際間輸送・ロジスティクス業務に従事し、1984年海事法以降の米国物流の規制緩和、NAFTAによる米墨加間物流の変化に対応。2001年9月11日の同時多発テロをハドソン川対岸のニュージャージーで目撃した後、24時間ルール・C-TPAT等米国のセキュリティ政策の強化とそれらの世界への拡散に米国側で対応。米国日本通運（株）から帰任した2008年7月以降、ASEAN・インド・南北アメリカ大陸等の物流案件に従事。
1978年　中央大学法学部政治学科卒業
1983年　貿易研修センター（Institute for International Studies and Training：IIST）卒業
1984年　ユニオンパシフィック鉄道 Customer Training Program に参加
2014年　（株）日通総合研究所 専務取締役

【第3章】篠原 正人（しのはら まさと）
商船三井において、定期船、不定期船、タンカー、財務、企画、調査、物流事業などを幅広く経験。英国とオランダにも駐在経験あり。50歳からは学究の道に入り、オランダのエラスムス大学、東海大学海洋学部を経て現在に至る。専門は海運経済学、港湾経済学、SCM論。
1973年　大阪市立大学経済学部卒業／大阪商船三井船舶（現商船三井）入社
2001年　Erasmus University Rotterdam 研究員兼講師
2004年　東海大学海洋学部 教授
2006年　Erasmus University Rotterdam より博士号授与
2016年　福知山公立大学 特任教授／京都大学経営管理大学院 特命教授

【第4章】大迎 俊一（おおむかい しゅんいち）
1982年　日本航空（株）入社。成田空港を皮切りに、東京本社、大阪・香港・シンガポールの貨物部門に従事して、2010年関連会社であるジュピター・ジャパン取締役社長を経て、2013年に同社退職。
2013年　（株）南海エクスプレス入社、戦略事業部長として現在に至る
2009年より京都大学経営管理大学院 非常勤講師

【第5章】上村 多恵子（うえむら たえこ）
京南倉庫（株）・代表取締役社長、ロジスティクス経営士・詩人・エッセイスト・ジャーナリスト。国土交通省社会資本整備審議会委員・交通政策審議会委員、金融庁行政アドバイザリー、文部科学省中央教育審議会キャリア教育職業部会委員、京都府・市、大阪府、青森県他の委員等多数。著書「きっとうまくいくよ・恋も仕事もだいじょうぶなOLたち」（光文社）、「世界に通用する紳士たれ 平生釟三郎伝」（燃焼社）、詩集「To A Vanishing Point」（日本国際詩人協会）他多数。甲南大学、甲南大学大学院、京都大学経営管理大学院などの講師を務める。
1976年　甲南大学文学部卒業／在学中に京南倉庫（株）代表取締役に就任
2013年　（株）民間資金等活用事業推進機構 取締役就任
2014年　西日本高速道路（株）監査役就任

著者紹介

【第6章】白藤 華子（しらふじ はなこ）
日系国際物流企業の欧州・オランダ拠点にて関税・消費税などの間接税コンサルテーションを切り口にしたトータルサプライチェーンの最適化、関税分類および関税評価額査定（バリュエーション）、欧州在庫拠点の構築等に従事。徹底した現場主義、技術者マインドを基点とした大胆なデザイン思考アプローチを取り、経営やシステムを含めた広汎柔軟な視野からの実質的で躍動感あるソリューション提案を得意とする。
1998年　京都工芸繊維大学大学院修士課程修了。建築意匠設計、UI/UXデザイン企画を経て
2009年　京都大学経営管理大学院修了、渡欧。オランダ在住
2012年より京都大学経営管理大学院にて「グローバルロジスティクスと貿易」の講義を担当
2016年　一般社団法人京都ビジネスリサーチセンター（KBRC）研究員

【第7章および第8章】山内 秀樹（やまうち ひでき）
ドイツ、イギリス、米国など通算10年の海外駐在を経て、帰国後は日鉄住金物産（株）・繊維事業本部においてアパレル関連のサプライチェーンと新規ブランド導入などのプロジェクト開発を行う。また、2008年から2015年まで日本アパレル・ファッション産業協会 RFID導入推進委員長。
1985年　早稲田大学理工学部 工業経営学科卒業
日鉄住金物産（株）繊維事業本部 参与、（株）イーグルリテイリング 取締役、早稲田大学創造理工学部 非常勤講師／京都大学経営管理大学院 非常勤講師

【第9章】盛合 洋行（もりあい ひろゆき）
（株）ニチレイに入社後、一貫して食品に関する低温物流に関わる。（株）ロジスティクス・プランナー在籍時に自身の関わった冷凍食品メーカーの中四国エリア共同配送プロジェクトで平成21年度物流環境大賞特別賞、平成22年度ロジスティクスシステム大賞奨励賞を受賞。
1992年　慶応義塾大学経済学部卒業／（株）ニチレイ入社
2006年　豪ボンド大学ビジネススクール修了、経営学修士（MBA）
2000年　（株）ロジスティクス・プランナー出向、以後持株会社制移行に伴い転籍
2013年　（株）ロジスティクス・プランナー 執行役員ソリューション開発部長
2015年　（株）ニチレイロジグループ本社 事業開発部長（以後現職）

【第10章および第18章】古市 正彦（ふるいち まさひこ）
運輸省・国土交通省で港湾・空港の計画、運営、管理などの業務に従事し、(独) 国際協力機構（JICA）や国際港湾協会（IAPH）での活動を通じて世界の港湾分野の最新動向に詳しい。2014年より京都大学経営管理大学院で港湾物流高度化に関する研究・教育に従事している。
1983年　北海道大学大学院修士課程終了／運輸省入省
1992年　Northwestern University 大学院修士課程修了
2014年　京都大学経営管理大学院 特定教授

【第11章】前田 秀昌（まえだ ひでまさ）
（株）上組において、主にコンテナターミナルの運営に従事し、船社誘致や新設ターミナルの企画等も担当し、港湾運送事業、とりわけコンテナターミナル事業に詳しい。
1992年　関西学院大学商学部卒業／（株）上組入社
2009年　（株）上組 神戸コンテナターミナル PC18所長
2011年　（株）上組 港運事業本部港運部部長 現在に至る

【第12章】東条 泰（とうじょう やすし）
（株）住友倉庫入社後、倉庫業務・通関業務等に従事し、神戸支店次長等を歴任の後、現在は業務部長として、倉庫・陸上運送・輸出入貨物の取扱い等の業務の統轄並びに事業の計画および調査研究を管掌している。
1984年　神戸大学経済学部 卒業／（株）住友倉庫入社

2002年	(株)住友倉庫 総務部人事第一課長
2009年	(株)住友倉庫 総務部次長
2011年	(株)住友倉庫 神戸支店次長
2013年	(株)住友倉庫 業務部長

【第13章】廣岡 信也（ひろおか しんや）
全日本空輸（株）にて自社のみならず、日本貨物航空（株）の総代理店業務や（株）OCSへの出向を含め15年以上多角度から航空貨物業務に従事している。
1987年	成城大学経済学部卒業／全日本空輸（株）入社
2007年	全日本空輸（株）貨物事業部東京販売部国際販売課長
2010年	（株）OCSエキスプレス事業部副事業部長兼 東京支店長
2013年	全日本空輸（株）貨物事業部西日本販売部長
2015年	（株）ANA Cargo 国際貨物販売事業部副事業部長兼 東日本販売部長

【第14章】滝本 哲也（たきもと てつや）
現在（株）南海エクスプレスで取締役、戦略事業部およびアセアン統括。日本郵便の越境eコマース市場におけるUGXパーセル輸送を担当。一般財団法人関西空港調査会が主催する研究会メンバー。京都大学経営管理大学院の小林潔司研究室では高付加価値輸送、アセアン域内クロスボーダー輸送などを研究している。
| 1985年 | 近畿大学商経学部卒（斎藤峻彦ゼミ／交通経済学） |
| 2009年より京都大学経営管理大学院 非常勤講師 |

【第15章】小林 潔司（こばやし きよし）
京都大学経営大学院教授としてインフラ経済学を担当すると同時に工学研究科で計画マネジメント論教授を併任している。京都大学経営管理大学院長を経て、同付属経営研究センター長。国土交通省社会資本整備審議会、交通政策審議会等委員、土木学会副会長・理事などを歴任。土木学会研究業績賞、国際地域学会フェロー、ベトナム国家教育功労章等を授賞・授章している。
1978年	京都大学大学院修士課程修了／京都大学 助手
1987年	鳥取大学工学部 助教授
1996年	京都大学大学院 教授

【第16章】瀬木 俊輔（せぎ しゅんすけ）
インフラ投資戦略の分析に経済モデルを応用する研究で博士（工学）を取得。Windsor大学（カナダ）において、貨物の越境費用が貿易やサプライチェーンに及ぼす影響の研究に従事する。京都大学経営管理大学院において港湾物流高度化に関する研究に従事した後、2016年より京都大学大学院工学研究科の助教として都市・交通に関する教育・研究に従事している。
2014年	京都大学大学院博士後期課程修了／Windsor大学Cross-Border Institute ポスドク
2015年	京都大学経営管理大学院 特定助教
2016年	京都大学大学院工学研究科 助教

【第17章】柴崎 隆一（しばさき りゅういち）
博士（工学）、国土交通省国土技術政策総合研究所国際業務研究室長。専門は交通計画、国際物流。世界各地域（中米、東南アジア、中央アジア、南アジア、大洋州）を対象としたインターモーダルな国際物流ネットワーク上でのシミュレーションモデルの構築・分析等を行っている。2014年より京都大学経営管理大学院 客員准教授を兼任。
2000年	東京大学大学院工学系研究科博士課程中退／同助手
2002年	国土交通省国土技術政策総合研究所
2006年	中国清華大学現代物流研究センター 訪問研究員
2012年	（一財）国際臨海開発研究センター 研究主幹（2015年まで）

各著者の経歴・肩書等は2016年12月末時点のものです。

グローバルロジスティクスと貿易

2017 年 3 月 31 日　初版第 1 刷

編著者	小林潔司・古市正彦
発行人	中井健人
発行所	株式会社ウェイツ
	〒160-0006 東京都新宿区舟町 11 番地 松川ビル 2 階
	電話　03-3351-1874　FAX　03-3351-1974
	http://www.wayts.net/
装　幀	根本眞一（(株)クリエイティブ・コンセプト）
レイアウト	飯田慈子（ウェイツ）
印　刷	シナノパブリッシングプレス

乱丁・落丁本はお取り替えいたします。
恐れ入りますが直接小社までお送り下さい。

©2017 Kobayashi Kiyoshi/Furuichi Masahiko
Printed in Japan
ISBN978-4-904979-25-9　C0065